Judith Kleinman
Peter Buckoke
The Alexander Technique for Musicians

音楽家のための
アレクサンダー・
テクニーク
心と身体の使い方

ジュディット・クラインマン+
ピーター・バコーク―著
嶋根淑子―訳

誠信書房

THE ALEXANDER TECHNIQUE FOR MUSICIANS
by Judith Kleinman and Peter Buckoke

© Judith Kleinman and Peter Buckoke, 2013

This translation is published by arrangement with Bloomsbury Publishing Plc
through Tuttle-Mori Agency, Inc., Tokyo

日本語版に寄せて

　私たちの本が日本語に訳され，アレクサンダーのワークを音楽創造に取り入れることに関心のあるすべての音楽家の方に紹介できることを，大変嬉しく思っています。

　私たちのテキストを美しい日本語にするべく，何百時間にもわたる綿密な作業を達成してくれたトシコに，何よりも感謝しています。トシコのおかげで，私たちのワークが，この本を読むことを選んでくださった日本の音楽家の方たちの発展のために生かされることができるのです。

　トシコとの仕事のプロセスは，私たちにとって非常に楽しく満足のいくものでした。私たちがトシコに見出したのは，自分たちと同じ心意気でした。それは，音楽家であるという挑戦にまつわる深い理解とともに，アレクサンダーの原則に関する深い知識をもたらすものなのです。トシコの持つ細やかさと正確さは，人生を高めるこのワークの翻訳をするのに欠かせないものでした。そのワークこそ，「アレクサンダー・テクニーク」なのです。

　本書は，このワークに関する私たち自身の考えを表したものというよりむしろ，音楽家たちを教えるなかで絶えず実験してきたことの結果であるといえます。私たちの教授法は，30年以上の歳月をかけて進化し続けてきました。本書なら，あらゆるレベルの演奏のシーンで，音楽家および音楽家に教える方たちのお役に立てるという自信を持っています。

大いなる感謝を込めて
ジュディット・クラインマン，ピーター・バコーク

謝　辞

　本書の執筆に協力してくれたすべてのアレクサンダー教師や同僚，友人たち，また「学生のコメント」に寄稿してくれた音楽家やアレクサンダー教師の人たちに，感謝の意を表したい。

　ポール・チャプマンとロリ・シフには，多大なる感謝を捧げなければならない。彼らは，原稿を通読し，本書がよいものになるように非常に有益な提案をしてくれた。

　本書の図表は，デイヴィッド・アシュビーの素晴らしい仕事によるものだ。

　王立音楽大学の学外プログラムで，ルアーリが子どもたちとワークをしている写真（第 18 章「教師と生徒の関係性」）は，シェイラ・バーネットが提供してくれた。

　「喉頭の役割」についての解説を本書に掲載するのを許可してくれた，トナーリス音楽院学長のミッシェル・ディーソン＝バーロウにも感謝したい。

　シューベルト・アンサンブルの写真は 2 枚とも，ロブ・ハードキャッスルが録画を提供してくれたものである。

息子たちに

　本書の写真の大半は，撮影してくれただけでなく，このワークの本質である，動きの感覚を出すための映像加工をしてくれたエイブによるものである。ハリーは，どのように原稿を整理し，まとめたらよいかについて，貴重な意見をくれた。写真の中には，ハリー，エイブともに，登場しているものもある。本書執筆のプロセスにおいて，絶えず熱意を持って支えてくれた二人に感謝を表したい。

王立音楽大学に

　20 年以上に渡って，アレクサンダー・テクニークの講座の発展を通じて私たちを支えてくれている王立音楽大学のスタッフに，非常に感謝している。なかでも，この道のりのあらゆる段階を私たちと共に歩んでくれたエリザベス・クック博士（学部開発課および学士課程課長）に，格別の感謝を捧げたい。ならびに，熱意ある支援をしてくれたのみならず，自らのテクニークの体験を引用させてくれたアマンダ・グロワート博士（カリキュラム研究課長）にも，心からのお礼を申し上げたい。また本書のために，テクニークに関して自身が体験した感想を寄せてくれたデイヴィッド・ハーパム（入試委

員）にも，謝意を表したい．

　王立音楽大学の学生諸君には，感謝してもしきれないほどの恩義を感じている．私たちは長年，彼らが上達していくのを観察し，アレクサンダー・テクニークを，このような才能と聡明さを備えた音楽家たちとともに用いるという，相互に影響し合う経験を通して，講座や教授法を発展させてきた．本書にコメントを引用したり写真を掲載することを許可してくれた学生諸君，本当にありがとう．

刊行に寄せて

1950年代以来ずっと，王立音楽大学（Royal College of Music）は，世界中から集まる学生を訓練するのにアレクサンダー・テクニークを用いることにかけて，音楽界を先導してきた。このテクニークは，学ぶプロセスを加速するものだ。音楽家の仕事とは，素晴らしいコーディネーションを要する技であり，また創造性と自発性を要する芸術である。『音楽家のためのアレクサンダー・テクニーク――心と身体の使い方』では，演奏に必要なこうした観点が，明確かつ実践的な指針に基づいて扱われている。王立音楽大学のアレクサンダー・テクニーク科は，パフォーマンス科学センターと，研究開発の協力を行ってきた。本書は，20年以上に渡る，私たち王立音楽大学のアレクサンダー教師による研究の賜であり，どうすれば最もよい形でアレクサンダー・テクニークを音楽家に説明し，教えることができるかに着目したものである。

本書は，演奏する音楽家を念頭に置いて執筆されている。アレクサンダー・テクニークの基礎を非常に明確に説明するところから始まって，歌手を含め，あらゆる楽器の奏者がこのテクニークを役立てられるようになるための橋渡しになるものだ。本書にはまた，王立音楽大学でのアレクサンダー講座を受講中の学生の写真も数多く掲載されているし，こうした意欲的な音楽家たちにとって，アレクサンダー・テクニークがいかに役立つかの一端を示す，学生たちからのコメントも収められている。

著者のジュディット・クラインマンとピーター・バコークには，ロンドンの音楽界で仕事をする，一流かつ成功を収めた演奏家であるという強みがある。そして彼らには，王立音楽大学で，音楽家にアレクサンダー・テクニークを数十年間，教えてきた経験がある。彼らの学生の多くが，自分の楽器や声楽の技術に，このテクニークを深く取り入れてきたのみならず，本番での演奏にも大いに活用してきた。実際プロフェッショナルなコンサートの舞台で最も目覚ましい飛躍を遂げ，国際コンクールの場で卓越したレベルの演奏をするのは，アレクサンダー・テクニークに熱心だった卒業生であることが多い。

間違いなく本書は，音楽大学の学生だけでなく，アレクサンダー・テクニークがもたらす可能性を，練習や本番に結びつけて探求したいと思っているあらゆる音楽家にとって，必読の書と言うべきスタンダードとなるだろう。

コリン・ローソン教授（ロンドン王立音楽大学学長）

目　　次

日本語版に寄せて　*iii*
謝　　辞　*iv*
刊行に寄せて　*vi*

第Ⅰ部　序　　論 ——————————————————— *1*
　第 1 章　なぜ音楽家がアレクサンダー・テクニークを使うとよいのか　*3*
　第 2 章　本書の使い方　*10*
　第 3 章　F. M. アレクサンダーの発見したこととその発展　*12*

第Ⅱ部　基本的原則 ——————————————————— *19*
　第 4 章　学ぶプロセスにおける習慣　*21*
　第 5 章　プライマリー・コントロール　*32*
　第 6 章　抑　制（インヒビション）　*47*
　第 7 章　方向性　*57*
　第 8 章　注意と気づき　*70*

第Ⅲ部　自分という楽器を調整する ——————————— *81*
　第 9 章　ボディ・マッピング　*83*
　第10章　呼吸　*91*
　第11章　声　*108*
　第12章　視覚　*119*

第Ⅳ部　静寂と動き ——————————————————— *129*
　第13章　セミ・スパイン　*131*
　第14章　椅子の背に両手を置く　*143*
　第15章　バランス　*152*

第16章　動きとエネルギー　*165*

第Ⅴ部　実　　践 ──────────── *181*
第17章　アレクサンダー・テクニークのレッスンをどう受けるか　*183*
第18章　教師と生徒の関係性　*193*
第19章　コーディネーション　*202*
第20章　楽器の技術　*212*
第21章　よい練習とは　*226*

第Ⅵ部　本　　番 ──────────── *241*
第22章　本番にまつわる不安　*243*
第23章　迫力ある本番のための準備　*259*
第24章　アンサンブルの能力を高める　*266*

おわりに　*274*
F. M. アレクサンダー，F. P. ジョーンズ，W. バーロウ博士経歴　*275*
王立音楽大学におけるアレクサンダー・テクニークの発展　*280*
用語解説　*287*
訳者あとがき　*293*

第Ⅰ部

序　　論

第1章

なぜ音楽家がアレクサンダー・テクニークを使うとよいのか

音楽家は手で演奏すると言うのは，ランナーは足で走ると言っているようなものだ！*1

Y. R. チャットマレールト

健康にはさまざまなレベルでさまざまなことが関係しているが，完璧な健康というものは，私たちを妨害する力に対して，ちょうどよいバランスを保てない限り，あり得ない*2。

W. バーロウ

なぜ，どんな活動にもアレクサンダー・テクニークを使うとよいのか，疑問に思う人もいるかもしれない。例えば，アレクサンダー・テクニークをまったく知らなくても，自分の専門分野で軽々と実力を発揮する人もいる。実際，このテクニークを学ばなくても，素晴らしいコーディネーション（訳注：心身の協調的な働き）を持っている音楽家はたくさんいる。だが，大多数の音楽家は，常にその人にとってベストのコーディネーションを保っているわけではない。音楽家の中には，いつもよりも上手く演奏できるという確信が持てる素晴らしい瞬間を経験したことのある人も多いだろう。このような，自分の潜在能力のようなものに手が届く瞬間を一度でも経験すると，私たちは，普段の練習でも，とりわけ本番でも，頼りになるコーディネーションを獲得するために，長時間の練習へと駆り立てられることになる。音楽家というのは練習熱心であり，またそうすることによって学ぶことを期待されている。アレクサンダー・テクニークは，「どのように学ぶかを学ぶ」ことを助けてくれるものである。

アレクサンダー・テクニークは，生活全般においても音楽活動においても頼りになるコーディネーションを確立していけるような原則に基づいている。あなたは，自分が選んだやり方で，望んだことができるようになっていくだろう。

高度に訓練されたアスリート

音楽家は，オリンピックのアスリートのような方法で訓練されなければならない。私たち音楽家には，アスリートのような発達した心臓や肺は必要ないかもしれないが，さまざまな筋肉が，運動選手以上に正確で精妙なものになるよう訓練しなければならない。アスリートと同様，私たちは，技術の向上のために膨大な時間を費やすことで，本番のプレッシャーの下でも容易に感覚を保っていられるようになる。

＊1　Yosuke Riley Chatmaleerat（ピアノ）
＊2　Wilfred Barlow, *The Alexander Principle*, Arrow Books, London, 1984, p.47.（伊東博訳『アレクサンダー・テクニーク』誠信書房，1989）

才能か技術か

　一般的に「才能」とは，単にスポーツや楽器を学ぶことができることと，より高いレベルのパフォーマンスに到達することとの差を生み出すものだと信じられている。才能とはすなわち，与えられた瞬間に要求されるものを実行することである。直観的にそうした技術が使える音楽家もいる。アレクサンダー・テクニークは，どんな活動においても，心と身体が繋がり，交流し，互いに機能するよう助けてくれる。このテクニークによって，コーディネーションへの妨げのない「才能のある人」が適切に使っている，そうした技術に対して働きかけることで，自分の才能を開花させていけるだろう。

現代的な生活

　現代の私たちの日常生活は，コンピューターの前に座る，携帯電話を使う，テレビを見るといった，身体を使わず，目の前の画面の中身のことだけ考えるような行為に囲まれている。つまり，ますます座ってばかりいる。リラックスというと，ソファーにぐったり座るようなことを考えるかもしれない。逆に私たちは，楽器を演奏する時は真っ直ぐ座る，真っ直ぐ立つという発想を持っている（リラックスも真っ直ぐも，どちらも理想的ではない）。アレクサンダー・テクニークによって，日常生活の中での自分の「使い方」と，音楽を演奏する時の自分の「使い方」には，関連があることがわかってくるだろう。

快適と不快

　楽器に手をかける，楽器を持つ，楽器を演奏するという行為には，適応するのが難しいポジションや動きが含まれることが多い。窮屈な場所で，1日に6時間かそれ以上，合わない椅子に座っていなければならないかもしれない。あるいは，飛行機のエコノミー席で何時間も窮屈な旅をした後，演奏しなければならないかもしれない。演奏家は，楽器からの音を得るために身体を動かす。その動きは，快適なこともあれば不快感を伴うこともありうる。新しい楽器を学ぶ初期の段階

で不快感を抱いてしまうと，それが決定打になってしまう。もしその時点で，不快感を放置せず，解決を探そうとするならば，その学びは急速によい方向に進むだろう。生徒が不快感や痛みを我慢した場合，その学習の道筋は間違った方向に向かってしまうだろう。不幸なことに，あるいはチャレンジ精神からか，音楽に傾ける情熱や楽器を演奏したいという熱い欲求のために，私たちは往々にして不快感に目をつぶってしまう。なかには，演奏することに熱心すぎて，当初の不快感を避けるきっかけとなりえたはずの，動きの質に対する感覚を排除してしまう人もいる。

「痛みなくして得るものなし」

　この格言の問題は，音楽家よりも，痛み止めを製造する会社や整体師がより多くを得ることである。

　コーディネーションの悪さ，やりにくさ，不快感の増加を経験せずして痛みを消し去ることはできない。もし，この経過を逆にすることができれば，不快な痛みを快適さへと変え，その過程でコーディネーションを向上させることができる。よくないパターンには，ほぼ必ず不必要な緊張があるもので，残念なことにこの緊張は，身体の神経系を通して経験できる感度や感覚を鈍らせる。つまり手短に言うと，「緊張は感覚を鈍らせる」。私たちは，心の持ち方，過度の緊張，バランスや自由の欠如といったことに気づけるよう学んでいく。アレクサンダーの原則を適用することで，反射系をより信頼できるやり方でコントロールできるようになるだろう。アレクサンダー・テクニークで学ぶべきことの一つは，不必要なことを止めることと本来の状態に戻すことである。

刺激としての痛み：著者ピーターの体験談

　しばしば「不快感や痛み」から，音楽家はアレクサンダー・テクニークにやって来る。私もそうだった。私は，「痛みをなくす」ためにのみテクニークを使うことに完全に満足していた。アレクサンダー・テクニークを学ぶことによって痛みがなくなった時，楽器を弾くこと，練習すること，人前で演奏することが前よりずっと楽しくなった。自分が通過した痛みを取り去る道のりの副産物として，

このテクニークの原則が音楽にもたらす潜在的可能性に気づき始めた。振り返ってみると，刺激としての痛みがあってよかったと思っている。変わる必要があったのだから！　このことによって音楽にもたらされた報酬に，私はとても興奮した。自分が音楽的に到達できる期待値が変化し，それ以来ずっと変化し続けている。私は，自分の感じることに対して自動的に反応する必要は，必ずしもないとわかっていった。かわりに，解釈や創造性に関して，意識的に選択することができるのだから。思い返すと，リハーサルの時，同僚や指揮者からの提案に対してオープンな状態ではなかったのを覚えている。彼らが間違っていると感じたからだ。アレクサンダー・テクニークを学んでから，私は前より柔軟な音楽家になった。なぜなら，意識的に自分の態度を選ぶことができるようになったからだ。

音楽的習慣を振り返る

　ここで手短に，音楽的な事柄について考えてみよう。アレクサンダー・テクニークでは，習慣を見ていく。私たちは，さまざまな音楽的状況に習慣的に反応しているだろうか。音符の上に点がついていると，いつも同じように短く音を奏するだろうか。レガートの箇所で，いつも同じ調子で音を出すだろうか。常習化したやり方で，「イ」長調に反応するだろうか。速い曲，あるいはクレッシェンドの箇所で，急ぎがちだろうか。ソナタで自分のソロの旋律が伴奏に変わっていく時，昔から絶えず同じやり方で音量を抑えて弾くことが，習慣になっているだろうか。創造性や自発性を阻むような，習慣的な反応を助長させてきただろうか。自発的かつ創造的であるためには，習慣的で自動的な演奏を避けなければならない。アレクサンダー・テクニークによって，私たち音楽家は，習慣から自由になり，音楽家精神を解放することができるだろう。

練　　習

　アレクサンダーのワークは，あなたの練習の場に多くをもらしてくれるだろう。私たちのワークでは，演奏している時間だけでなく，演奏していない時間も含めて，練習の際の時間配分を見直すことを行っている。また，練習の一手段として，セミ・スパインと呼ばれる仰向けになるワークを取り入れている。セミ・スパイ

ンは，想像力を交えながら行うことが多い。また，楽器の技術の習得や，本番のための演目の準備を効率よく進めていけるよう探っていく。練習の活用の仕方とその質についても疑問を投げかける。バランス，呼吸，目の使い方，聞き方といったものが演奏に与える影響も忘れるわけにはいかない。練習に臨む態度や，練習に期待するものをどう考えるかについても検討する。私たち音楽家は，楽器との関係性や音楽への反応をよりよいものにするため，心と身体双方の使い方の回路を発達させていかなければならない。練習という，音楽家にとって不可欠な行為が楽しいものであるために，また心地よさや健康を維持できるものであるために，オープンマインドでいることを心がけよう。

本　番

アレクサンダー・テクニークによって，練習と本番の違いを観察することができるようになっていく。そして，共演者や聴衆と繋がる能力を高めていくことができるだろう。演奏することや本番への心理的，身体的な反応の仕方を向上させていくにつれて，自分と音楽との本物の結びつきを表現できるようになっていくだろう。

本番での不安

本番での音楽家は，自らに複雑な要求を課すことになるので，不安を経験する人も多い。何の問題もなく平常心で演奏できる人もいれば，ストレスを感じる人もいるようだ。

こうした状況を，アレクサンダーは，「刺激に対する習慣的な反応」にすぎないと見立てた。「これは大事な演奏会だから，不安になるのも当たり前！」と誰もが考えうる状況でも，複雑な音楽や「注目度の高いリサイタル」自体に問題があるわけではないことは，理解できるのではないだろうか。問題は，状況への反応の仕方にあるのだ。演奏会の前にストレスを感じるのは，おそらく，自分で状況にどう反応するかを選んでいないからだろう。このことを認識し，理解すると，自分を取り戻す道を歩み始めることになる。アレクサンダー・テクニークへの理解が深まるにつれて，本番での不安に対する解決策を見出せるようになるだろう。

自分の面倒をみる理由は一つではない

　日々使う自分の楽器にダメージを与えるような音楽家はいないし，楽器の調子がよいことを望むものだ。しかし，身体を誤って使っているにもかかわらず，一生を通してよい結果を生み続けることを期待する音楽家はいる。何十年にもわたって，プロとして最高のレベルで演奏を続けることができる演奏家もいる。ルービンシュタイン，カザルス，ホロヴィッツ，ハイフェッツといった音楽家がそうだ。彼らはみな，素晴らしい自分の使い方をしている。アレクサンダー・テクニークを学ぶことで，自分の使い方を向上させ，長期にわたる，成功した，快適なキャリアへの準備をすることができる。

　おそらくアレクサンダー・テクニークによる最大の恩恵は，演奏行為の瞬間に完全に在り，その瞬間に深く入り込むことができるようになることだろう。

学生のコメント ●●

　楽器を演奏する時，実際には二つの楽器を使っていることに気づいている音楽家は多くはない。自分自身が第一の楽器であり，いわゆる楽器は第二の楽器である。もし第二の楽器を弾くことに喜びや心地よさを感じることができれば，第一の楽器は，適切な方法で機能しているはずだ。　　　　　　　　　　アショック・クロウダ（チェロ）

　アレクサンダー・テクニークが，私の考え方に影響を及ぼした変化の中で最も決定的なのは，自分の身体と心に関する責任は私自身にあると気づいたことである。身体をどう扱い，どう練習し，どうストレスと向き合い，どう身体の痛みや心理的プレッシャーに反応するかは，私が決めることなのだ。

　　　　　　　　　　　　　　　　　　　　アンナ・アイシュホルツ（ヴァイオリン）

第2章

本書の使い方

　本書は，アレクサンダー・テクニークのレッスンを受けている音楽家に向けて書いたものだが，あなたがこのテクニークのレッスンを受けていないとしても，役に立つだろう。とはいえ，可能な限り，アレクサンダー・テクニークのハンズオン（訳注：教師が生徒の身体の必要な箇所に手を置くことによるワーク）によるレッスンを体験してみることをお勧めする。アレクサンダーのワークでは，あなたが何かをしている時に，実際にしていることについて見直していくことになる。教師との相互作用によってもたらされる体験によって，心と身体の使い方を向上させていく方法を理解できるようになるだろう。このようなことは，書物で読んだだけでは，わかりにくいかもしれない。

　本書ではあえて，大事なことは何度も繰り返すようにした。本書の最初から最後まで通して読むのも有益だろうが，章ごとに，アレクサンダー・テクニークと音楽家精神についてのさまざまな面に立ち入ってみることができるように構成されている。あなたがまだ，アレクサンダーがいかにして彼の原則を発展させたかについてのエピソードを聞いたことがないのなら，第Ⅰ部第3章の「F. M. アレクサンダーの発見したこととその発展」を読んでみることをお勧めする。それから，第Ⅱ部の「基本的原則」にも目を通してみていただきたい。このテクニークの基本となる考え方を知っておくと，ほかの部も理解しやすくなるからである。私たちが用いるアレクサンダー用語に馴染みがない場合には，巻末の「用語解説」にある簡単な説明を参照するとよいだろう。

　本書の目的は，生活や音楽へのアレクサンダーのアプローチの仕方を明確にし，最初はややこしく思えるであろう彼の考えをわかりやすく説明し，このテクニークの原則をより理解しやすくすることにある。もし，あなたのアレクサンダー教師が，あなたにとって新しいことに触れたとしたら，本書を参照してみてほしい。レッスンでは，ハンズオンによるワークの体験が中心で，言葉による説明はあま

りないかもしれない。ハンズオンは，深いレベルで作用するものなのである。

　アレクサンダー教師には，自身が音楽家の人もいれば，そうでない人もいる。私たちは，音楽家でないアレクサンダー教師からも，演奏についての素晴らしい洞察を得てきた。あなたのアレクサンダー教師が音楽家でない場合には，本書に書かれている音楽との関連性によって，教師が行ってくれたことを補うことができるだろう。ひとたびアレクサンダーの原則を理解し，ある活動にその原則を適用できるようになると，新たに得られたこの能力は，楽器を演奏することや歌うことといった，ほかのどんな活動にも使えるようになる。

　本書は，音楽家を念頭に置いて書かれている。アレクサンダー・テクニークを理解し，それを練習や本番に適用することによって，音楽技術全般，あるいは特定の音楽技術を向上させることを目指す音楽家である。

　本書に掲載されている写真は，理想の「姿勢」や「完璧さ」を示すのではなく，エネルギーが通った輝きを想起させるものを選んだ。そこには常に，動きの自由さ，コーディネーションやバランスといったものに関するメッセージがある。

　私たちは，インスピレーション豊かな出版物に恩恵を受けてきた。F. M. アレクサンダーを筆頭に，英国王立音楽大学において，このテクニークを大学レベルで音楽家に教える術を，インスピレーションを持って探求したウィルフレッド・バーロウ，音楽家に関するアレクサンダー・テクニークについて掘り下げた科学者で，アレクサンダー教師でもあったフランク・ピアス・ジョーンズといった人たちの著述である。本書の巻末には，こうした人たちを歴史的な視座に位置づけられるよう，簡略な伝記を付した。また，1950年代のバーロウ博士による画期的な試みから今日に至るまで，王立音楽大学で行われてきたこのテクニーク教育の発展についても詳述してある。

　『音楽家のためのアレクサンダー・テクニーク——心と身体の使い方』を執筆する原動力となったのは，英国王立音楽大学において20年以上にわたり，私たちの手を通った数多くの学生に携わってきた経験である。私たちが運営するコースおよびその教授法は，聡明で才能に恵まれ，快活な若い音楽家たちとの相互作用から影響を受け，彼らから返ってくる反応をもとに，絶えず進化し続けている。本書のほとんどの章に，短い引用文を載せてある。それには，私たちの学生による提出物からのコメントもあれば，私たちが過去何年か教えてきた音楽家でアレクサンダー教師の人たちからのコメントもある。

第 3 章

F. M. アレクサンダーの発見したこととその発展

F. M. Alexander © 2013 The Society of Teachers of the Alexander Technique, London

　アレクサンダーのテクニークは，彼自身が役者および朗読家として演じる際に舞台上で生じた問題に取り組むようになったことをきっかけに，何年もかけて開発された。アレクサンダーは，自分の声の問題を解決する重要な発見をした。さまざまな状況でこの発見が役に立つことを突きとめると，彼の考えは，原則へと発展していった。この原則こそ，今日私たちが，アレクサンダー・テクニークと

して知っているものである。私たちはみな，彼のエピソードを紐解くにつれ，親しみを感じるだろう。本番での自分への信頼と自信を身につけていきたいならば，誰もがある程度までは，彼の行ったことをしなければならないのである。

　アレクサンダーは，役者として大変有望でありながら，声に問題を抱えるようになった。それは二十代初期にピークに達し，彼の輝かしい経歴は中断された。名高い教師たちから演技と発声のレッスンを受けたにもかかわらず，本番での声枯れはひどくなっていったので，医師の診察を受けた。医師はアレクサンダーを診察し，いかなる病状も認められなかったので，単に声の使いすぎとして休養を取ることを勧めた。次の本番の冒頭では，アレクサンダーの声の調子はよかったが，間もなく声を出すのに苦労することになり，公演の最後にはほとんど話すことができなくなった。彼は，自分の将来の展望が不安になった。

　アレクサンダーは状況を思い返し，本番では声を潰す何かをしているに違いないと推論した。本番以外の時にはしない何かをしていると考えたのである。彼は，この見解を伝えようと再び医師のもとへ行き，自分がしていることを特定するために，話したり朗読したりする時の自分を観察してくれるよう頼んだ。医師は，彼にとって非常に重要な意味を持つことを口にした。「私には，その問題が見えません」。アレクサンダーは，自分が，医学の専門家にとってさえ，一見普通と変わらない何かをすることで，声の問題を作り出していることを受け入れた。医師は，これ以上は彼を助けることはできないことを認めた。

　アレクサンダーは，鏡と実験による自己観察によって問題を解決しようと心に決め，帰宅した。最初は，医師と同様に，どんな異常も見つけることはできなかった（音楽家にとって，演奏に影響を及ぼすよくない習慣を見つけるのは難しいと知っておくことは重要である）。やがてアレクサンダーは，床に対して足（足首から下の部分）をこわばらせているといった，自分がしていたことに気づくようになった。その後，彼は，朗読している時に首の後ろの筋肉を縮める傾向があることに気づき始めた（これは，ストレスや恐怖の表れであるとともに，「びっくり反射」のパターンの一部として知られている）。しばらくして彼は，頭を，脊柱との関係でいうと後ろへ下へ引っ張る首の筋肉の収縮を，一時的にならば予防することができるようになった。アレクサンダーは，頭を後ろへ下へ引っ張るのを予防できた時には，声の潰れが少なくて済み，呼吸もより自由になることに気づいた。彼は，自分のテクニックというジグソーパズルの最初の一片である，プライマリー・コ

ントロール（訳注：頭と脊椎の関係性）を発見したのだ。この時点ではアレクサンダーは，頭が脊柱とどのような関係性を持つかについて，声のメカニズムへの影響に特定して見ていたが，両者の関係性は，コーディネーション全般に影響を及ぼすものである。このようなやり方で観察を続けた結果，彼の声はより信頼できるものになり，アレクサンダーは，自分の身体の使い方が，それが機能する仕方に影響することをはっきりと理解した。このことは彼の考えの中核となり，「使い方は機能に影響する」という原則の一つとなった。

　アレクサンダーは，この問題の実態はさらに複雑であると考えた。彼は，頭を「前へ上へ」体系づけることで，より軽やかに，エネルギーに満ちているように感じるようになることに気づいた。けれども，彼が朗読することに「熱中しすぎる」と，胸部を持ち上げ，背中を狭め，呼吸を妨げ，咽頭を圧迫するといった，すでに自分で気づくようになった習慣に戻ってしまうだろう。このことは，「心身は一体である」という，別の原則として具体化していった。心，身体，感情は絶えず，互いに影響し合っているのである。アレクサンダーは，朗読に熱中している時も，背中が長くかつ広くなり，咽頭が落ち着きと柔軟性を保つために，頭が「前へ上へ」いくための方法を見つける必要があった。彼は，身体はそのさまざまな部分だけで作動しているのではなく，心と身体の全体として作動していることに気づいた。例えば発声器官といった，身体の一部分に集中しても上手くいかないことを発見した。アレクサンダーは，この新しい働きかけの方法が，「全体としての自分」を考えた時に最も効果的であることをはっきりと理解した。

　時には，驚いたことに，自分がしていると感じたことを，鏡の中での自分はしていないことに，アレクサンダーは気づいた。これは非常に重要な発見で，自分の問題を理解するためにきわめて本質的な点だった。今や彼は，演技する時の声だけでなく，普段，話す時の声にも同様に，緊張のパターンがみられることに気づいていた。自分がしていることを自分自身に伝える感覚神経系からの情報を，信頼することはできなかった。このような条件を理解することで，「誤った感覚認識」という，また別の原則が引き出された（私たちの誰もが，「あてにならない感覚認識」をしている可能性がある。実際にはオクターヴであるにもかかわらず，ユニゾンを聞いていると思っているようなことにすぎないとしても）。アレクサンダーは，感覚を通して気づくことより，鏡の中に真実を見ることの方が妥当であろうと考えた。

鏡を通して彼は，何か新しいことをしようと決心するだけでは，有効な変化を起こすには十分でないことに気づいた。古い習慣は，新しい意図より強固だからだ（私たちの多くは，習慣を変えるのは必ずしも簡単ではないことを知っているだろう！）。アレクサンダーは，止める必要のあるパターンについて，よくわかっていなければならないことを理解した。この点こそ，アレクサンダーが自分のテクニックの礎石とみなした点であり，これを「抑制」と名づけた。彼は，古いパターンを止めることが絶えず優先されなければならないことに気づいた。そうすることで初めて，古い習慣は十分に抑えられ，新しいパターンが古い習慣に邪魔されることなく使えるようになるのである。適切な時に「抑制」を組み込むことができた場合は，大きな進歩がみられた。

　こうして，何か違うことをしようと決心し，努力することが，期待する結果をもたらすわけではないと気づき，アレクサンダーは，自分の感情の状態や，自分の発話に対する態度が及ぼす影響について検討するようになった。彼は，自分の感情の状態を選ぶことはできないが，自分の考えることは選ぶことができる，そしてその考えは，感じ方やコーディネーションに大きな影響を与えるということを理解した。このことは，「エンド・ゲイニング」という概念に結実した。エンド・ゲイニングとは，すぐに目的を達成しようとする気持ちの表れと，アレクサンダーがみなしたものである。エンド・ゲイニングに代わるのは，意図した目的にゆくゆくは至るための，最もよい手段を遂行するという方針である。

　アレクサンダーは，変化を起こすための経過を速める方法を発見した。この新しい発想が，「方向性」と呼ばれるものである。彼は，頭を「前へ上へ」押し出すのは好ましくないことと考えた。頭を「前へ上へ」押し出すのではなく，何らかの方法で，私たちがまさに使うために本来持っている反射作用が働くようにする必要があった。私たちの誰もが，子どもの時には，このようなコーディネーションを持っているものだ。なかには，大人になってもそれを失っていない人もいる。アレクサンダーは，もし，動かす，あるいは緩めるといったことが可能になるよう，方向づけることができれば，変化を加速するための微細な効果がもたらされることに気づいた。今や彼は，「抑制」と「方向性」という，よくない習慣に対して作用する二つの強力な味方を得たのである。

　アレクサンダーは，「変化を起こそうと努力する」のを止めることが大切だと気がついた。彼によれば，「変化を起こそうと努力する」ことは，「何かをするこ

と」にあたる，よくない方法である。かわりにアレクサンダーは，頭がバランスを保つことができるよう，「抑制（インヒビション）」と「方向性」を用い，どんな変化も見逃さなかった。この方法は，「ノン・ドゥーイング」と表現された。アレクサンダーは，変化を起こそうとしたのではなく，むしろ変化が起こるのに任せたのだ。彼は，この方法が反射作用のレベルに微妙に作用することに気づいた。彼は，目的を達成しうる最もよい「手段とその過程（ミーンズ・ウェアバイ）」をやりとげていったのだ。活動の間中，自分を方向づけることで，アレクサンダーのコーディネーションと呼吸は改善し，感覚器官による気づきもより信頼できるものになった。動作は落ち着きと軽やかさを十分に伴ったものになり，演技力も高い評価を受け，アレクサンダーは，朗々とした声で知られるようになった。彼は，役者としても教師としても引っ張りだこになった。彼の探求の旅には，自己の成長の途上で自分を受け入れることも含まれていた。彼は，根深い習慣というものを理解し，辛抱強く，根気強く，それを変えることに取り組んだ。アレクサンダーのアプローチは，音楽家が，インスピレーション溢れる創造的な演奏家であるために必要な，多種多様な能力を発達させるのを助けてくれるだろう。

まとめ

アレクサンダーは，次のような原則を発展させた。

- 使い方は機能に影響する
- 心身は一体である
- 誤った感覚認識
- 習慣の認識
- プライマリー・コントロール
- 抑制（インヒビション）
- 方向性

アレクサンダーは，人間に関する根本的な真実をはっきりと理解するようになった。彼は，私たちが，生活の中で起こるどんなことに対しても，自動的にではなく，どのように反応するかを選べるようになるための方法を発見した。それ

によって私たちは，今この瞬間，創造的で，自発的でいられる可能性を高めていくことができるのだ。そうでなければ，ただ習慣的に生活をし，練習をし，演奏をしてしまうかもしれない。アレクサンダーのワークによって，私たちは，恐怖に対処し，心身ともに柔軟になっていくことができる。これこそは，すべての音楽家が探し求めているものである。

第Ⅱ部

基本的原則

第4章

学ぶプロセスにおける習慣

　習慣とは，個々の行為から成る「ひと束がほどかれたもの」ではない。個々の行為は互いに影響し合い，全体で統合されたまとまりを作り上げている。特定の習慣は，顕在化しているか否かにかかわらず，常に作動しているものであり，性格や個性の一因となっているのである[*1]。

F. P. ジョーンズ

赤ちゃんは素早く学ぶことができる

　赤ちゃんは，教えられることなく，ものや人との触れ合い方を学ぶ。赤ちゃんは，楽しいことや満足感を得られることを試したり繰り返したりしていく。乳児期には，秩序立った指示などなくても，絶えず学んでいけるものだ。私たちは，どれだけ家族や友人から影響を受けているのだろうか。私たちは，親から呼吸の型を学んだのだろうか。私たちの受け継いだ性格のうち，どのくらいが「遺伝性の」もので，どのくらいが模倣された反応のパターンだろうか。あるいはどのくらい，親や祖父母の型にはまったやり方を，その子どもや孫にも見出したり聞きつけたりするものだろうか。私たちは，最初に親から言葉の話し方を学び，親の話し方や言葉の使い方を身につけていく傾向にある。

子どもは簡単に学ぶことができる

　子どもの最初の数年間の成長の仕方に目を向けると，学ぶということが，驚く

＊1　F. P. Jones, *Freedom to Change*, Mouritz, London, 2003, p.100.

22　第Ⅱ部　基本的原則

子どもは簡単に学ぶことができる

アキは，身体のバランスを乱さずに顎の下にヴァイオリンを置くのは，自分にとっては簡単なことだというのを証明してみせている。

アキは地面としっかり繋がっている。だから彼の肩には不必要な緊張がない。

アキはとても効率的に学ぶことができている。だから，ヴァイオリンを弾くのが楽しくて仕方がないと言うのも頷ける。

ほど素早く，いとも簡単であるのがわかる。数日間，子どもから離れなければならないような場合，戻ってくると親は，大きな変化に気づくことになるだろう。新しい活動が学習され，技術とコーディネーションが発達するにつれて，その活動のやり方が変わっていく。こうした子どもには，「習慣」に縛られることなどなさそうにみえる。幼い子どもにとっては，間違ったことをするのも嬉しく，否定的な考えを持たずにもう一度やってみるのも簡単なことだ。子どもが歩くことを試しているのを見ていると，何度もやり続けていることだろう。そうしている時の子どもは大抵，とても嬉しそうだ。成長し，（おそらく学校などで）正しくやっているか断定的に判断されるプレッシャーを経験するにつれ，私たちの学ぶペースは落ちていくように思われる。もしかしたら，「間違った」ことをするのも嬉しいということが，素早く学ぶ道なのかもしれない。

　私は，失敗に対する態度の変化にそれを感じる。私にとって失敗とは，後退でもなければ悪いことの前兆でもなく，前に進むための道のように感じられるものである[*2]。

- 子どもは簡単に学ぶことができる。
- 断定的な判断をせず励ますことで，簡単に学びやすくなる。

習慣の定義

　習慣とは，往々にして意識的に，それまでに発達させてきた行動パターンのことである。こうした行動は，似たような状況下で自動的に繰り返される傾向にあり，多かれ少なかれ潜在的なものだ。習慣の多くは，見直すために意識してみることができる。習慣を変えることは難しいし，場合によっては非常に難しいかもしれない。習慣を変えたいとそれほど思わない場合は，さらに難しい。だが，習慣を変えることはできるものである。

- アレクサンダーのワークは，習慣に気づき，習慣を変える手段である。

習慣は心地よい

　アレクサンダーは，心と身体の使い方のことを，自分の「使い方」と呼んだ。
　私たちの心と身体の使い方は，今だけでなく将来的にも，私たちの心と身体の機能の仕方に影響を及ぼす。なぜなら習慣には，潜在的な効力があるからだ。私たちは，習慣が役に立ちうるということだけでなく，しつこいものであるということも知っておく必要がある。アレクサンダーが発見したように，自分自身の感覚から得られるフィードバックは，必ずしもあてになるものではない（アレクサンダーの言う「誤った感覚認識」）ことを受け入れるならば，習慣の中には，心地よく感じられても実際にはよいわけではないものもあり，例えば喫煙など，重大なダメージを与えうるものもあるということが理解できるだろう。慣れ親しんだものには一種の安心感があり，私たちの多くは，その感覚を求めるものである。もし，こうした安心感がよくないパターンから生じているものだとしたら，そのパターンに気づき，それを変えるのには苦労するだろう。おそらく私たちの誰もが，習慣を変えようと試み，それがいかに大変なことか知っているだろう。例え

＊2　Daniel Coyle, *The Talent Code*, Arrow Books, New York, 2010, p.217.

24　第Ⅱ部　基本的原則

左から，反りすぎの状態，バランスの取れた状態，前かがみの状態。反りすぎの状態は，しなくてもよい努力を要し，不必要な緊張が身体の至るところを圧縮している。前かがみの状態は，必要な緊張を欠き，やはり身体の至るところを圧縮している。バランスの取れた「使い方」は，身体の設計に適っている。適切な筋肉の緊張とともに，骨格の構造を適切に使っているので，身体中の圧縮が最小限で済んでいる。

立つこと，座ることについての三つの例

ば，楽器の持ち方や立ち方，椅子への座り方といった習慣もそうである。

自由な意志

　自由な意志というのは，人生において，次から次へと，行為の道程を選択することができることを初めて理解できた「ひらめきの瞬間」に開かれるものかもしれない。この瞬間こそ，生きることに対して，自動的に，あるいは衝動的に対応

するのを抑制する能力を開発し始めた瞬間である。もしかしたら，子どもの頃，楽しみにしていたお菓子を今食べるか，後に取っておくかといった可能性があることを経験した人もいるかもしれない。衝動的に「したいような気がする」ことや，あるいは「するべきだ」と思い込んでいることをする必要は，実はないことを受け入れられるようになったら，今度は，選択するという経験を発展させていくことができるだろう。これは実に，知っておく価値があることだ。

- 習慣とは通常，潜在的なものだ。
- 習慣には慣れ親しんでいるため，安心感があるものだ。
- 私たちの感じ方はあてにならない。
- 自由な意志とは，意識的に選択することに関するものだ。

習慣と技術

　習慣と技術の繋がりは，とても密接なものである。例えば，楽器を弾く，自転車に乗る，外国語を話すといった新しい技術を学ぶ時，私たちは一見「正しいこと」と思われる行動パターンを発達させていく。こうして，楽器を弾いたり，自転車に乗ったり，外国語を話したりするのが上手くなるのだ！　上手だねと言ってくれたり，続けるよう励ましてくれる先生がいる場合もあるかもしれない。特定の技術につき，意識的に学習された要素は第二の天性となり，その技術にまつわる諸々の新しい要素のことを次第に考えなくなっていく。こうして私たちは，新しい技術という名の習慣の集積を持つことになるのである。
　もし私たちが，理想的な言語環境に身を置いて新しい言語を学んでいるとしたら，その新しい言語で見事にコミュニケーションを取れるような完璧な話し方で，正確な言葉の用法のみを身につけるだろう。しかしほとんどの場合，私たちは，その後ずっと残ることになる，決して完璧とはいえない習慣を，新しい言語を学ぶ中で身につけてしまう。その言語を上達させたいと思っても，限界ができてしまうかもしれない。それは，私たちのモチベーション次第なのである。このようなことは，自転車に乗ることや楽器を弾くことにおいても同じだ。すでに「十分発達し，使えるようになっている」技術を向上させることへの態度というのは，私たちの「性格」の一部とみなすこともできるだろう。性格とは，自分がそれま

でに発達させ，似たような状況下で自動的に繰り返す傾向にある行動パターンの集積のことだろうか。もしそうなら私たちは，習慣とともに退化しているのである。

私たちは，何かをしている時，自分がしていることをどのようにしているかについて常に検討してみなければ，技術を洗練させ続けていくことはできないだろう。音楽家は，限りなく洗練させていくことのできる技術に取り組んでいる。私たちは絶えず，心と身体の「使い方」を向上させ，演奏そのものや一緒に演奏する仲間との相互作用，聴衆とのコミュニケーションといったものを向上させるために，自分の注意を広げていくことができる。

本質的な習慣

習慣を発達させることは，人間としての成長に欠かせないことだ。日々の生活のほとんどの場面に対応しうる自動的な反応の数々は，私たちに必要なものである。

危険なのは，自動的なレベルで**しか**反応できなかったり，何かをするやり方に行き詰まり，予測可能で，型にはまった性格になったりすることである。行き詰まると，私たちは自分自身を決めつけてしまうものだ。「これが私のやり方だから」とか，「コンサートの前は決まって不安になるんだ」などと誰かが言うのを耳にしたことがある人もいるかもしれない。

アレクサンダーは，習慣に縛られるのは，自分のコーディネーションだけではないことに気づいた。自分がしていることに対する心の持ち方も，習慣に縛られていたのである。アレクサンダーは，その非凡な才能ゆえ，このことを理解することができた。コーディネーションと心の持ち方の両方に対して同時に働きかける必要があることを理解したのである。こうして彼は，「心身は一体である」（心と身体は絶えず，互いに影響し合っている）ということを理解するに至った。

自分への問いかけ

- あるパッセージを練習する時，何度も繰り返す習慣があるか。もし繰り返す習慣があるのなら，なぜそうするのかを本当によく考えているか。
- 練習している時，頭の中のお喋りが続く習慣があるか。

- 楽器をケースから取り出すのを急ぎ，なるべく速やかに弾き始めようとする習慣があるか。
- 短期的な目標は設定するが，長期的な上達については配慮しないことが習慣になっているか。
- 結果に到達するための道筋よりも，結果そのものに執着することが習慣になっているか。
- 自分の身体から得られるフィードバックを無視することが習慣になっているか。
- 競争心を抱くことが習慣になっているか。
- ほかの人のよくない習慣に気づくことが習慣になっているか。
- 自分の演奏に関して，よい点よりもよくない点に気づくことが習慣になっているか。
- 間違ったことをするのを，学ぶための通り道というよりも失敗と考える習慣があるか。
- 演奏するのを楽しむことが習慣になっているか。

 コツは，自分の習慣を見直すこと，そして「今の状況で到達できるベスト」であるそうした習慣に身を任せ続けたいのかどうか確かめることだろう。もし「今の状況で到達できるベスト」に身を任せ続けたくないのなら，何か新しいことを試してみなければならない！ このことは，私たちの生活のあらゆることに，例えば，新しい言語やピアノの演奏，安全なサイクリングの技術などを絶えず上達させたい時，道を開いてくれるだろう。

より深く学ぶ

 学ぶことに対するアレクサンダーのアプローチは，心身一体的なものだ。あなたは，作品を学ぶ時，身体にも気づきを保っているだろうか，あるいは頭の中で学んでいるだけだろうか。目の使い方や呼吸に気づきを保っているだろうか。身体のバランスを取ることに気づきがあるだろうか。習慣に深く依存して，多かれ少なかれ無意識に楽器を演奏することもできる。自分がしていることに対する気づきが足りないと，学ぶペースは遅くなるものだ。

楽器を学ぶ時は，非常に没頭した状態に陥りやすい。没頭しすぎて，心地よさやコーディネーションについての身体からのメッセージを無視することもできるほどだ。かくして私たちは，習慣のなすがままになる。もし，音符を弾くことに固執するあまり，不快感や痛みに目をつぶっているとしたら，あなたは自分のためになることをしていない。むしろ，自分がしていることをどのようにしているかについての身体の反応に耳を傾けることができれば，より上手に演奏することができるだろう。快適さと十分な気づきを保った身体というのは，使い方のよい身体のことであり，こうした身体によって，音楽を学ぶことがより簡単になるものだ。私たちは，演奏している最中も，感覚から得られるフィードバックの恩恵を受けているのである。気づきを保っていればいるほど，より多くのフィードバックが得られるものだ。

感情の反応

音楽に対する感情の反応は，どう演奏するかを学ぶ際にきわめて重要である。ほとんどの音楽の存在意義は，その感情の内容を伝えることにあるといえる。私たちは，新しい曲を学び始めた瞬間から，音楽的あるいは感情的な反応を組み込んでいくことができる。作品の感情的あるいは音楽的内容は，演奏のための必要な動きを通して表現されるということを忘れてはならないだろう。私たちの音楽性や動きというものは，習慣化しうるものだが，考え方や気づきによって，自発性を保つこともできる。

演奏上の特定の特徴に伴う身体の癖がある場合には，気づいておくとよいだろう。例えば，ピアニッシモで演奏する時，ピアニッシモで演奏していることを示すような，型にはまったやり方をしているかもしれない。

私たちは，日常生活においてだけでなく，音楽に対しても，習慣的な感情の反応に縛られているものである。いつも「正しいことをする」ために，自分に多大なプレッシャーをかけてしまう習慣を持つ人もいるだろう。アレクサンダーは，感情的な自己というものを，心身が一体となった全体の一部とみなした。

私たちはまた，特定の音楽様式に縛られることもあるかもしれない。様式について理解することで，さまざまな時代の，さまざまな国の音楽を弾き分けることができるようになるかもしれないが，それで話が終わるわけではない。どのよう

な様式であれ，感情の柔軟な反応がやはり求められるのである。

　私たちが音楽に反応する時，選択があるかどうか考えてみるのは意義深いことだ。何を弾いても同じように聞こえる音楽家というのもいるものだ。私たちは，音楽に対する感情の習慣的な反応に従って演奏していないだろうか，それとも柔軟でいることができるだろうか。ほかの可能性もあるのを知っているならば，選択肢があることや自発的でいることにも気づけるだろう。ほかの音楽家と音楽的アイディアについて議論したり分かち合ったりすることは，私たちの音楽的選択を検証したり広げたりするのに非常に役に立つものだ。演奏の最中，私たちが本当の意味で今ここにいる場合，インスピレーション豊かな音楽家との演奏というのは，自分の音楽的可能性を広げてくれるものである。心と身体，感情的な自己が開かれているならば，どんな音楽的相互作用も学ぶ機会になりうるものだ。

- 習慣と技術は，密接に繋がっている。
- 私たちの感情的反応や音楽的反応は，習慣になりうる。
- 習慣の強力さに気づいているならば，より柔軟になっていけるだろう。

同時に一つか二つの習慣に対して働きかける

　アレクサンダー・テクニークは，自分が何かをしている間，それをすることをどのようにするかについて見ていくことに関するものだ。習慣を特定し，それについて適切に見極めていくのである。注意を向ける必要のある複数の習慣に気づいたら，さしあたり，そのうちの一つか二つの習慣を優先するとよい。それならば，習慣に挑むという負荷が過度にはならないだろう。同時にあまりに多くの習慣を変えようとすると，脳が興奮して心や気持ちを失うことになりかねない。

自分に辛くあたらない

　よくない習慣があるからといって，自分を責めないことだ。大抵の場合，理由があってそうした習慣を発達させてきているものである。今となってはよくないものと捉えているとしても，当時はよいことであったかもしれない。自分を受け

入れることは，自己の能力の開発にとって重要な部分を占めている。共感的に自分を観察するならば，起こっていることを距離を置いて観察することも，より簡単にできるようになるだろう。アレクサンダーは，よくない習慣というのは多くの場合，結果を得ようと頑張りすぎることに関係していると気づいた。そうしたやり方は，自分に対して辛くあたるやり方である。アレクサンダー・テクニークは，「頑張りすぎる」ことについて理解し，そしてその度合いを減らしたり，それを避けるための指針となるだろう。

セミ・スパインを用いることで習慣に気づく

セミ・スパインで横になっていると，しばしば，身体のいろいろな部分にある局所的な緊張に気づくものである。余計な緊張を取り除くためには，重力を上手く活用したり，「方向づけ」を思ってみたりすることができる。もし，次の日に横になった時にも同じ緊張に気づくようなら，自分がその緊張のパターンをどのように，いつ，作り出しているのか，解明しようと決めてもよいだろう。セミ・スパインの体勢を終えた時，よくないパターンが復活しようとするのに気づくのは素晴らしい体験だ。習慣を打ち消すために慎重に組み立てられた「方向づけ」が，私たちの望む方向へ強力に働いてくれるだろう。

録画を用いる

自分の好ましくない習慣を探していくのに，現代の技術を活用するのもよいだろう。スマートフォンを持っている人は，練習を録画したことがあるかもしれない。録画を注意深く見るのも練習のうちである。鏡や店のウィンドウなども洞察の瞬間となりうる。日々の生活の中で，「習慣への認識」を得るのはよいことである。

私たちは，演奏に日常の自分の「使い方」を持ち込んでいる

日常生活においては自分のある面を使い，楽器を演奏する時には別の面を使うというのは，あてにできないことだ。演奏のために自分の姿勢を「正そう」とし

ても，あまり上手くはいかないだろう。私たちが，広がっていく，反射によってバランスを取る自分の「使い方」を，日々の活動の中で向上させていくならば，演奏している時も，このような「使い方」をするようになるだろう。演奏していない時の私たちの立ち方や座り方は，演奏している時の私たちの立ち方や座り方を伝えているようなものである。それこそが，習慣の力なのである！

- 習慣はその人の一部である。
- 楽器の技術とは，習慣の集まりである。
- 習慣は必要なものでもある。
- 習慣は，私たち自身の発達の妨げとなりうる。
- 自分の習慣を見つけたり聞きつけたりするために，録画してみるのもよい。
- 習慣の力に気づくことで，思ってみるべきことが明確になる。
- 習慣を抑制(インヒビション)することによって，柔軟で自発的でいることができる。

学生のコメント

　先学期に，アレクサンダーの観察のレッスンでピアノを弾いた時，弾く時に，脊柱の下の方を引っ込める傾向があることを指摘されました。この習慣的な反応に取り組んでみると，日常のほかの時にも，まったく同じ反応が起こることがわかり始めました。お皿を洗う時，重いものを持ち上げる時，苦手な人と話す時といった状況で，同じ反応のパターンで自分自身を使っていることに気づいたのです。これこそ，私自身のびっくり反射のパターンとなっていたのです。　　　スザンナ・マクレイ（ピアノ）

　おそらく器楽奏者以上に，歌手にとっては身体は楽器である。世界中でよいとされることや練習がいろいろと行われているにもかかわらず，身体の歪みがあると結局，声の歪みに至ることになってしまうだろう。実際，自分がしていることがどれも，間違った習慣を繰り返し強化することであったとしたら，練習がまったく逆効果になりかねない。　　　フィービー・ヘインズ（声楽）

第 5 章

プライマリー・コントロール

「プライマリー・コントロール」がしかるべく働いていると，統合された力として感じられる。この力が働いていると，身体のあちこちに緊張を作らずに，望んだ場所にエネルギーが向けられるため，身体が自由に動ける状態を維持できるのである[*1]。

F. P. ジョーンズ

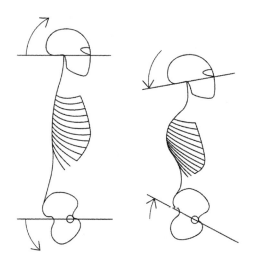

「プライマリー・コントロール」がどのくらい自由を保っているかは，身体全体に影響を与える。

頭のバランスの取り方は，脊柱，胸部，骨盤に影響を与える。

プライマリー・コントロール

「プライマリー・コントロール」という用語は，頭と身体の残りの部分との関係性を指すものだ。頭は脊柱の一番上でバランスを取っている（頭と脊柱の間に

[*1]　F. P. Jones, *Awareness, Freedom and Muscular Control*, Sheldrake Press, London, 1968, p.13.

ある関節は，あなたが思っているよりもう少し上にあるかもしれない）。私たちの頭というのはかなり重いので（約5キロ），もし頭がバランスを失っていれば，緊張や圧迫，重苦しさを感じることだろう。こうしたことはまた，私たちの呼吸やコーディネーション，幸福感といったものにも影響を与えている。悩んだり，自信がなかったり，不安に苦しんだりしがちな場合，そうした態度は，私たちの「プライマリー・コントロール」や身体を通して表れる。頭がバランスを取っていれば，軽やかで，楽で，自信に満ち，一般的にはストレスをあまり感じなくなるものだ。バランスを取るための最も重要な系統，つまり脳の前庭系と視覚系が，頭の中にあるというのは興味深いことである。

アレクサンダー教師の中には，「プライマリー・コントロール」のことを，頭・首・背中の関係，とする人もいる。身体の残りの部分は，この最も重要なバランスに影響を与えうる。例えば，舌や顎，目などに緊張があると，頭がバランスを取るための自由が失われるだろう。もし足（足首から下の部分）を固くしているならば，そのことは，頭・首・背中の関係における自由を制限してしまうだろう。逆に，足を床に向かって緩めていれば，それによって，あなたの「プライマリー・コントロール」は自由になりやすいだろう。

アレクサンダーは，脊柱の一番上で頭がバランスを失ったり，関節のところで固くなったりするのを避ける方法を理解した時，自分の問題を解決するための鍵を発見した。彼は，頭を，脊柱との関係でいうと後ろに下に引っ張るパターンが自分にはあることに気づいた。このパターンによって，咽頭が圧迫され，息切れが生じていた。それに気づいた時，アレクサンダーは才気に溢れた関連づけを行ったのである。彼は，「びっくり反射のパターン」に気づいていた（ショックを受けると，誰もが「びっくり」した状態になるものだ）。彼は初めのうちは，演技する時のみ，びっくり反射のパターンの中のこの「バージョン」が出現するものと考えた。だが，より入念に観察してみると，その比較的穏やかなバージョンが四六時中，出現していたことがわかったのである。

びっくり反射のパターン（闘争や恐怖の反応）

自分の近くで予期せぬ（あるいは予期していた場合でさえも）大きな音がすると，私たちは自動的に，びっくり反射のパターンで反応する。フランク・ピアス・

ジョーンズは、この反応を、**きわめて頻繁**に起こるものだと指摘している。ジョーンズによれば、「こうした反応は、瞬きから始まり、次に頭が前に押し出される。肩が上がり、腕が緊張る。腹部の筋肉が収縮する。呼吸が一時的に止まり、膝が曲がる。こうしたパターンには、多少のバリエーションがあるが、主だった特徴は同じである」[*2]。

ジョーンズは、「びっくり反射のパターン」を研究し、これに関する論考を著している[*3]。彼の観察は、アレクサンダーの理論を裏づけるものだ。

びっくり反射の三つのパターン

びっくり反射のパターンは一瞬のうちに起こり、予測できないものであるため、観察するのは難しく、コントロールするのはさらに難しい。ここで注目に値するのは、このパターンが、より緩やかな反応のパターンの原型となっているという事実である[*4]。

1．典型的なびっくり反射のパターン

私たちは、非常に大きな音に驚く時、反射による反応が連続して起こる状態になる。これが「びっくり反射」と呼ばれるものだ。私たちは、瞬きをし、息を呑む。頭を脊柱との関係でいうと後ろに引っ張り、腹部の筋肉を縮こめ、膝を曲げるため、空間的には頭は前に下に押し込まれ、その結果、肩が上がる。化学物質が体内に広がり、心臓の鼓動を速め、呼吸を取り戻しても、より速くて浅いものになる。このような状況にある場合、私たちは一時的に、いつもより強靱で、用心深くなっているだろう。こうした状態は、燃えている建物から逃げ出さなければならない場合には望ましいだろうが、コンサートで演奏しなければならない場合には都合が悪い。

2．徐々に起こるびっくり反射のパターン

上手くいかないかもしれないという恐れを抱いてコンサートに臨むような場合

[*2]　F. P. Jones, *A Technique for Musicians*, Sheldrake Press, London, 1968, p.9.
[*3]　F. P. Jones, John Hanson and Florence Gray, 'Startle as a Paradigm of Malposture', *Perceptual and Motor Skills*, 19(1964), pp.21-2.
[*4]　F. P. Jones, *Organisation of Awareness*, Sheldrake Press, London, 1967.

は，演奏に対する不安を募らせているものだ。演奏に対する不安の徴候は実質上，びっくり反射のパターンと同じだが，大抵の場合，よりゆっくりと現れる。私たちはある一定の間，アドレナリンによって，興奮しすぎた状態になっている。こうした徴候によって，ほとんどありえないくらい，演奏が正確で柔軟性のあるものになることもあるものだ。とはいえ，びっくり反射のパターンに気づくことができれば，このパターンが完全に発達してしまうのを防ぐことできるばかりか，覆すこともできるだろう。「抑制（インヒビション）」と「方向性」を用いて「プライマリー・コントロール」に注意を向けることによって，それが可能になるのである。

3．慢性的なびっくり反射のパターン

絶えずプレッシャーを感じていると，私たちは，断続的なびっくり反射のパターンの状態を発達させることになりかねない。このような状態は，自信の欠如として表れる。こうした状態では，頭が空間的に前に置かれていて，首の後ろが強張っていることが多い。呼吸は制限され，自由な動きやコーディネーションを制限する緊張が，心身の至るところに広がっている。「抑制（インヒビション）」と「方向性」を用いることによって，このようなパターンを覆していくことができる。

恐怖や不安，疲労，痛みといったものはすべて，標準的な姿勢からの変化を示すものであり，この変化は，私たちがびっくりした時にみられる姿勢の変化と似通ったものである。いずれの場合にも，頭を間違った位置に追いやる首の筋肉の収縮がみられる。この状態は通常，歪められたともいうべき反応に続いて生じ，その結果，身体は，わずかではあるがより小さく縮められるのである[5]。

- 抑制（インヒビション）によって，びっくり反射のパターンが起こるのを覆すことができる。
- びっくり反射のパターンは，「プライマリー・コントロール」を妨げることになる。
- 「プライマリー・コントロール」に注意を向けると，びっくり反射のパターンを手放すことができる。

---

[5]　Jones, *Organisation of Awareness*, 1967.

間接的な手順

ペドロ・デ・アルカンタラは，音楽家向けの素晴らしい著書のタイトルを"*Indirect Procedures*"（間接的な手順）[*6] と題した。このタイトルは理想的である。アレクサンダーのワークの本質を表しているからだ。意識的な，思考する脳というのは本来，コーディネーションに関しては，ほとんどよくは働いてくれないものである。潜在意識や感覚神経系の方がはるかにマシだ。アレクサンダーのワークは，思うことに関するワークであるが，常に間接的なものだ。私たちは一生懸命，意識を保とうとしているのではない！　例えば，「プライマリー・コントロール」のことを検討する時，私たちは，脊柱の一番上で頭が自動的にバランスを取り戻すための反射が起こりやすくなることを意図する。それは，正しい位置を見つけようとすることによって直接的にその状態を作り出すのではない。「自由になるよう躍起になる」のでは，たいして上手くはいかないだろう。

何を求めているのか

「プライマリー・コントロール」の理想的な状態とは，頭が絶えずバランスを取り戻し続けている状態である。これは反射による反応なのだ。こうした状態は，私たちが落ち着いていて自信があり，幸せだと感じているような場合，より生じやすいようだ。頭は，私たちが自ら，関係性を固定化する余計な緊張を生み出すことでそのプロセスを中断しない限り，一秒間に何度もバランスを取り続けている。私たちは，動かないでいるように設計されているのでなければ，正しい姿勢を見出し，そこでじっとしているように設計されているのでもない。アレクサンダーがこの，頭との関係性のために選んだ名称（プライマリー・コントロール）からも，その重要性がわかるだろう。この関係性は，「第一に来るべき（prime）」ものなのだ（このことを自覚しているか否かにかかわらず，この関係性は，すべての音楽家にとって最も重要なものである）。なぜならこれは，ある刺激に反応する時，初めに生じる関係性であるからだ。この関係性は，自分の「使い方」を検討する

[*6] Pedro de Alcantara, *Indirect Procedures*, Clarendon Press, Oxford, 1997.（小野ひとみ・今田匡彦訳『音楽家のためのアレクサンダー・テクニーク入門』春秋社，2009）

際に，私たちがまず最初に考えるべき要素である。この文脈での「コントロール」とは，脊柱の一番上で頭が絶えず調整され，身体全体にほかの適切な反応を促す仕方であるといえる。私たちが探求しているコントロールとは，楽な，流れるような動きから生じるものだ。何かを起こそうとするのではなく，何かが起こるようにしておくのである。頭が繊細にバランスを取ることを，「内的な動き」と説明する人もいる。

優れた「プライマリー・コントロール」は，あらゆる活動が上手く機能するための必要条件である。繊細な運動筋肉のコントロールや優れたコーディネーションが求められる活動の場合には，「プライマリー・コントロール」がさらに重要になる。音楽家には，非常に精緻なコーディネーションが求められる。「プライマリー・コントロール」を向上させることができれば，私たちの演奏は，必要以上に練習しなくても上手くなるだろう！

開かれた精神を伴った姿勢

アレクサンダーは，私たちの誰もが，それまでの経験を参照した生き方をする傾向にあることに気づいた。若く多感な時期に「姿勢」に注意し，真っ直ぐの状態で座ったり立ったりすることで姿勢をよくするよう言われてきたような場合，それが，参照点となるだろう。

アレクサンダーのワークは，「姿勢」を別の形で見直す方法である。私たちは，動きとバランス，そして完全に楽な在り方についても扱っていく。また，感情の状態も姿勢の一部として扱うことができるだろう。私たちが求める，バランスが取れ，充実し，自信に満ちた特質というのは，アレクサンダーの「原則」を適用した時の間接的な結果でありうる。身体の一番上にある頭を正しい位置にもっていくという発想は，頻繁に生じる誤解であり，アレクサンダーが「エンド・ゲイニング」（正しいことをしようとすること）と呼んだものの一例である。実際には，脊柱の上で頭が反射によってバランスを取り続けることを探求していくのである。

- 「プライマリー・コントロール」は，身体全体のバランスに影響を与える。
- 身体全体の配置は，「プライマリー・コントロール」に影響を与える。

- 落ち着き，自信に溢れていると，「プライマリー・コントロール」がより解放されやすい。
- 「プライマリー・コントロール」が解放されていると，私たちは落ち着き，自信に溢れているだろう。

前へ上へ

　人間の頭は，脊柱との関係でいうと「**前へ上へ**」解放されるよう設計されている。反射系がきちんと機能していれば，そうした解放が起こる。状況が厳しい時，私たちは自然な傾向を失ってしまう。最もありがちなパターンは，頭を空間的に前へ下へ押しやり，顔を垂直にするために，脊柱との関係でいうと頭を後ろに引くことである（32ページの図を参照）。こうしたことは，管楽器奏者が，楽器を頭の方へ持ち上げるかわりに，頭を楽器の方に落としている場合などにも起こる。

　「前へ上へ」を取り戻すために，脊柱の一番上で頭を固定している筋肉の緊張に気づくことから始めてみよう。私たちには，脊柱の上で頭のバランスをわずかに調整する筋肉がある。これらは，後頭下筋と呼ばれる筋肉だ。頭をコントロールするこれらの繊細な筋肉を，必要以上に締めるのをやめることを意図してみよう（「抑制」）。こうして頭を固定しないことで，バランスを取る能力が向上する。あなたは，脊柱の一番上，すなわち首の一番上の部分が，空間的に後ろへ上へいくことを思ってみることができるだろう。つまり頭は，脊柱との関係でいうと，前に解放される（方向性）。これにより，脊柱が長くなるのである。

セミ・スパインを用いる

　セミ・スパインの体勢で横になることによって，頭と首の筋肉を解放することについての有益な感覚を持てるかもしれない。セミ・スパインについては，133ページに，この体勢を示した写真がある。セミ・スパインでは，背中を床につけ，膝が上に向かうよう膝を曲げて横になる。頭の下に，適切な厚みの本を一冊ないし数冊置く。頭の下に置く本は，頭が脊柱と一直線上になるよう，ある程度の高さにならなければならない。こうすることで，脊柱は自由になって長くなり，背中は自由になって広くなっていくだろう。この体勢でいる時，あなたは，頭と首

第5章　プライマリー・コントロール　39

プライマリー・コントロール

- 首を自由にしておこう。
- 頭が「前へ上へ」いくように。
- 背中が長くなり，広くなるように。
- 首の後ろを柔らかくしておこう。
- 脊柱の一番上が後ろへ上へいくのを思ってみよう。

に，重力の効果を最大限，与えているのである。この部分が解放されるのを感じるかもしれない。横になっていると，首の筋肉を緊張させる必要がないことをありがたく思えるだろう。頭の下に置いた本が仕事をしてくれているからだ。床から離れて立ち上がると，頭がより解放されてバランスを取っているのを感じることだろう。セミ・スパインについては，第13章で詳しく見ていく。

頭を楽器の方に引っ張らない

　私たちが，頭を楽器の方に引っ張ることを「抑制（インヒビション）」する場合，「プライマリー・コントロール」が反射によって調整されるようにしようとしているのである。これにより，脊柱が長くなるよう伸筋が促される。
　頭を「上へ」と思うことにより，頭を楽器の方に引っ張る習慣を打ち消すと，もともと組み込まれた重力に逆らおうとする反射によって，頭と脊柱が調整されるよう促される。こうして，頭を下に引っ張る習慣が弱められる。

- 私たちは，頭が前へわずかに傾き，そして上へいくように設計されている。

- 頭を楽器の方に引っ張らない。
- 頭を「前へ上へ」と思ってみよう。
- 頭を脊柱の上で固定しないようにしよう。

自分と楽器

　楽器との関係において，固定した位置を探すべきではない。演奏している時，頭が自由にバランスを取り続けられるような動的な関係性を保つようにするとよい。音楽家が楽器を支えるのを助ける装置にはさまざまなものがある。例えば，管楽器のストラップやチューバを置くスタンドなどである。

　クリスマン・テイラー（ヴァイオリン奏者でアレクサンダー教師）は，ヴァイオリン，ヴィオラ奏者のために，あらゆる形とサイズの顎当て，肩当てを創作している。彼女の仕事ぶりは，以下のホームページで見ることができる（www.artistinbalance.org）。顎当てや肩当ては必ず，「プライマリー・コントロール」を改善する。

タイチは，ヴァイオリンを弾きながら楽にバランスを取っている

頭にバランスを取り続けさせる

　先ほどの一文を，あらゆる音楽家のためにもう一度，繰り返したい。つまり，**顎当てや肩当ては必ず，「プライマリー・コントロール」を改善するはずだ**。木管楽器あるいは金管楽器奏者には，アンブシュアと楽器に関するさまざまな技術的な問題があるだろう。こうした問題に取り組む時のコツは，「プライマリー・コントロール」が自由であるかに配慮することである。身体からの空気を楽器に入れることが，頭がバランスを取り続けていると，よりコントロールしやすいものになるだろう。アレクサンダーの呼吸は，彼自身が「プライマリー・コントロール」を調整したら改善した。どんな楽器奏者にも，難題があるものだ。例えば，チェロ奏者の多くは，頭を動かしてＣ線を弾くことによって，問題を作り出してしまう（第20章の「楽器の技術」にあるアイディアを役立ててみよう）。アレクサンダーのバランスとコーディネーションは，彼が「プライマリー・コントロール」を緩めた時，改善したのである。

「プライマリー・コントロール」から始めることで
楽器との関係性を築く

　「プライマリー・コントロール」は，どんな活動に対しても，新しいアプローチを築くのに最適な出発点である。ある活動を新たに見直しているなら，「プライマリー・コントロール」に関わる従来の反応を抑制することだ。そうすれば，全体的なパターンを向上させる新しい指針を得ることができるだろう。

　あなたが，頭を楽器の方に引っ張ることがあるとしよう。従来のパターンを抑制し，頭を「前へ上へ」という新しいバランスの感覚に解放することができた場合，楽器を弾いているのが「あなた」ではないように感じられるかもしれない！　自分がしていることを変えると，感じ方も変わるだろう。アレクサンダーは，こうしたことは誰にでもあてはまる経験であると気づいた。自分がしていることを変えると，上手く弾こうとは思わなくなったり，（しばらくの間は）楽器と分断されているように感じられるかもしれないが，それはずっとよい結果へ至るための通過点であろう。こうした自分への働きかけによって，私たちは，変える

ということの本質を理解するようになっていく。何かを変える場合，新しいパターンに慣れるまでの間は違和感があるものだ。信頼できる友人や同僚に，変えた結果を聞いてもらえると理想的である。彼らの方が，現在の新しいパターンが持つ潜在的な可能性を，きちんと評価できるかもしれないからだ。彼らは，あなたが直面している慣れない感覚を共有する必要がない。一人で練習しているなら，新しい感覚が自分の認識に影響を及ぼすことなく，いかなる変化の成果も評価できるよう，練習を録音することを選択するのもよいだろう。もちろん，こうした自分への働きかけを録画してみるのも有益である。ただし，録画したものを見る時には，聞こえてくるものを注意深く検討するようにしよう。音楽は本来，見られるより聞かれるものである。

顎を緩める

口は，顎にくっついている筋肉の適切な緊張によって閉じられる。あらゆる活動において，必要な緊張があるのはよいことだが，それ以上の緊張はいらない。私たちは，口を閉じた状態でいる時，呼吸を制限してしまいがちである。顎を必要以上に締めつけている場合，環椎後頭骨関節の自由が失われているだろう。「難しい箇所」を弾いている間，歯ぎしりをしたり，舌を口の中のてっぺんに押しつけたりしているなら，難しさの一因は，脊柱の一番上で自由が失われていることにあるだろう。顎は，耳のすぐ前の，脊柱の一番上に非常に近いところで，頭蓋骨と繋がっている。顎を組織している筋肉は，頭のバランスを取る筋肉に影響を与える。顎にも重力が作用することを思ってみると，過度な緊張を緩めやすくなるだろう。

緊張を減らす実験

顎が演奏に関わってくる楽器の奏者は，顎にどのくらいの緊張が必要かに注意を向けてみよう。歌手にとっては，顎はもちろん非常に重要である。緊張を減らす実験をしてみよう。これではもう歌えないというところまで，緊張を減らし続けてみよう。すると，必要最低限の緊張がわかるだろう。時々，確認するために，こうしたことをやってみるとよい。演奏するのに顎を使う必要のある楽器の奏者

第5章 プライマリー・コントロール 43

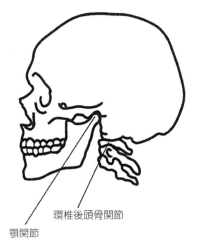

- 顎を緩めるために，顔の表情を和らげよう。
- 舌を柔らかくしておこう。
- 顎が頭蓋骨と繋がっている場所を見つけてみよう。

環椎後頭骨関節
顎関節

顎を緩める

も，上下の唇が軽く触れ合っていても，上下の歯はわずかに離しておけることに気づくだろう。

- 上下の歯をくっつけておく必要はない。

演奏中，話すことができるか

　私たちの多くは，演奏中，喉を締めつけているものだ。演奏している時に話すことができるのが妥当な楽器，例えば，鍵盤楽器，打楽器，チェロなどの奏者は，それができるかどうか確認してみよう！　声帯が巻き込まれてしまっていることに気づくかもしれない。話すことと弾くことを同時に行う練習をしてみよう。この練習にはしばらくの間，取り組む必要があるかもしれない。声帯系の緊張は，呼吸や「プライマリー・コントロール」の妨げになる。暗譜で何かを弾きながら，譜面台に置いた新聞を声に出して読めるか，試してみることもできる。管楽器奏者なら，演奏している最中に，話すことを想像してみよう。こうすると，不必要な緊張がある場合，それを感じるだろう。実際，現代の作曲家の作品で，特別な効果のために，楽器に向かって話すことを求められる場合もあるかもしれない。

この練習は，そういった作品のためのよい練習にもなる。声帯の緊張を緩めると，音色が変わるだろうが，それだけでなく，解放されコーディネーションが改善されたのが感じられるというメリットもある。あなたが声楽家なら，すでに声帯の緊張に取り組んできたかもしれないが，顎の部分に，不必要な緊張を作り出しているかもしれない。顎の緊張を手放すことが難しいようならば，囁く「アー」というアレクサンダーのワークの手順がとても役に立つ（102ページを参照のこと）。

- 楽器との関係を作る時は，「プライマリー・コントロール」に気を配ろう。
- 演奏している時，声帯を緩めよう。

進　化

　人類が直立した時の解剖学的構造は，何百万年もかけて進化してきた。もし私たちが，頭を下に引っ張るとしたら，進化に逆らうことになる。私たちは，動きの柔軟性を高め，楽器を演奏するといった高度な活動をすべく腕を解放するために，直立するようになったのである！　頭が身体の一番上にあることで，自分の周辺を見やすくしているのだ。

　赤ちゃんが初めて座ることを学習する時，その頭は完璧にバランスを取っているものだ。赤ちゃんは，バランスが取れないところに頭を固定して置くような，過度な緊張の力を発達させてはいない。私たちが立って歩くことを学習する時点では，バランスを取ることはまだ，当然のことなのだ。歩き始めの幼児を観察してみると，頭が先導し，身体がついていくのがわかるだろう。頭の自由なバランスを終生，失わない人もいる。だが，私たちのほとんどは，その自由なバランスを失い，再び取り戻すことが必要となる。

　興味のあることに没頭している時，「プライマリー・コントロール」は，その対象と私たちとの繋がりの一部である。誰かがあなたの言っていることに興味を持っているかどうかは，その人の頭－首－背中の関係性を見ればわかるだろう。私たちが，楽器を弾くことに没頭している時，「プライマリー・コントロール」がどのように変わるかに気づくことは大切である。何かに対する私たちの態度というのは，身体全体で表現されるものだが，最初に起こる反応は常に，「プライマリー・コントロール」にあるだろう。自信に満ちた人には通例，頭－首－背中

の優れた関係がみられるものである。

ヒーロー

　音楽家はおそらく，誰よりも尊敬する演奏家のリストを持っているだろう。どんな楽器であれ，素晴らしい演奏家には素晴らしい「プライマリー・コントロール」が備わっているものだ。自分の音楽上のヒーローと同じくらい上手に演奏したいなら，彼らの「プライマリー・コントロール」を見倣うことから始めよう。ハイフェッツ，パヴァロッティ，ルービンシュタインといった史上の巨匠は，YouTube で見てみる価値がある。

　「プライマリー・コントロール」は，あなたのコーディネーションに重要な影響を与える。あなたの楽器が何であれ，「プライマリー・コントロール」は，絶対的に優先されるべきものだ。楽器の演奏法に関して今までに得た知識と，自由な「プライマリー・コントロール」についての理解に矛盾があるように思ったとしても，そうした矛盾にオープンマインドでいよう。

まとめ

- 優れた「プライマリー・コントロール」は，優れたコーディネーションに必須である。
- まず，「プライマリー・コントロール」に注意を払おう。
- 「プライマリー・コントロール」は，反射を促すことになりうる。
- 「プライマリー・コントロール」は，身体の残りの部分に影響を与える。
- 頭の位置を探しているのではない。
- 私たちは，頭が「前へ上へ」いくよう設計されている。
- あなたの態度は，あなたの「プライマリー・コントロール」に影響を与える。
- 楽器と関わっている時の「プライマリー・コントロール」を検討してみよう。
- より優れた「プライマリー・コントロール」のために，声帯を緩めよう。

学生のコメント

　私は，頭，首，背中の構成を，ドルメン*訳注のそれと比較していることに気がついた。アイルランドの田舎には，この巨大な石の構造物が点在している。これらは一見，手当たり次第に置かれた石の厚板に見えるかもしれないが，完璧に配置されたものなのである。私の頭，首，背中も上手く設計されたものだ。時々そのことを忘れると，緊張を引き起こし，さらには不快感となる。私にとって，自分の脊柱と頭の構造をドルメンのそれと比較することは，「プライマリー・コントロール」の重要性を思い出させてくれるものだ。もし，ドルメンの石の一つの配置が誤っていたとしたら，遅かれ早かれ倒壊してしまうだろう。　　　　　メアリー・ケリー（ヴィオラ）

　私は今日初めて，演奏する時に頭をかなり後ろに傾けていることに気づきました。このことは，首の筋肉の収縮を引き起こすので，自分の演奏の妨げとしかならないことを今やっと，学んだのです。首の筋肉の収縮というのは，基本的には不必要な緊張です。この部分は脊髄の周りに位置しているので，ここを緊張させることは，大きな障害となりうるのです。　　　　　チャーリー・ブキャナン（トランペット）

＊訳注　アイルランドの巨石墓。写真はドルメン遺跡の例。1.8メートルほどの高さで，それぞれの石が絶妙に配置され，バランスをとっている（www.carrowmore.com より許可を得て掲載）。

第6章

インヒビション
抑　　制

　アレクサンダーの「抑制(インヒビション)」によってすぐに感じられる効果は、自分のあらゆる動きを邪魔していた分厚い衣服が取り除かれるような自由さである。
F. P. ジョーンズ[*1]

抑制（インヒビション）は多くの場合、行動において、思慮深さを伴った落ち着きとして表れる

　「抑制(インヒビション)」は、変化を起こすための鍵となるものだ。アレクサンダーは、習慣を防ぐプロセスを名づけるために、抑制（Inhibition）という言葉を使った。抑制(インヒビション)

＊1　Jones, *Organisation of Awareness*, 1967.

によって私たちは、自分がしようとすることを選択することができるのだ。どんな時でも、次に何をするのか選択するために、止まることができる。

- いかなる瞬間にも、選択するために止まることができる。

ジークムント・フロイトも、「抑制 (inhibition)」という言葉を使った。フロイトによる、感情の抑制の前兆としての用法に、より馴染みがあるという人もいるかもしれない。アレクサンダーは、科学的な意味合いを含めてこの言葉を使っている。化学反応における抑制物質（インヒビター）が反応を遅らせたり止めたりするのと同様、アレクサンダーの抑制（インヒビション）の概念を適用すると、あなたは、何かに対する反応を遅らせたり止めたりすることになる。私たちが抑制（インヒビション）という言葉を使う時は、選択のことを問題にしている。あなたが何かをしている時、とりわけ練習している時、それをどのようにしているか考えるために、いつでもその行為を止めることを選択できるというのを、知っておくとよいだろう。止めることによって、また別のことが始まり、異なったやり方で対処することができる。

アレクサンダーが鏡の前で朗読の練習をしていた時のことを考えてみよう。彼は、自分の習慣が以前の朗読の仕方に逆戻りしたのに気づいたら、朗読を中断し、それから再開した。できるだけ手っ取り早く何かを変えたいならば、これこそが私たちに必要なことである。

- 抑制（インヒビション）は、習慣が繰り返される前に用いられるものである。

頭がバランスを取り続けること

アレクサンダーが頭を後ろへ下へ引くのをやめた時というのは、抑制（インヒビション）の例である。これをやめると、新たな状態として、重力に対する身体の反射反応が残された。彼の頭は、「前へ上へ」いっていたのだ。彼の有名な言葉に、「間違ったことをするのをやめれば、正しいことは自然に起こる」というものがある。

アレクサンダーは、自分が「頭で」何をしているのか検討する機会を作るためには、中断しなければならないと考えた。彼がもし、中断せず単に何か違うことをしようと決めて朗読しただけだったとしたら、鏡の中に、習慣が繰り返され、

変化は起こらないか，あるいは起こったとしても長くは続かないという結果を見ることになっただろう。アレクサンダーは，習慣が出る直前のまさにその瞬間に意識的に分け入って，自分に「ストップ！」あるいは「No！」と言うことを思い出すと，とても効果的であると気づいた。ストップをかけるという発想は，動作を止めてしまうことではなく，それどころか静止した状態になるべきではない。ここでの「No！」は，習慣から解放された，建設的な反応をもたらすためのものなので，通例のように，何かを禁止することを意味するのではない。

- 止まることを自分自身に許可する。
- 自分を調整することを選択する。

グレン・パークは，抑制(インヒビション)という特別に設けられた瞬間のことを，特有の在り方としている。「刺激に対して反応するのを抑制するとは，応じないことを意味します。刺激に対して反応するのでもなければ，そういう動きに抵抗するのでもありません。抵抗とは反応のもう一つの形なのです」[*2]。

    ジェイムズ・アルソップ（サックス奏者）は，2010年，LCATTアレクサンダー・テクニーク訓練コースにおいて，生徒に以下のように語った。
  抑制(インヒビション)とは，邪魔するものがない状態である。それによって，正しいことが自然に起こるようになる。
  抑制(インヒビション)とは，これから起こることに気を取られることなく，受容できる状態でいることである。自分の内外からのメッセージへの反応を管理しようとせずに，それらのメッセージを受容できる状態でいることだ。

アレクサンダーは，抑制(インヒビション)の瞬間には次のような三つの意味深いオプションないし選択があることを理解した。

  1. それまで習慣的にしてきたことをする：彼がこのことを明記したのは素晴らしい。なぜなら，抑制(インヒビション)する意図とは，自由な意志や意識的な選択

---

*2 Glen Park, *The Art of Changing*, Ashgrove Press, Bath, 1989, p.104.（片桐ユズル・小山千栄訳『変容の術』新水社，1999, p.115.）

のためだということを，私たちがはっきりと理解することができるからだ。

2. **何もしない，あるいは行動するのを避ける**：この反応を選択することが非常によい場合もある。なぜならこの選択によって，よくないパターンを回避することの重要性を理解できるからだ。あなたがもし，自分がすることを変えたいという理由から，楽器を演奏しない態勢でいる場合，変えるということの重要性を認識していることだろう。楽器を演奏することに対する感情の関わりが，自分自身の面倒を見ることに対する感情の関わりによって，より困難になった状態である。

3. **何か違うことをする**：これは，最も頻繁に選ばれるオプションである。例えば，次のような場合である。あなたは，歌っている時，首の筋肉を縮こめ，頭を脊柱の方に引っ張っているのに気づいたとする。その後，歌うのに適さない自分の「プライマリー・コントロール」を，頭が脊柱の上で自由にバランスを取った状態で歌えるような，妨げのない状態にしておくために，頭を「前へ上へ」方向づけることを選ぶ。

抑制(インヒビション)を適用する

あなたがこれから歌い始める，あるいは楽器を弾き始めるところだとしよう。あなたにとって，ここでのプランは歌うこと，あるいは弾くことだが，今回はそれをどのようにするのか考えるために，ひと呼吸おくことによって，ただそれをするだけになるのを回避しようとしている。このように，意識的なマインドは，無意識的なやり方でそれをするのを避けるための第一歩となる。今やあなたは，新しい状況にいる。習慣や，あなた自身の**設定**に対する気づきが高まり，今や状況に対する「意識的コントロール」のもとに身を置いているからだ。

ここでの「**設定**」という言葉は，期待される態度のことだ。この態度が，すでに学習された反応を促進する。シャベルいっぱいの雪が見た目よりも重かったり，思っていたよりも階段が一段少なかった場合など，期待したことが起こらなかった時，私たちは，この「設定」を最も自覚することになる[*3]。

ここで，少し前の段落で説明した三つのオプションを思い出してみよう。あなたがもし，三つ目のオプションを選ぶとしたら，楽器を弾いたり歌ったりしている間，自分自身に何らかの「方向づけ」を与え，「意識的コントロール」を保ち続けることもできるだろう。

どんな方法であれ，楽器の技術や演奏そのものを向上させようとするなら，大抵，新しいことがあなたのものになるまで，古いことをするのを止めることが必要である。例えば，次のような場合。ある音楽家が，一曲全体を学んだが，音の間違いも含まれており，同僚あるいは教師から指摘されてその音に気づいた。そこで，間違った音を弾くのを止め，正しい音を弾くようにしなければならない，といった場合である。このようなことは必ずしも簡単ではない。私が思うに，ほとんどの音楽家が，間違いの変更を忘れないようにするために楽譜に印をつけたりして，正しい音を目指していることだろう。**それなのに，再度，間違った音を弾いてしまうのだ！** 演奏中に問題の音が近づいてくると，脳が正しい音を弾くよう指示しているのに，身体が間違った音を弾こうとして，不満足な結果に終わったという経験があなたにもあるかもしれない。私たちがこのような筋書きに陥る時は，間違った音を弾くのを完全には止めて（抑制して）いないのである。

- 古いパターンが本当に抑制されれば，変化はきちんと学習されたことになる。

今度は，特殊な筋肉を緊張させることに対して抑制を適用することについて考えてみよう。

例えば，あなたがヴァイオリンを持つのに左肩を持ち上げているとしたら，このパターンを変える方がよいだろう。もし肩を下げようと決めれば，緊張や不快感をさらに増加させることになる。この場合の習慣とは，肩を押し上げることだろう。そして意志の力が，肩を下げさせ，持ち上がる筋肉を取り押さえている。あなたは，演奏会のチラシの写真では健康的に見えるかもしれないが，あなたの肩や腕，手は，演奏するのに適した自由な動きが得られていないだろう。そこで，抑制の出番である！

＊3　Jones, *Freedom to Change*, 2003.

52　第Ⅱ部　基本的原則

- 何かを完全に変えるのに必要なのは，抑制(インヒビション)だけという場合もままある。

アレクサンダーの三つのオプションに照らし合わせてみよう。

1．あなたには「肩を押し上げる習慣」があるが，今回は，何も変えないことにする。つまり，いつものやり方で弾くことを選択する。

2．あなたには「肩を押し上げる習慣」があるので，検討し，このよくない習慣を回避するために，今は楽器を弾かないつもりである。

3．あなたは，肩を押し上げるのを回避するつもりである。ということは，それがあなたにとっての優先事項となる。あなたは，頭を上へ，両肩が互いに離れるように方向づける。これらの「方向づけ」を維持することによって，あなたは，肩に対して重力が作用していることに気づいたり，自分がどのように弾いているかに気づいたりするだろう。

- 正しいことをしようとする必要はない。選択することができるということを忘れてはならないだけだ。

少なくともしばらくの間は，音楽的な結果ではなく，**変えること**を優先するのが大事だ。初めのうちはあまり上手く演奏できなくても，変えることに興味を持ち，取り組み続けることだ。あなたがもし習慣を「抑制(インヒビション)している」なら，**このことが優先事項であり，あなたの心の中では現在の目標なのだ！**　肩のよくない使い方が完全に抑制(インヒビション)されると，技術が向上し，ゆくゆくは，その新しい技術が手中に入るだろう。あなた自身の「使い方」が向上すると，演奏は，よりまとまりのある，柔軟なものになっているだろう。自分の使い方が変化すると，すぐに演奏がよくなり，そのような場合，変化の過程も容易に感じられやすい。

　上記のようなアイディアを練習に取り入れる場合，技術的な障害を解決するのに最も効果的な方法は，問題を特定するだけでなく，意識的な状態を見出すことだ。このような意識的な状態においては，問題を埋め合わせる行動を実行する前に，真の選択の瞬間がある。自分の考え方を方向づけることを知っていると，どんな規模の行動も習慣に反するやり方でなされうる。すると，何かを

変える可能性が開け，あなたの練習は，音の立ち上がりや正確さなどの点に関しても，向上させたり発達させたりすることができる場となるのである。

キャシー・ユカワ（ピアノ）

抑制（インヒビション）しながら小さなことをやってみよう

　学ぶ過程において，抑制（インヒビション）がいかに大切なものであるか，おわかりいただけたかと思う。上記のようなアイディアを取り入れて演奏するのを楽しんでほしい。まずは，あなたの生活の中で，習慣に挑むのに適した，些細なことや単純なことに抑制（インヒビション）を差し挟んでみるとよいだろう。毎朝，歯を磨く時，いつもとは違った場所から磨き始めてもいいかもしれない。腕時計を反対側の手首につけるとか，いつもとは逆の手でドアを開けるというのもありだ。駅まで，いつもとは違う道を歩くというのもよいだろう。

- 抑制（インヒビション）は，私たちが習慣の奴隷になるのを避けられるよう助けてくれる。

抑制（インヒビション）と椅子から立ち上がること

　アレクサンダーのレッスンでは教師は，首を縮こめることなく椅子に座ったり，椅子から立ち上がったりすること（日々，頻繁に行う行為）に対する刺激を見ていく場合が多い。抑制（インヒビション）を適用する能力は，ほかの行為にも応用することができる。椅子に座る，椅子から立ち上がるといった，比較的感情的にならない行為で感覚をつかんだら，より挑戦しがいのある行為へと移っていくことができる。私たちが楽器を弾くには，より多くの感情移入を必要とする。だからこそ抑制（インヒビション）を適用するのであり，それによってより大きな問題を変えていくことになるだろう。

- 比較的感情的にならない行為に抑制（インヒビション）を使ってみることから始めてみよう。
- 日々，行動することを急いでいないか注意してみよう。
- 抑制（インヒビション）は，何にでも応用できる能力になる。
- あなたの演奏に抑制（インヒビション）を適用してみよう。

運動感覚に注意を向けておく

　行為の中で，自分の変化がどのように起こっているかをチェックするために，運動感覚（動きの感覚）に注意を向けるとよいだろう。アレクサンダーが，自分のパターンを抑制_{インヒビション}するという自分に対する働きかけを始めた時，朗読を始めて間もなくは，割と容易に変化を起こすことができた。だが，ひとたび台本にのめり込むと，自分の習慣に戻る傾向にあった。彼は，自分に対する気づきを常に保っている必要があることを理解した。アレクサンダー同様，音楽家も，イントネーションやテンポなどに，絶えず気づきを保っていなければならない。絶えず気づきを保っている状態であれば，変化が起こりうるし，新しいパターンが学習されうるのである。抑制_{インヒビション}は，心身の面でも，音楽の面でも，自分を変えるためのツールなのである。

抑制_{インヒビション}：柔軟な在り方

　抑制_{インヒビション}はまた，どんな状況にも自動的に反応しないという**在り方**であるともいえる。とはいえ，見かけはいつもと変わらないはずであり，こわばったり静止したりした状態ではないはずである。もしあなたにとって，「反応しないこと」がすごく時間のかかることだとしたら，自分が状況から身を引いているような気がするだろう。自分のよい「使い方」というのは，流れを感じさせ，自然なものである。あなたが初めて抑制_{インヒビション}の働きかけをする時は，反応するのにいつもより時間がかかるかもしれないが，次第に時間をかけなくても気づきを保つ要領が得られるようになり，反応するのにわずかの時間さえも必要としなくなる。瞬間的な，思慮を欠いた反応を避けようと，注意深い気づきがあなたに見て取れるとしたら，そうしたことは大抵，分別や落ち着きの表れであり，舞台でも冷静で自信に満ちたように見えるだろう。

抑制_{インヒビション}を通して得られる存在感と創造性

　例えば，「リハーサルではもっと上手く演奏できたのに」といった過ぎ去った

ことや，あるいは「もうすぐ例の難しい箇所だ」など，これから起こることについて思い悩む習慣を持っているとしたら，私たち音楽家は，抑制(インヒビション)を適用することで，しっかりと今ここにい続けることができる。あなたが，創造的な即興性を必要とする作曲家や演奏家であるなら，想定内の反応を避けるために抑制(インヒビション)を用いることができる。どんな段階においても常に選択することができるという気づきによって，創造のための運転席に身を置くことができるのである。

- 自動的な演奏が「抑制(インヒビション)される」と，演奏に自発性が得られる。
- 今ここにいることができ，行動への準備ができた状態だと，抑制(インヒビション)が容易になる。

最終的に得られる安心感

　私たちが楽器と繋がっていると感じるのは，演奏する時，それまでに身につけた，慣れ親しんだ感覚が蘇ってくるからである。変化を起こすことを目指して，演奏中に何かを抑制(インヒビション)すると，繋がりを失ったような感覚や不安感を覚えるかもしれない。このようなことは，ひとたび変化が学習されると消えていくものである。新しい「改善された」パターンは，それが新しい現状となれば，古いパターンと同じくらい繋がりや安心を感じられるものになるだろう。

ま と め

- まず，プライマリー・コントロールにおける不必要な緊張を抑制(インヒビション)する。
- 習慣を特定する。
- 自分の習慣や「設定」に気づく。
- プロセスをあれこれ実験してみる，そしてそれを楽しむ。
- 習慣を変えることを選択しているというのを忘れずに。
- 間違ったことをするのをやめると，正しいことは自然に起こる。
- 結果を得たいという願望を手放す。
- 抑制(インヒビション)は習慣が現れる前に行う。
- 少なくとも三つの選択が可能である。

- 抑制(インヒビション)は，高いレベルの気づきを伴う。
- 変化は最初は慣れないものに感じられる。
- 抑制(インヒビション)の能力を発達させるにつれ，それに要する時間は短くなっていく。
- 抑制(インヒビション)によって，自分を，今ここにいる状態にすることができる。
- 私たちの生活におけるあらゆる種類の反応に，抑制(インヒビション)を適用することができる。
- いつもの態度や行動を抑制(インヒビション)すると，より自発的になるものだ。
- 古いパターンを完全に抑制(インヒビション)すると，変える前と同じくらい，安心感や楽器との繋がりを感じることができるだろう。

学生のコメント

　私たちは絶対に，呼吸を直接的に変えようとしたり，向上させようとしたりするべきではありません。かわりに，口を開けるのに頭を後ろに引っ張るといった，必要以上の努力や振る舞いを抑制(インヒビション)することです。最も単純な仕方においては，呼吸は自分が行うものではありません。そうではなくて，自分が邪魔しなければ，自然に起こるものです。それは，不必要な努力を抑制(インヒビション)した時，しかるべく残されるものなのです。

スザンナ・ワトソン（フルート）

　こうした「抑制(インヒビション)」を，作品を演奏する時に適用することができる。私たちは，反復による練習を通して培ってきたやり方で弾くかわりに，音と音の間の空間を感じ，その空間を聞くことを選ぶことができる。こうして，フレーズの流れを妨げるのではなく，助けるやり方で反応していく自由を得ることができるのである。私たちには，作品全体の構造にまとまりをつけたり，それを形成したりするといった最終目的を絶えず考慮しつつ，作品で要求される特定の技術的側面に気づきを保っておくという選択がありえるのだ。

ケイト・ロビンソン（ヴァイオリン）

第 7 章

方 向 性

正しいポジションというものはないが、正しい方向性というものはある[*1]。
F. M. アレクサンダー

「方向性」があると、エネルギーに溢れ、何でもできるように見えるものだ

---

*1　F. M. Alexander, *Articles and Lectures*, Mouritz, London, 1995.

「方向性」について検討する場合，つまりは何を求めているか

　よい「使い方」というのは，楽しそうに遊んでいる時の子どもに往々にして見受けられるものだ。子どもは，自分の「使い方」のことなど考えていないが，よい「使い方」を体現している。私たちは，広くなって楽な状態を再び定着させるために，「方向性」を用いて，よい「使い方」を取り戻すことができる。実際，アレクサンダー・テクニークでよい「使い方」を取り戻していくと，動くのが軽やかに感じられ，練習も本番も，より楽しめるようになったと言う人が多い。「方向性」とは，思うことだが，あなたが今までに理解してきたような思うことではないかもしれない。ここでの思うことというのは，身体，とりわけ感覚神経系を含むものだ。つまり「方向性」とは，自分全体で思うことなのである。

　「方向性」は，アレクサンダーのテクニークの礎の一つである。「方向性」は，変化させるための道具であり，これにより，アレクサンダーの「意識的コントロール」という発想へと向かっていくことができる。

　健やかな木が空に向かって広がり，そよ風でサラサラと動いているのを見る時，私たちは，自然の方向性というものを目のあたりにする。卓越したダンサーやアスリート，武道家，偉大な音楽家には，優美なコーディネーションに由来する特性が表れている。こうした特性を，私たちの誰もが今，あるいは将来的に獲得することができるのだ。「方向性」は，東洋の伝統においては，気あるいはエネルギーと表現されるもののことである。

　アレクサンダーの「方向性」という発想は，思考あるいは意図である。エネルギーの流れやわずかな動きが起こるよう意志づけること，あるいは望むことである。「方向性」は，過度な緊張やリラックスのしすぎといった，好ましくない傾向を打ち消すだけでなく，よりあてになる感覚的気づきを培うのに役立つ。それは，選択することによる建設的思考である。

　例えば，ある人の習慣が肩を押し上げることで，演奏する時にもクラリネットを持ち上げてしまう場合，「方向性」によって，その習慣を変えることができる。この場合は，演奏する心構えを整える時に，「両肩が互いに離れて解放されていくようにしよう」という「方向性」を用いるとよいだろう。

「方向性」はまた，好ましい傾向を簡単に確認することにもなりうる。例えば，「頭を上へと思ってみて，坐骨を椅子に向かって下へ解放しよう」といったことだ。こうした「方向性」により私たちは，自分の中に組み込まれている抗重力反射を活性化させ，楽に上向きにバランスを取って座っていることができるだろう。

「方向性」は，「肩を下に保つこと」や「真っ直ぐ座ること」といった発想のように，何かを強制したり，何かを直接的に起こそうとしたりするものではない。私たちは，「姿勢を正しくすること」を考えているのではないことを心に留めておくようにしよう。要は，あなたの**思考**や**意図**，**意志**，**望み**といったものを，無益な習慣を打ち消すために用いるのである。

- 意識的な「方向性」とは，思うことである。
- 「方向性」に労力はいらない。
- 「方向性」は，変化させるための道具の一部である。

次に紹介する「ノン・ドゥーイング」という視点で「方向性」を捉えると，「抑制(インヒビション)」と切り離すことのできないことがわかるだろう。こうした発想によって，子どもの時には自然に生じていた，滞りのないエネルギーの流れやコーディネーションの取れた動きといったものを，取り戻すことができる。アレクサンダーが自分のワークを「再教育」と言ったのは，このためである。

ノン・ドゥーイング

「ノン・ドゥーイング」とは，直接的に，あるいは頑張りすぎることによって，結果を得ようとしないことである。だからといって，何もしないわけではない！不必要な緊張や努力を手放すことに関心を向けていくのである。こうすることで，可能な限りコーディネーションが整った状態で，楽に動くための反射反応が促進される。すると，動くという体験が，軽やかで自由で繋がりのあるものになる。こうした感覚は，初めのうちはアレクサンダー・テクニークのレッスンで，教師のハンズ・オンによって経験される場合が多いだろう。アレクサンダー教師が，繋がりを保って楽に動くのを手助けしてくれるからだ。生徒は，何か新しいことが起こるようにしておく。そしてレッスンの後は，自分自身による「方向づけ」

によって，教師の働きかけにより生じた楽さに近いものを見出せるよう，研究してみる。

　大事なのは「方向づけ」を思うことであって，何かをすることではない理由が，今では理解できる。たとえ何も違いを感じなかったり，違いが目に見えないとしても，好ましい方向に向かう変化が生じるだろう。こうしたことを，自分のヴァイオリン演奏に結びつけると，自分の動きをずっとよくコントロールしていけるようになる。「方向づけ」を思うことから始めると大抵，落ち着いていることができる。逆に，立ち止まって思うことをしないとしたら，ヴァイオリンを取り上げるといった些細な動きをする時も，刺激に対してもっとずっと過敏に反応するのに気づくことになる。

アンナ・カシェル（ヴァイオリン）

「方向性」というのはつまり，健全な反応を引き出すものだということがわかるだろう。実際，F. M. アレクサンダーのことをまったく聞いたことがない人の中にも，健康で，自由で，完璧なコーディネーションを持った「使い方」を見出すことはよくあるものだ。あいにく，このことは，音楽家にはそうあてはまるわけではないのが事実である！　クラシック音楽の世界で流布している，「正しくやる」という圧力のせいだろうか。「間違えた音を気になくていい，もうそこにないから」と言ったのは，マイルス・デイヴィスである。

快適に楽器を演奏すること

　私たち自身の「使い方」が，バランスが取れ，柔軟性のあるものならば，どんな楽器でも，まったくもって快適に演奏できるものである。楽器というのは，私たちの都合に合うように開発され，改良されている。どんな楽器でも，ほんのわずかな修正を加えれば，ほとんどの人にとって，演奏可能になるものだ。楽器との関係において，自分自身をどう使うかが違いを生み出すことがわかると，どんな楽器でも快適に演奏することができるようになるだろう。

　不快感というのは気を散らすものだ。不快感は大抵，不要な緊張，あるいはリラックスのしすぎから生じる。リラックスしすぎていると，重く，動きにくい感

じを持つだろう。緊張していると，感覚が鈍くなるため，不要な緊張がある場合，自分の演奏に役立つ感覚器官からのフィードバックを受け損ねるだろう。

- 「方向性」は，不快感をなくすのに大きな役割を果たす。

快適に楽器を持つことや，快適に楽器を前にして立っている，あるいは座っていることについて取り組むのに最もよい時期は，楽器を学び始める時である。もちろん，この問題を解決するのに遅すぎることはない。楽器と共にある時，私たちは，動くためのバランスと自由を追求しているのである。自分の楽器とよいバランスでいるかどうかチェックするために，この基本に立ち戻る価値は常にある。練習を始める時，ちょっとの間，このことに取り組むと，有意義な時間になるだろう。こうして私たちは，演奏生活を通じてずっと，演奏することを楽しみ，快適でいることが望めるのである。

- 楽器を演奏する時は，快適でいられるものだ。
- 楽器を弾く時のバランスと自由は，「方向性」を用いることで取り戻すことができる。

「方向性」へのさまざまなアプローチ

言葉を用いて方向づける

「方向づける」方法には，よく用いられるものがいくつかある。アレクサンダーは，言葉による「方向づけ」を用いた。彼は，「首を自由にし，その結果，頭が『前へ上へ』いく」ことを思った。アレクサンダーがこうした言葉を選んだのは，自分の「使い方」のパターンを分析したところ，頭を，脊柱との関係でいうと後ろへ下へ引っ張る傾向があることに気づいたからである。「頭を『前へ上へ』」というのは，彼自身のよくない習慣を打ち消す作用があった。アレクサンダーは，生徒に対して，自分と同じパターンを持っている場合には，同じ「方向づけ」を与えた。

自分の「使い方」についてのさらなる考察の結果，アレクサンダーは，背中を

短くし，狭める傾向があることに気づいた。そこで彼は，「背中が長くなり広くなるように」という言葉を加えたのである。あなたも，背中が長くなり広くなると，快適さが増し，コーディネーションが整い，自信がみなぎってくるだろう。典型的なアレクサンダーの「方向づけ」には，以下のようなものがある。

- 首を自由にしよう。
- 頭が「前へ上へ」いくように。
- 背中が長くなり広くなるように。
- 両肩が互いに離れていくようにしよう。
- 両膝は前へ，そして離れていくようにしよう。
- 両足が地面についているのを感じよう。

イメージを用いて方向づける

　初期の教師養成課程で訓練を受けたアレクサンダーの弟子たちは，「方向性」を含む，ワークのあらゆる観点について議論した。彼らの中には，「方向性」にイメージを用いるといった，ほかのアプローチを考えついた人もいた。したがって，頭が風船のように浮いていることを思ってみたり，噴水の水の一番上でゆらゆら動いているボールだとイメージしてみたりすることによって，方向づけてみるのもよいかもしれない。椅子から立ち上がる時，「頭がロケットのように上へいく」のを考えるという人もいる。言葉よりもイメージを用いる方が，人によっては上手くいくようだ。アレクサンダーは役者だった。ということは彼は，書き言葉や話し言葉を愛好する人だったということだ。つまり，「言葉の人」だったのである。

　著者は二人とも，もともとは，「方向づけ」に言葉を用いるよう教えられた。長年にわたって私たちは，さまざまな教師のもとを尋ねてきたが，器楽や声楽の教師が技術的なことを教える場合と同様に，どの師もみな，「方向性」について，ほんの少しずつ違った個人的なやり方で教えてくれた。私たちは，前述したどちらのアプローチも取り入れてきて非常によかったと思っているし，どちらも上手くいくものだった。私たちは，アレクサンダー教師としての経験から，ある生徒には，ある方法の方が別の方法よりインスピレーションを得やすい，ということに気づいている。

別のアプローチ

　さまざまな分野と同様，アレクサンダー・テクニークにおいても，第三の考え方，さらに言うまでもなく第四の考え方やそれに続くものがある。このテクニークを教えるためにアレクサンダー自身からの薫陶を受け，最初の訓練生の一人であったマージョリー・バーストウは，生徒に次のようなことに対して自分で責任を取るよう励ました。頭を上へもっていくこと，とはいえ，それは**繊細**に行うこと（または，自分が働きかけを行っているいかなる習慣にも逆らうこと），である。マージョリーは，生徒にそれを**繊細に**[*2]行うよう念を押し続けていた。その効果は，言葉やイメージを用いるのと同じである。オープンマインドを持って実験してみることで，動きの繊細さを高めていくことができるだろう。マージョリーは，意識的な動きを取り入れるアプローチを奨励した。私たちは動くように設計されており，それこそが，私たちが「方向づける」ことにより起こることなのである。それは，非常に繊細な動きである（ここでの動きは，努力して引っ張ったり押したりするのとは全く異なる）。かくして私たちの関節はより自由になり，動きはよりスムーズかつ正確で美しいものになる。

方向づけられた質を伴った動き

　動きの性質に注意を向けてみるのは，効果的なことである。自由さや浮かび上がるような感覚，落ち着き，軽やかさといったものを，何らかの身振りや行為にもたらすためには，想像力を働かせてみるのもよいだろう。自分の楽器とのバランスに楽な感じを求めているなら，自分自身への指示として選択したこうした性質が，重い感じや努力，窮屈さなどを避けることを可能にしてくれるだろう。

　私たちが王立音楽大学で，ある学生に何度もレッスンをする場合には，「方向づける」ためのいろいろな方法を紹介し，彼らが，自分にとって最もよい方法を見つけられるようにしている。学生と一緒に試してみるのだが，このように，あらゆるアプローチの可能性があることは，非常に嬉しいことだ。こうしたことは，汎用性の高い楽器の技術のようなものだ。つまり，練習するにも複数のやり方があるのである。

＊2　著者は，彼女が教えているところや，こうした表現を使っているところを耳にした。

視覚に対して働きかけること

　もちろん、「方向性」にまつわる働きかけの方法はまだまだある。視覚に対して働きかける教師のワークについても、言及しておくべきだろう。こうした教師は、あなたの視覚の性質への気づきを促してくれる。通常、私たちは楽にものを見ている時、していることが何であれ、それを楽しんでいるものだ。適切な光がある条件下では、読むことや理解することは、大変違ったものになるだろう。適切な照明が備わった舞台では、楽譜を読むのが楽で楽しく感じられる。照明が適切でない場合、楽譜の方へ頭を引っ張らず、目を硬直させないでいるのは難しいものだ。この二つの動作はどちらも、「プライマリー・コントロール」のバランスを損ねるので、よく見えるようにはしてくれない！「プライマリー・コントロール」が自由でバランスの取れたものになりやすいのは、楽にものを見ている場合である。

- 視線が、楽譜の上を軽やかに動くようにしておこう。

視覚的な「方向性」を用いた簡単な実験

実　験

　これを読みながら、自分が読んでいる単語にどれほど焦点を合わせているかに注目してみよう。読んでいる間、自分の周辺がどのくらい、目に入っているかにも注意を向けてみよう。あなたの周りにある色や、光がより強烈なところとより弱いところに気づいてみよう。この文章の背景の灰色を見るようにしておこう。本から目を離し、遠くを見てみて、それから、ここで提案されている発想を念頭に置きつつ、本に戻ってみよう。どんな風に感じたかに注目してみよう。すっきりした感じがした人も多いかもしれない。すると、読むのがより快適になり、注意力が増す。あなたがこうしたことをやってみて変化を感じたなら、そうした変化を起こすために、視覚を通じて自分の注意を方向づけたのである。

空間的な「方向性」と気づき

　教師の中には,「方向性」を,「空間的な気づき」と関連させて用いる人もいる。これは,身体の「方向性」だけでなく,自分の周辺の環境(例えばコンサートホール)の中に自分がいるという感覚を生み出すのに,非常に有効な方法である。
　以下のような「方向づけ」を用いて実験してみよう。

> **実 験**
> - 自分の両肩の間の空間,そして自分と自分の両側にある壁との間の空間を想像してみよう。
> - 座っている時,頭と坐骨の間の空間,そして自分の下にある床と自分の上にある天井との間の空間を想像してみよう。
> - 自分の身体の前と後ろの間の空間,そして自分の前にある壁と後ろにある壁との間の空間を想像してみよう。

　室内の天井が高い場合と低い場合では,違った感じがするだろう。自分の周辺への気づきを含めると,私たちの「方向性」は,より有益なものになり,自分の身体全体とより一体化するだろう。自分の身体へ注意を向け,かつ自分の外界を失わないでいることは,訓練すると意義深いものだ。これこそが,楽器を演奏するのに理想的な状態なのである。

「方向性」における対抗

　方向づける時,対抗する「方向づけ」を一緒に用いるのは有益なことだ。これこそ,私たちがそう機能するよう設計されている仕様なのである。頭が背中から離れていくように,背中は手から離れていく。両肩は互いに離れていく。適所に対抗する「方向づけ」を用いると,身体は,縮まるのでなく広がっていくよう促される。こうした「方向づけ」は,片道の「方向づけ」よりも,身体全体に繋がりやすい。このような例は自然の中にみられる。例えば,木の根っこが下に伸びれば伸びるほど,木のてっぺんは上に伸びていくことなどである。

- 方向づける方法には，さまざまなものがある。
- 自分の注意の向け方を方向づけることもできる。
- 対抗する「方向づけ」を用いてみよう。
- 自分の周りの環境との接触を保っていよう。
- 身体全体に繋がるように方向づけよう。

まず「プライマリー・コントロール」を方向づける

　方向づけるためのさまざまな方法はどれも，自分の「使い方」を向上させることを目指している。自分の「方向づけ」の中に，まず含めるべき箇所は，常に「プライマリー・コントロール」である。なぜなら，アレクサンダーの原則を適用していてもいなくても，あらゆる動きは「プライマリー・コントロール」において生じるからである。優れた「プライマリー・コントロール」は，演奏するにあたって，きちんとチューニングされた楽器を持つようなものだ。「方向性」は自分自身をチューニングするものだ。それにより，行動のための準備ができるのである。
　まとめると，次のようになる。まず，脊柱との関係において頭を方向づける。自分の頭が，脊柱の一番上でバランスの取れた状態で「前へ上へ」解放され，脊柱が向いている方向に向かい，その結果，背中が長くなって広くなるよう促していることを想像してみよう。もし自分の頭が空間的に前へ下へいっているならば，頭をバランスの取れた状態に解放できるよう，脊柱の一番上を後ろへ上へ方向づけよう。こうしたことがすべて起こった時，身体全体のコーディネーションが取れつつあるだろう。このように頭が「前へ上へ」解放され，自由に楽にバランスを取ることは，楽器の技術の一部である。

楽器を伴った「方向づけ」を組み立てる

　あなたが例えばオーボエを演奏するなら，リードとの良好な関係を築くために，頭をわずかに傾けるとよいだろう。この動作は多くの楽器に適用できる。大事なことは，頭を楽器の上に引っ張り下ろさないことだ。次のようなことを明確にしておこう。「抑制」の瞬間を取り入れる。ということはあなたは，「いつものようにそれをする」つもりではないということだ。まず，「第一の方向づけ」，すな

わち後頭下筋を解放することを思ってみよう。このことにより頭が，脊柱との関係において前へわずかに傾く。今度は頭が，脊柱が向いている方向において上へいくことを思ってみよう。そうすると，次の「方向づけ」を加える準備ができていることだろう。例えば，両肩が互いに，あるいは頭から離れていくとか，手が，楽器を演奏するための「配置」へと腕を導くといったことを想像してみよう。目指すのは，あなたが楽器を弾いている間，頭が自由にバランスを取っているようにすることである。

　最初のうちは，このように思ってみることを適所に用いるのに，少し余計に時間がかかるかもしれないが，慣れてくると，余計な時間を必要としなくなるものだ。最初のうちの余計な時間は，費やすに値するものである。あなたの「方向性」は，動きの性質の一部になるだろう。そして動きというのは，**楽器を演奏しているあなた自身**である。

　このようなことがすべて，楽にできるようになったら，「さらなる方向づけ」を加えることもできる。肘が肩から離れていくことや，手首が肘から離れていくことを思ってみてもよいだろう。肋骨が，バケツの持ち手のように，脊柱と胸骨との関係でいうと上下に動いていることを思ってみよう。「方向づけ」を加えていくのを楽しんでいると，際限がないほどだが，「プライマリー・コントロール」に対して働きかけるよう選択しただけであっても，実際，明らかに恩恵を受けられる。よい「方向性」によって緊張が減ると，予測できない変化により上手く対処できるようになり，一緒に演奏している人と音楽的に交流することも楽に楽しくできるようになるだろう。

　アレクサンダー教師がいれば，あなたが新しい「方向づけ」を組み立てていけるよう導いてくれるだろうが，自分で新しい「方向づけ」を試してみるのも面白い。新しい「方向づけ」というのは，自分の楽器の技術に新しく加えられた要素のようなものである。新しい「方向づけ」には，最初は思慮深く注意する必要があるかもしれないが，ひとたび楽器を演奏する方法の一部になると，それについて思いさえすればどんな時も使えるようになるものである。こうしたことは，新しい曲の各パッセージを学び，それらをまとめることに似ている。

- 楽器の技術を高める「方向づけ」を作り上げよう。
- まず「プライマリー・コントロール」を方向づけよう。

- あなた自身の「方向づけ」を試してみよう。

一連の流れと「鍵となる方向づけ」を作り上げる

例えば，あなたがオルガン奏者で，ペダルの練習をしようとしているなら，椅子の上にある坐骨に気づきを持つだけでなく，頭を上へと思ってみよう。長く広くなった背中と繋がりを保っていよう。音を変える時，両膝を前へ向かって，股関節から遠くへ離すことを思ってみよう。踵とつま先を足首から遠くへ離そう。足先と脚*訳注を通って上半身へ向かう，ペダルの抵抗力に気づいてみよう。

鍵となる「方向づけ」を演奏に用いる

詳細に思ってみる「方向づけ」は，演奏のためには簡略化される必要がある。一連の「方向づけ」を組み立てる際，鍵となる「方向づけ」を作っておくと，一連の流れ全体にアクセスできることが多い。例えば，頭を上へ，足先をペダルへ送ることを思ってみよう。こうした鍵となる「方向づけ」を思うことにより，この配置が整うと，流れ全体が素早く動き出す。そうなると，楽に楽しんで演奏できることだろう。

- 練習の際に，「方向づけ」の手順を組み立ててみよう。
- 鍵となる「方向づけ」を作っておき，練習しておこう。
- その結果，楽に楽しんで演奏ができるだろう。

身体全体に関連づけて方向づける

「プライマリー・コントロール」には，鍵となる「方向性」のような効果がある。つまり「プライマリー・コントロール」は，身体全体を再調整するのを促すのである。「方向づけ」を検討する際には，身体全体や自分の周辺と関連づけるとよい。ここまで，ジグソーパズルの各片のような，さまざまな「方向づけ」を検討して

---

*訳注　本書では，英語の foot を足，leg を脚として訳出した。足は，くるぶしより下の部分を指し，脚は股関節より下の部分を全体的に指すものとして，使い分けている。

きた。パズルの各片は、コーディネーションの整った「使い方」という大きな全体像を作り上げるために、一つに合わさるものだ。

日常生活の中で「方向性」を練習してみる

　日々の活動の中で「方向性」を練習してみるとよいだろう。椅子に座っている時なら、頭が坐骨の上方へ向かうことと共に、坐骨の上でバランスを取っていることを思ってみることができるだろう。椅子に座ったり椅子から立ち上がったりする時、膝が前へ、腰から遠くへ離れていくことを思ってみることもできるだろう。注意を自分の周辺に向け、バランスの取り方や呼吸、視覚に対する気づきを保つようにしてみよう。日々の活動の中で方向づけることを練習していると、楽器を弾くことを含め、何をしていようと、柔軟性が増し、よりコーディネーションの取れたやり方で行動することができるようになる。

- 「方向づけ」によって、自分自身や、自分の周辺との接触を保つことができるようになる。

学生のコメント

　頭を上へ方向づけることと、両肩を外側へ方向づけることを統合することにより、音楽的に扱いにくい箇所も意識的に通過できるので、はるかにコントロールを保ちやすいことがわかりました。　　　　　　　　　　　　キャシー・ユカワ（ピアノ）

　自分の「使い方」について理解するまでは、演奏中、肩の緊張を解放することに集中してきました。これは上手くいったことはありません。なぜなら、例えば技術的に困難なパッセージを弾いている時など、注意がほかのことに向けられるや否や、緊張が戻ってしまうからです。でも、全体としての自分の身体の使い方について検討し、脊柱を長くする、背中を広くする、肩を肘の方へ、肘を手首の方へ、手首を指先の方へ方向づけるといった、アレクサンダーの原則に注意を向けると、不必要な緊張がなくなり、全体としての身体の効率的な使い方に変わりました。

　　　　　　　　　　　　　　　　　　　　　ケイト・ロビンソン（ヴァイオリン）

第8章
注意と気づき

心はパラシュートのようなものだ。開いていないと機能しない。

フランク・ザッパ

　私の考える気づきとは，全般的な，一点に集中していない状態のことである。このような状態では私たちは，特定の何か一点に集中することなく，起こっていることに対してしっかりとした気づきを持ち，機敏でいられるものだ。他方，

注意とは，その場の中のある特定の側面に集中することである。それは，薄暗い舞台の上のスポットライトに例えられるものだ[*1]。

F. P. ジョーンズ

今ここにいること

ジョーンズが示唆しているのは，演奏するのに理想的な状態でいるために，音楽家は自分への働きかけによって，気づきと注意のバランスを聡明に保っていられるということである。音楽家が自分の注意を何かに向けようとする場合，「理想的な状態」とは，「明るい舞台の上のスポットライト」のような状態である。そうした時，私たちは真の意味で，今ここにいることができる。

また，ウルフ・トール（ホルン奏者でアレクサンダー教師）[*2] は次のように言っている。「舞台に立っている時，自分が今いる場所や今そこにいるということを受け入れるしかないにもかかわらず，自分が今いる以外の場所にいたいと願うことで，ずいぶんエネルギーを無駄にしていたことに気づいた」。

頭の中の声

あなたには，頭が喋り続けていることがあるだろうか。あなたの思考は，練習や本番の時，建設的に関わっているだろうか。もし頭の中に声が聞こえるとしたら，自分の周りで起こっていることへの気づきを失ってしまうかもしれない。自分にコメントしている声があると気づくと，その声に耳を傾ける誘惑にかられるだろう。その声を無視するには努力が必要で，そうした努力は，気を散らすものだ。仮に「そうした声がある」と認めたとしても，今起こっている別のことに，より関心があるので，その声には耳を傾けない，と決めてみよう。すると，自分の気づきを再度，全体像の中の背景において感じられること，すなわち自分の周りで起こっていることに向けてみることもできるだろう。こうした場合，あなたは，自分の優先順位を再編しているのである。このようにしていくと，適切なバランスで自分の内外への気づきを保っていること，つまりジョーンズの言う，音

[*1] Jones, *Organization of Awareness*, 1968.
[*2] Ulf Tolle, *Direction Magazine*, vol. 1, no.8.

楽家にとっての理想的な状態を向上させていくことができる。

- 自分が今いる場にいよう——今ここにいること。
- 自分の注意を，頭の中の声から離れる方へ向けるようにしよう。
- 気づきと注意のバランスは，選択することができるものだ。

自分の内外への気づき

　演奏している時，私たちは，自分の内側からのフィードバックに対する気づきを生かすことができる。自分の動きや，楽器の抵抗力や振動といったものを感じ続けることができるし，どのように楽器に関わっているかや，自分と楽器が一体としてどのように作動しているかを，振動によって感じることもできる。また，アンサンブルで演奏している時，一緒に演奏している仲間や演奏している空間に対する気づきを生かすこともできる。自分の内外への気づきのバランスは，作品によって演奏に要求されるものが絶えず変わるため，一定ではないだろう。

　（できるだけ上手に楽器を演奏しようという強い決意からか！）自分の内的な気づきに溺れ，自分の周りで起こっていることに対する気づきを除外してしまう音楽家もいる。だが，このようなことは大抵，アンサンブルで問題を引き起こしてしまう。あるいは，誰かが演奏しているのを聞く時，それ自体は非常に上手な演奏に聞こえる場合もあるかもしれない。だが，適切でないタイミングで弾かれた音やフレーズというのは，たとえ美しくても，よい演奏のための一因にはならない。実際，私たち音楽家は，自分の外側への気づきに注意を保つことを優先する必要がある。というのは，適切なタイミングで弾かれた貧弱な音の方が，不適切なタイミングで弾かれた美しい音よりずっと，よい演奏への一助となるからである！もちろん私たち音楽家は，同時に，また適所に，自分の内外両方への気づきを差し挟むことを目指しているものだ。だからこそ私たちは，美しく，適切なタイミングで弾くことができるのである。

- 自分の内外への気づきのバランスを取るようにしよう。
- アンサンブルで演奏する時には，自分の外側への気づきが優先である。

同時に複数のことを処理する

　音楽家は，本番で弾く時も，練習する時も，同時に複数のことをこなさなければならない。音楽家の中で，自分の一連の気づきにイントネーションのことを含めない人はいないだろうし，リズムや様式，アーティキュレーション，響き，フレージング，アンサンブルの一致，バランスといった，音楽を演奏するための諸要素に対する気づきを除外してもいいとする人もいないだろう。私たちは，経験を積み，音楽家として熟達していくにつれ，同時に複数のことを処理できるようになり，その結果，この非常に貴重な特質ゆえに，より優れた音楽家と評されるようになっていく。音楽の演奏を含め，どんな活動においても，技術を向上させていくにつれ，理想的なバランスで理解され，まとめられる必要のある本質的要素というものがあるだろう。

　　　気づきとは，何かが起きている間に起こっていることに関する知識である。言い換えれば，あなたが何かをしている間に実際にあなたがしていることに関する知識である。それは，現在の出来事への全般的な気づきである[3]。

　演奏にアレクサンダーのワークを取り入れることを考えてみるならば，このワークを，音楽的な技術を洗練させる方法として捉えることができるだろう。このワークは，私たちがしていることに対する気づきを理解し，高める方法である。それは，どんな活動でもより深く入り込めるようにし，かつより容易にする方法である。私たちは，心身一体（心と身体）という視点から，音楽家として「本質的な諸要素」を保ったまま，より今にいることができるようになるだろう。このワークは，考えるべきことを増やすものではなく，むしろ音楽家として私たちが何を考えることを選ぶかという姿勢のようなものだ。つまりあなたは，こうした選択により自覚的になるのである。

●アレクサンダーの「思ってみる」ことによって，音楽により深く入り込ん

---

[3] Jones, *Organization of Awareness*, 1968.

で楽に演奏することができるようになる。

心身一体

　心と身体は絶えず，互いに影響し合っている。あなたが仮に，今バス停を出て行ったばかりのバスの中に携帯電話を置き忘れたと思ってみれば，その影響を身体中に感じるだろう。携帯電話が結局，ポケットに入っていたことに気づくと，ここでもあなたの身体全体がそのことを教えてくれることだろう。あなたの身体が，携帯電話があるべき場所にあると実感したことにより落ち着きを取り戻すと，心が静まり，生活上の次なる課題への準備が整う。私たちが，自発的に自然に，情感を込めて，あるいはいわゆる「上手い」演奏をしたいなら，このように心身は一体であるという事実を意識していると，そうした演奏がしやすくなるものだ。どのように自分の注意を向け，何に気づきを保つかは，楽器を演奏する身体能力やアンサンブルの技術に影響を与える。呼吸を含め，緊張やプレッシャー，リラックス，動きといったものは，明確な思考や決断力に影響を与える。

　パトリック・マクドナルドは次のように言った。「集中というのは大抵，筋肉の緊張を増やし，気づきを妨げるものだ」[*4]。

- 心と身体は絶えず，互いに影響し合っている。
- 「自分全体」に気づきを保っていよう。

空間への気づき

　私たちの機能全般は，空間への気づきがしっかりあることによって高まるものだ。私たちは，今自分がいる場所への気づきを含めておくことができる。目の前にあるものに関心を集中させすぎている場合，自分の頭の上や背中の後ろにある空間や足の下にある地面などへの感覚を失うことになりかねない。もし私たちが，自分の注意を自分の周り全体に向けることができれば，大抵，バランスが取れ，心身ともに自由でいられるものだ。自分の周辺への気づきとは，自分がしている

＊4　Patrick Macdonald, *The Alexander Technique As I See It*, Rahula Books, Brighton, 1989.（細井史江訳『アレクサンダー・テクニーク——ある教師の思索』幻冬舎，2017）

ことに対する，自分の内側の心身一体的な気づきを含めた気づき全体の一部である。私たち自身が決めつけない限り，そこに境目はない。私たち音楽家には，楽器や演奏の優れた技術を使えるようにしておくために，内的な気づきが必要である。また，一緒に演奏している仲間や聴衆と互いに作用し合うために，外的な気づきも必要である。空間への気づきを保っていると，自分の楽器を置いたり，手に取ったり，ケースに収めたり，持ち歩いたりしている時も，楽器と繋がりやすくなるだろう。同様の気づきによって，オペラの窮屈なオーケストラ・ピットや，広々した野外の劇場でも，上手に演奏しやすくなるものである。

　こうしたことは私にとって，空間的にも時間的にも意識（あるいは，意識という言葉に抵抗がある人がいるとしたら，注意）の領域を広げることである。そうすると私たちは，自分自身も自分の周辺も，また今この瞬間も次の瞬間も包含していることになる。それは，中心としての「自分」の周りに形成された，ひとまとまりの領域である。初めは，非常に単純な構成による存在であるが，（頭が胴体に対する関係を含む）「自分」と自分の周辺の何かを絶えず包含しているのである[*5]。

気づきとイントネーション

　気づきと注意のバランスを検討する場合，両者の比率について考えてみるのは有益なことだろう。例として，イントネーションについてみてみよう。

　リハーサルで，仲間の一人が，ある和音を合わせる必要があると指摘したとしよう。あなたの思考する脳は，この難題に興味をそそられたので，あなたは自分の音が正しくなるよう，自分のピッチに注意を向けるよう精一杯努力することにした。そうこうするうちに，正しく弾くこととは，グループ全体の中で互いに影響し合う課題であることを思い出し，ほかの人が弾いているピッチを聞くことにした。こうしてあなたは，注意と気づきの比率を変え，自分の外側への気づきをより多く持ったのである。今，その和音は合っているように聞こえないかもしれないが，あなたが一緒に演奏している素晴らしい奏者たちはみな，正しいピッチ

＊5　F. P. Jones, *Learning How to Learn*, Sheldrake Press, London, 1974.

であるという自信を持っている。仲間の誰かが，あなたに音色を混ぜることを検討するよう提案した。そうすることで，もしかしたら，その和音がよりよくなるかもしれない。すると，別の奏者がバランスについて検討することを提案した。今や，その和音は「合って」聞こえる。ピッチに特化した注意よりも，全般的な気づきを高める方が，違いが出るものである。

　あなたも，今までと違う態度で取り組んでみることができるだろう。意識のうちの30パーセントをピッチに向け，残りの70パーセントを，ほかのさまざまな本質的な音楽的要素にあててみる。残りの70パーセントがなければ，つまり心の中に全体像を保ち続けなければ，和音を合わせることに苦労し続けることになるかもしれない。それに関わってくる重要な要素というのは，非常にたくさんあるからだ。

自然に合うのに任せて演奏する

　イントネーションをよくしようとするよりは，イントネーションが自然によくなるようにするという態度は，最初のうちは曖昧で，あてにできないことだと思うかもしれない。しかし，おそらくこれが，最も信頼できる態度である。音は，ピッチを聞きやすくするために，中心がなければならず，かつ明確に聞こえなければならない。一緒に演奏している人たちが，ピッチに中心を持たせてくれるならば，あなたはより楽に彼らと合わせて弾くことができるだろう。このように，仲間の全員にとってイントネーションがより容易になる楽器の技術というのは，いろいろとあるものだ。演奏者全員が，音を溶け合わせることや音のバランスを含め，音の質を合わせることが大切だとわかっていると，イントネーションは容易で，ほぼ自動的なものになる。そのために，それほどたくさんの注意を必要としなくなるのだ。実際，全般的な気づきがある時が，最も上手くいくものである。ある音をもう少しシャープに弾く必要があると決めることは，長い目で見た解決とはならないだろう。こうしたことには，理想というべき包括的な気づきが十分でなく，その後，イントネーションをよくしていく格好のチャンスとなるはずの気づきと柔軟性を欠いているのである。ここで提案したいことは，正確な分析を避けることではない。実際，イントネーションに関する詳細な分析は，非常に意味のあることだ。だが，少し前の例からもわかるように，思考する脳というのは，優

第8章　注意と気づき　77

れたコーディネーションのために，直接的には頼れるものではない。ここでの場合，思考する脳の仕事は，（例えば，バランスや音を溶け合わせること，アタック，ヴィブラートなどにつき）正確に機能するのを邪魔しうる何かに気づくことである。そうなると，感覚系や反射系がプロセスの中できちんと役割を果たす可能性や，合わせて演奏できるようにしておく可能性がぐんと増すものである。

- イントネーションに影響を与えるさまざまなことに気づきがあり，コーディネーションも整っているならば，上手く合わせて演奏することができるだろう！

自分の楽器を感じよう

　アンサンブル全体の振動と関係づけて自分の楽器の振動を感じられると，得ることが多いものだ。グループが「合って」演奏している時は，すべてが共鳴していると感じられる。私たちは，「協和していること」を感じることができ，楽器は，私たち自身が一員である音の絵の中で，適切なタイミングで，自由に語る。聞くことに集中しすぎていると，こうした感覚は弱まるか，消滅する。視覚的なことに集中しすぎる場合にも，同様のことが起こる。楽譜に目が釘付けになっている時，私たちは包括的な気づきを閉ざしているのである。

自信に満ちていよう

　自分がほかの演奏者に与えている印象に，気づきを一瞬向けてみると，大きな違いが感じられるかもしれない。不安そうな仲間とは，あらゆる面で上手く合わせて演奏することが非常に難しいものである。このことは，自分自身より他人においての方が，はっきり見えるものだ（アレクサンダーは最初は，自分がしていることに気づくことができなかった）。誰もが，このような経験があるだろう。不安は伝染するものであるばかりか，不安の表れに伴うこわばりが，広い範囲の気づきを，幅の狭い注意へと縮小させてしまう。逆に，自信に満ちた（クールな！）態度でいると，アンサンブル全体が上手く合って演奏するのに貢献することができるだろう。

感情は気づきに影響を与える

　私たちは，平静で自信がある時には，広範な注意を持つことが比較的容易にできるものだ。不安や恐れがある時は，こうしたことがより難しくなる。特定の外的状況や他人を「管理する」必要を感じるかもしれない。だが，そうしたことは，自分が今ここにいるという感覚や全般的な気づきを，弱めることになりやすい。理想は，自分が今ここにいることに満足していて，自分の反応への責任を持ちつつ，その瞬間に必要とされることに注意を向けられることである。

- 自然に自分の反射による反応が使われるようにしておこう。
- 直接的に何かを起こそうとしている場合に，気づくようにしよう。
- 自然に自分自身が正確に演奏するのに任せておこう。
- 自然に自分自身が美しく演奏するのに任せておこう。

動きに対する気づき

　私たちは動くように設計されている。私たちは，動いている時の方が，じっとしている時よりもより自由でいやすいものだ。私たちの身体は，あらゆる状況においてバランスを取り続けるため，微細な動きが生じ，私たちが立っていようと座っていようと，重力との関係を新たにし続けている。呼吸を制限したり止めたりしていないか確認するために，折に触れ，自分の呼吸をチェックしてみることは，音楽家にとってよい練習になる。そうした練習のために，自分の呼吸の動きに気づいてみよう。

気づきを高めるための三つの質問

1．見ているか？
2．呼吸をしているか？
3．バランスを取っているか？

- 自分の内側への気づきと外側への気づきのバランスを取るようにしよう。

- 全般的な気づきと，適切な注意とのバランスを取るようにしよう。
- 自分の周りに対する気づきによって，自分自身を今ここにいる状態にしておこう。
- 自分の動きに気づきを持っていると，健全な状態を保つことができる。
- 時々，自分の呼吸に注目してみると，役に立つものだ。
- 自然に自分が上手に演奏するのに任せておこう。

学生のコメント

　（先を行くのではなく）「その瞬間に」分け入るのに任せていたら，バランスが取れているのが感じられ，身体のあらゆる部分が一緒に動いているのがわかりました。
クレール・ティリオン（チェロ）

　私たちは今晩，ラフマニノフとプロコフィエフの演目でコンサートを行いました。私は，コンサートをとても楽しむことができたのですが，個人的にも上手くいったと思います。というのは，演奏中，本当に今の瞬間にいることができ，いつもの内なる対話にまったく邪魔されることがなかったからです。この数週間にわたって行ってきた自分への働きかけの効果が，徐々に現れ始めているように感じています。例えば，音符に気を取られるより自分の呼吸に集中するよう，リハーサルの合わせを通して訓練してきたラフマニノフの非常に激しいパッセージのことが思い浮かびます。本番で，それを忘れないでいることができたのです。
　今回の経験は，私にとってのアレクサンダー・テクニークの旅のほんの始まりにすぎないのだと，はっきりとわかりました。
ブリジッド・コールリッジ（ヴァイオリン）

第Ⅲ部

自分という楽器を調整する

第 9 章

ボディ・マッピング

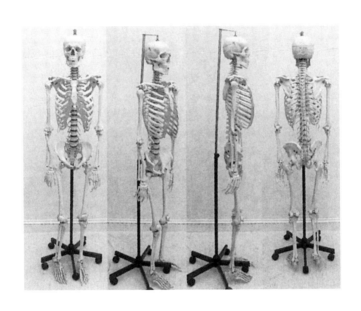

　「ボディ・マッピング」によって自分の「ボディ・マップ」を意識的に修正し洗練することで,動きが効率的,優美,協調的になります。「ボディ・マッピング」は,長く続けると,応用によって,どんなミュージシャンでも,自然のように演奏できるようになります[*1]。

　「ボディ・マップ」とは,自分の頭の中に自分がどのように描かれているかということです。「ボディ・マップ」が正確ならば,動きがうまくいきます。「ボディ・マップ」が不正確だったり不適切だったりすると,効率よく動けず,怪我をしたりします[*2]。

バーバラ・コナブル

「ボディ・マッピング」は，身体が最もよく機能する方法を理解するためのアプローチである。「ボディ・マッピング」は，解剖学に関するものだが，無味乾燥な学術的なものではない。そこでは，自分がどのように動くよう設計されているかを，心と身体，とりわけ神経系を使って学んでいく。「ボディ・マッピング」は，「誤った感覚認識」に気づくことにも関係する。「誤った感覚認識」は，「ボディ・マッピング」と密接な関係があるものである。

チェロ奏者でアレクサンダー教師でもあったウィリアム・コナブルは，非常に才能豊かなチェロの学生にレッスンをした折に，「ボディ・マップ」を修正することの重要性を発見した。彼女の演奏はぎこちなく，上達する方法を提案しても，コナブルが期待した通りに反応しなかった。コナブルは家で，鏡を用いて，彼女のようなやり方で弾くのを試してみた。彼は，自分の身体が（関節で）接合するよう設計されていない場所で動こうとしているのを感じた。次のレッスンで，その学生に，身体のさまざまな関節がどこにあるか尋ねてみると，彼女が，自分の骨格の解剖学的なことに関して，不正確な認識を持っているのに気づいた。コナブルとその学生は，関節がどこにあるか，つまり彼女はどこで動くよう設計されているかについて，はっきりした感覚を培えるよう，一緒に訓練していった。これをきっかけに彼女は，コナブルが期待した通りに演奏を上達させていった。

「ボディ・マッピング」はどのように考案されたか

ウィリアム・コナブルは，自分の発見したことについて妻のバーバラと議論し，自分の探求したことがどのような意味を持つかを検討した。こうして彼らは今日，アレクサンダー・テクニークの一部として広く認められているアプローチを考案したのである。それは，「正確な感覚認識」を培う方法である。ここで問題となるのは，私たちは絶えず，自分の身体の地図（自分はどこで動くべきかに関する，普通は潜在的な私たち自身の認識）に従って動こうとするということだ。その地図が正しければ，すべてがうまく働き，コーディネーションも優れたものになる。もし地図と事実の間に食い違いがあれば，私たちは，身振りの正確さや滑らかさを損なうことになるのである。

最高の場合と最悪の場合のシナリオ

　最も望ましいシナリオは，私たちが自分の身体の設計に関してはっきりした認識を持っている場合である。最悪のシナリオとは，はっきりした認識を持っているものの，それが間違いである場合である。興味深いのは，この二つの両端の間の領域は，変化するということだ。私たちが関節がどこにあるかを感じ取って，その場所を想定する場合，その想定が正しければ，物事がきわめて上手くいき，正しくなければ，コーディネーションがあまりあてにならないものになるだろう。私たちが扱っているのは，「正確な，あるいは誤った感覚認識」である。楽器を弾いたり歌を歌ったりする際の「誤った感覚認識」というのは，私たち自身の骨格の構造に関して明確に理解していないことから生じていることが多い。

　不正確な身体の地図を発見したら，それを向上させるための働きかけは，心身一体的なものでなければならない。学術的な知識を向上させるだけでは十分とはいえない。私たちは，頭，腕，脚，骨盤，肋骨などがどこにあり，それらが互いとの関係においてどう動くかについて，正確な感覚認識を持っていなければならない。はっきりしない関節における動きを突きとめたり，容易にしたりすることができるように，アレクサンダー教師の手を借りると非常に役に立つだろう。

　教える時，「ボディ・マッピング」を取り入れるアレクサンダー教師も多く，音楽家のための「ボディ・マッピング」について書かれた本もある。まず最初に読むなら，バーバラ・コナブルの『音楽家ならだれでも知っておきたい「からだ」のこと』[*3]だろう。これは，音楽を学ぶ人には必須の書であると私たちは思っている。ほかにも，ヴァイオリン，ピアノ／オルガン，フルートといった演奏家のために書かれた，より専門的な「ボディ・マッピング」の本もある（訳注：現在はさらにいろいろな演奏家向けの本が出ている）。こうした著作も同じ原則に基づいているが，「ボディ・マップ」を学んだ，それぞれの楽器を演奏する人によって書かれたものである。

＊1，2，3　Barbara Conable, *What Every Musician Needs to Know About the Body*, Andover Press, Portland, 2000.（片桐ユズル・小野ひとみ訳『音楽家ならだれでも知っておきたい「からだ」のこと』誠信書房，2000）

地図を改良するための問いかけをしてみよう

次のような基本的な問いかけをすることによって，自分の身体に関する正確な地図を作っていくと，非常に役に立つ。

質問
- 脊柱の一番上にある頭は，どこでバランスを取っているか。
- 足首の関節はどこにあるか。
- 身体全体の中で，股関節はどこに収まっているか。
- 身体を曲げる時，お尻の位置から曲げるか，それとももっと上，あるいはウエストからか。
- 坐骨がどこにあるか，わかっているか。
- 座っている時，坐骨でバランスを取っているか。

次に，あなたが楽器の音を出すのに動かすことになる，あらゆる関節の場所を考えてみるとよいだろう。

質問
- 呼吸する時，どこを動かしているか。
- 肩をどのように動かしているか。
- 肋骨の関節はどこにあるか。
- 腕の地図には，鎖骨と肩甲骨も含まれているか。
- 腕はどこで，身体と繋がっているか。
- 手の甲をひっくり返す時，前腕はどのように動くか。
- 手首の骨はどこにあるか。
- 手はどのように腕と繋がっているか。
- 指の関節について，わかっているか。

自分の理解がどのくらい正確か，解剖学の本で確認することもできるだろうが，自分が発見したことについての心身一体的な事実を楽しむことを，忘れないよう

にしよう。この事実が，知識を生きたものにするのである。

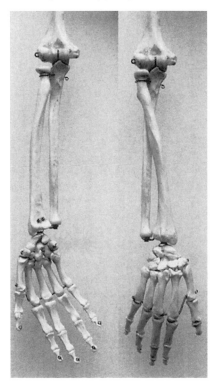

手と前腕の骨
こうした骨を見てみると，指がどこ（手首）で始まっているかがはっきりわかる。
手首には 8 つの骨があるのがわかるだろう。
手は，腕の親指側の骨と繋がっている。

手と腕を「ボディ・マッピング」しよう

音楽家は，生活するのに身体を動かす

　バーバラ・コナブルは，楽器で音を出すのにも動かなければならないということは，あまり知られていない秘密だと指摘している。つまり，ダンサーや役者のように音楽家も，活動のために動くのである。身体の正確な地図を持つと，結果的に，楽器の演奏を学ぶのに適したコーディネーションのための基盤を持つことになる。
　不正確な地図のまま，楽器の技術を培うと，あなたの潜在的な能力を十分に生かすことにはならない。「誤った感覚認識」に取り組むには，何らかのワークが必要だろう。なぜなら，関節がどこにあるかを学術的に知っていることと，心と

身体で知っていることとは，まったく違うことだからである。

あなたの地図が，身体の事実に沿うよう更新されると，演奏することがより簡単で楽しく正確になるのがわかるだろう。

音楽家の多くは，楽器を演奏する時，自分自身を痛めつけているものだ。「ボディ・マッピング」は，苦しんでいるたくさんの音楽家にとって，解決の一端となりうる。例えば，前腕に反復性ストレス損傷を負っている音楽家は，手のひらを下にひっくり返す時には橈骨が尺骨の対角線に動くということを（心身ともに）理解すると，往々にして解決策を見出すものである。手のひらをひっくり返す時に上腕を使うのをやめることを学ぶのである。

> **実　験**
>
> 　テーブルの上に前腕を置き，手のひらを上にひっくり返してみよう。自分の手が外側に回転してテーブルの上に落ちたら，今度は小指と反対側に向かって回転させてみる。小指がほぼ同じ場所にとどまっているならば，正常な回転の動きが起こっている。もし，手がほぼ同じ場所にとどまっていて，小指がある側からもう一方へ移っていくようなら，地図が間違っている。あなたは，こうした回転をするのに上腕を使っているのである。

今度は，手のひらを上にして身体の前の適切な角度に上腕を保ったまま，テーブルから立ち上がってみよう。そして，手のひらを下にひっくり返してみて，同じ動きが起こっているか観察してみよう。もしあなたの肘がほぼ同じ場所にとどまっているならば，動きが上手くいっているだろう。もし動きが上手くいっていない場合，あなたの肘は，身体から離れていくだろう。その場合は，肩関節がこの動きをしているのである。

若いうちは，不正確な身体の地図でも何とかなっていて，不快感を抱いていないかもしれない。だが今こそ，自分の地図を新しくする時である！

よくないコーディネーションは最初の徴候である

よくない「身体の地図」の最初の徴候は，よくないコーディネーションである。私たちは通常，これを重大なこととして認識しないまま，さらに練習しようとす

るかもしれない。そして，何カ月も何年も練習や本番を重ね，夏期音楽講習や音楽大学の入学試験といった，非常にたくさんの練習を必要とする時になって，身体の問題にぶち当たる。こうした段階においては激しい練習をするため，よくない身体の地図で対処することはできない。毎日何時間も弾くには，私たち自身の設計を認識する必要があるだろう。

　もし問題が生じているなら，音楽家は自分の「身体の地図」を詳細に見てみることが不可欠である。以下に，二つでワンセットの大切な教訓を挙げておこう。

- 自分の身体についての（大抵，潜在意識的な）概念は，自分の身体の使い方に影響を与える。また，
- 自分の身体の使い方は，その機能の仕方に影響を与える。

成長するとは？

　音楽家の多くは，幼い頃に楽器を習い始めている。激しい練習に何時間も費やしていくと，自分の技術となる心身一体的なパターンを作り上げていくことになる。身体の地図が完璧に近く，コーディネーションも優れていると，「才能がある」とみなされるだろう。身体が成長するにつれ，身体の地図も身体に合わせてきちんと成長していく必要がある。

　誰もが知っている通り，急激に成長するのはよくあることで，その結果，身体的にぎこちなくなる若者もいる。自分にもそうしたことが起こったのを覚えている人もいるかもしれない。ここでの問題は，身体の地図が身体に合っていないことだ。すべてが順調にいく場合，身体の地図が調整され，コーディネーションが「通常に」戻るのである。

　楽器を演奏するという技術に関していえば，上手な演奏をするには素晴らしいコーディネーションが必要であり，上手くいくようにするためには，身体の地図が正されなければならない。

　幼い子どもは，新しい技術を楽々と学ぶものだ。子どもが幼い頃から楽器を学んでいく場合，同様のことが起こりうる。心身一体的に知覚される感覚的情報が，身体や身体の地図の成長とともに，発展をとげていく必要があるのだ。楽器を学んでいく方法が，「こうしなければダメだ」というものではなく，むしろ自由で

流れるような動きや，上手く方向づけられた自分の「使い方」に基づいたものである場合，若い音楽家が成長していくにつれ，身体の地図やコーディネーションも，一緒に成長させていくことができるだろう。

こうしたワークは，心身一体的なものだ。解剖学的なことを理解し，肝心な関節における動きの感覚を向上させていくと，演奏するという行為が解放されたものになっていく。関節での動きの可能性が最大限，自由になるようにするには，アレクサンダー教師による「ハンズオンの助け」を借りると，さらによいだろう。適切に位置づけられた関節から楽に動くことは，優れたコーディネーションの本質的な要素である。

学生のコメント

私は，自分の誤った習慣に慣れ，それはすぐに，私にとって通常の「正しい」ものになった。私のあらゆる筋感覚は，このように誤った楽器を基準にしたものだった。そのため，誤ったフィルターを通して情報を処理していたのだ。このようなことに対して，専門的技術を持つ素晴らしい先生が助けてくれた。訓練を積んだ先生からの指導は，いつでも役に立つものであったが，今は，自分の感覚認識をあてにすることはできないということ，だから先生の導きが必要なのだということを，知的にのみならず，非常に有機的かつ身体的にもわかっている。　　　フィービー・ヘインズ（声楽）

自分の手の関節を再発見するのに，ほぼ 1 時間かかりましたが，とても勉強になることでした。自分の身体のさまざまな部分，特に指がどのように動くかを理解することによって，そうした部分に緊張を与えるのを避けることができ，音楽家としてのキャリアを危機にさらすような負傷が繰り返されるのを，予防することができるとわかりました。　　　ナビラ・ジャラール（ピアノ）

第10章

呼　吸

呼吸とは生きることである。呼吸する能力は，生命の基準である。

F. M. アレクサンダー

きちんと座ることは，よい呼吸の一部である

今,どのように呼吸している？

自分がどのように呼吸しているか知るために,いくつかの質問をしてみよう。

> **質　問**
> - 肋骨に動きがあるか。
> - 最も動きがあるのはどこか。
> - 背中が呼吸に連動しているか。
> - (肋骨の下の) 腹部にどのくらい動きを感じることができるか。
> - 呼吸する時,音がするか。
> - 肩が呼吸に連動しているか。
> - 呼吸する時,脊柱に柔軟性や動きがあるか。
> - 呼吸する時の動きに何らかの制限を感じるか。

こうした問いかけをしてみると,反射による,流れるような呼吸の仕方を妨げている余計な緊張を緩めるきっかけになるだろう。

　自分の呼吸のパターンについて学ぶのには多少,時間と根気がいるかもしれない。観察,「抑制(インヒビション)」,「方向性」というのが,習慣を認め,学び,自分を向上させるためのアレクサンダーのツールである。自分の呼吸のパターンを変えると,呼吸することが非常に異なったことに感じられるかもしれない。「誤った感覚認識」について理解しておくと,初めのうち,新しいパターンが間違ったことのように感じられるのを受け入れやすくなるだろう。いずれにせよ,「ノン・ドゥーイング」と「方向性」という発想を適用すると,調和の取れた楽な呼吸になっていく。呼吸を知ることは,生き方を変えうるのである。

アレクサンダーの呼吸に対するアプローチ

　アレクサンダーは,呼吸に対して働きかける最善の方法は,局所的な働きかけではないことに気づいた。彼は,自分自身全体の「使い方」を検討したのである。彼には,頭を後ろへ下へ引っ張り,咽頭や声帯器官を圧迫する習慣があった。息

を吸う際，息を吸う音が聞こえた。背中は狭められ，呼吸を制限していた。また，立って朗読する際には，足先を力ませていた。

　アレクサンダーが頭－首周辺を後ろへ下へ引っ張るのをやめると，彼の背中は長くなり，広くなり始めた。首と咽頭から圧迫が取り除かれた結果，聞こえるほどであった息を吸う音がなくなり，声がより響くようになった。背中を広く長くすることにより，呼吸がより解放され，効率のよいものになった。足先を緩めると，足先が床の上で広がっていき，呼吸のパターンがより解放されることを発見した。

　足先と脚が呼吸に対してこのような影響を及ぼすのは，横隔膜から脊柱，そして脚へと筋肉が繋がっているからである。横隔膜脚（横隔膜の最下部）が脊柱に繋がり，横隔膜脚の筋膜が腰筋と繋がり，腰筋が脊柱から骨盤を通して脚まで繋がっているのである。

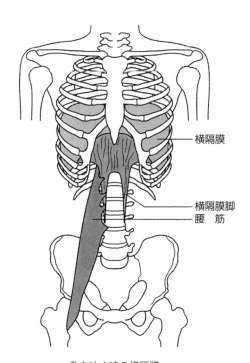

息を吐く時の横隔膜

実　験

> **実　験**
> 　膝を固くし，足先をこわばらせることにより，脚を固くしてみよう。それから呼吸をしてみると，呼吸が制限されるのに気づくだろう。

　私たちは，息を吸っている間，背中が広くなっていくことを思うことによって，肋骨が上へ外側へ自由に動くのを促すことができる。また，息を吐き出す時は，頭が上へ向かうことを思うことによって，肋骨が自由にもとの場所に動いていくのを促すことができる。

- 「自分全体」を呼吸に連動させておくことができるか。
- 足先が床の上に広がっていくようにしよう。
- 脚を固くしないようにしよう。
- 脚を解放することは，呼吸を解放することに繋がる。
- 息を吸う時，背中が広くなるよう方向づけよう。
- 息を吐く時，頭を上へ方向づけよう。

呼吸の習慣

　幸いなことに私たちは，呼吸するのを忘れないようにする必要はなく，それは自動的な反射作用である。私たちの感情の状態が変わると，呼吸も感情表現の一部として変化する。とはいえ私たちは，意識的に呼吸のパターンの効率を変化させることもできる。例えば，呼吸を止めたり，あるいは息を吸って四つ，息を吐いて六つ数えたりするといったことである。

　私たちは，効率のよい反射的な呼吸を取り戻すために，間接的に働きかけることを意識的に選択できる。それこそが，アレクサンダーのアプローチである。

　呼吸が解放的でなくなっているなら，おそらくそれは，感情の状態によるものか，あるいはもしかすると，楽器を弾くのを学び始めてから特定の方法で意識的

に呼吸するようになったというような,心得違いの試みによるものだろう。アレクサンダーはこうした解放感の喪失を,「誤った使い方」と呼んだ。幸い,呼吸がより調和の取れた,楽なものになると大抵,気分がずっとよくなるものだ。だが忘れてはならないのは,呼吸は,私たちの深い感情と密接に結びついているので,呼吸のパターンを変えようとする時は,自分自身に対して慎重でなければならないということである。例えば私たちは,自分の肩の辺りに不安を溜め込んでいるのに気づくかもしれない。これは,呼吸を制限するだろう。だが私たちは,両肩が互いに離れて自由になっていくよう方向づけ,呼吸の流れが自由に解放されるのを思ってみることができる。こうした働きかけは間接的なものだ。つまり,変化させるために,わずかに方向づけて思ってみるのである。

プライマリー・コントロール

「プライマリー・コントロール」が自由でなくなると,呼吸が苦しくなるものだ。実際,どこかを緊張させると,たとえ靴の中の足先でさえも,呼吸に影響を与える。ほかにも緊張がないか気をつけてみるべき場所は,舌や咽頭,短くなったり狭まったりしているかもしれない背中,肋骨,骨盤,脚(特に膝をぴんと張っていないかどうか)などである。また私たちは,声帯や鼻の後ろの部分などにも不必要な緊張を作り出しているかもしれない。

「プライマリー・コントロール」は,最初に取り組むべき習慣である。アレクサンダーは,頭を後ろへ下へ引っ張っていた。このことにより,咽頭部の声帯器官が圧迫され,呼吸に雑音が聞こえるようになった。アレクサンダーの友人たちは,アレクサンダーの演技を観賞しに行くと,彼が呼吸のために息を吸う音を聞きつけられるほどだと指摘した。アレクサンダーが頭を「前へ上へ」解放すると,圧迫が取り除かれ,息を吸う音もなくなった。

> **実 験**
> 意識的に首を固くしてみて,呼吸がいかに制限されたように感じるかに注目してみよう。

横隔神経というのは,横隔膜を支配する神経である。脳が潜在意識下でそれを

コントロールしている。この神経は第3，4，5頸椎（首の椎骨）で脊髄から下行している。首を解放すると，この神経への圧迫を取り除き，呼吸を解放することになる。

- 第3，4，5頸椎は横隔膜を活性化する！

私たちの全体的なパターンが，頭を後ろへ下へ引っ張るものだとしたら，身体全体を下方向へ引っ張る結果，呼吸の活性化を損ねることになる。頭が「前へ上へ」いくことが，私たちを習慣から救ってくれる「方向性」である。

- 下方向への引っ張りは，呼吸の活性化を損ねる。
- 下方向への引っ張りにより，呼吸の際に音がするようになる。
- 頭が「前へ上へ」いくことで，呼吸が活発になる。

頭が脊柱の一番上でバランスを取っていると，脊柱が呼吸に連動するのを調整することになる。首が頭を脊柱の方へ締めつけている場合，そのことが脊柱の動きを制限する。脊柱の自由な動きは，自由な呼吸に必要な保障である。

- まず「プライマリー・コントロール」に取り組むようにしよう。
- 身体における緊張は，どの部分であっても，呼吸に影響を及ぼす。

不安があると私たちは，さまざまな緊張でそれを表すものだが，腹筋が非常に影響を受けることが多い。このことは，呼吸にとって最も影響力のある筋肉である横隔膜の動きを制限する。それにより，呼吸の動きが身体の上の方へ押しやられると，呼吸が浅く効率の悪いものになる。腹筋を緩めることを思ってみると，例えば，本番当日の私たちの呼吸や感情の状態を変えられるかもしれない。

不安な時，私たちはおそらく，「びっくり反射のパターン」（第5章「プライマリー・コントロール」を参照）のうちのどれかで反応しているだろう。こうしたパターンは，通常の呼吸を制限することにも関わってくる。私たちは，危機が増しているかのように振る舞うようになり，身体全体を必要以上に興奮させる。このような時，何が起こっているかに気づくことができれば，そうしたパターンに対

して，何らかのことをする選択ができるかもしれない。頭を脊柱から「前へ上へ」解放することを思うとしたら，びっくり反射が起こっても，覆してくれるだろう。

- 本番への不安を和らげるために，呼吸に働きかけをすることができる。
- コンサートの当日は，腹筋を緩めるようにしよう。
- 「プライマリー・コントロール」を解放することで，びっくり反射のパターンが緩やかに起こるのを阻止することができる。このことは，間接的に呼吸を解放する。

肋骨における緊張を緩めるためには，肋骨が身体の側面で上下に自由に動いているのを思ってみよう。肋骨が「バケツの持ち手」のように動くというイメージを持ってみると，役に立つ。肋骨は，背中側は脊柱と繋がっており，前側は胸骨と繋がっている。肋骨の角度や，それらが行っている動きは，観察に値するものだ[*1]。背中の大部分は肋骨の構造が占めている。息を吸う時に背中を広くするよう方向づけることは，適切で自由な肋骨の動きを促すことになる。胸郭の背中側の一番下に，「浮遊肋骨」として知られる二対の肋骨がある。これらは前側で胸骨と丸く繋がってはいない。こうした設計ゆえ，この肋骨はより自由に動くのだ。

私たちが呼吸している時には，脇の下，背中側と前側の横幅全体，胸部，腹部といった胴部の至るところに動きがあるものだ。

- 肋骨は，身体の側面でバケツの持ち手のように動いている。
- 背中に呼吸を感じてみよう。
- 背中の大部分は肋骨が占めている。
- 「呼吸は，背中の活動である」[*2]

呼吸の解剖学

カール・スタウは，さまざまな層の人々と働いてきた自分の活動を一冊の著書にまとめた。スタウは気腫患者を，確実に迫っていた死から救ったり，米国の一

＊1　http://www.jessicawolfartofbreathing.com/
＊2　F. M. Alexander

流のアスリートたちが，メキシコ・シティという高地で開催されるオリンピックに向けて準備する手助けをしたりした。彼はまた，パフォーマーやあらゆる職業に従事する人々のためにも活動した。

スタウは，呼吸というものを，生まれた瞬間にオンになり，死の瞬間にオフになる大元のスイッチとして考えた。彼は，自分のクライアントたちが呼吸に調和を取り戻すと，全般的な健康状態も改善していく場合が多いことに気づいた。スタウは，著書の中で次のように書いている。「呼吸のコーディネーションが破綻すると，副次的な呼吸が取って代わることになり，こうした人は，そのことをずっと理解できないままなのである。こうした人は，残りの人生においてずっと，その影響に苦しむかもしれないし，自分の問題の真の原因が呼吸の仕方にあることを，一度も知らないままでいるかもしれない」[*3]。

スタウは，副次的な呼吸と名づけた呼吸の徴候である「異常なほど盛り上がった胸部」が，重病の人や極度のパフォーマンスのためのストレスに身を置く人に現れることを発見した。スタウは，自分の手を使って，呼吸している身体により効率のよい動きが定着するよう働きかけた。彼はまた，音楽家にもワークを行った。著者は，カール・スタウがオペラ歌手にワークしている素晴らしい映像を見たことがある。この映像が公開されていないのが残念だが，その歌手は，ワークをする前から非常に上手かった。一見して調子もよさそうで，申し分のない状態だった。この歌手の胸部が著しく解放されたことが見て取れるワークの後，歌手の声はさらによく響き，素晴らしい倍音が得られている。

ここで言っておきたいのは次のようなことだ。より深く呼吸しようと頑張ると，胸郭の前側を持ち上げることになりやすい。解剖学のより明確な理解を持つことで，私たち音楽家は呼吸のパターンを向上させていくことができるだろう。大切なのは，身体の中に設計されている動きを理解し，そうした動きが起こるのに任せておくことである。

- より深く呼吸しようとして胸部を持ち上げないようにしよう。
- 息を吐く時，胸郭を緩めよう。
- 胸部にたくさんの動きがあるようにしておこう。

[*3] Carl Stough and Reece Stough, *Dr. Breath: The Story of Breathing Coordination*, Stough Institute. New York, 1981, p.220.

横隔膜はどのような働きをするのか

　横隔膜は，胴部の中に水平に横たわっている呼吸に関わる主な筋肉で，肺と腹部を隔てている。横隔膜は，背中側より前側の方が高い位置にある。横隔膜の上には肺と心臓があり，横隔膜の下には腹部の内臓がある。横隔膜は自動的に働いている。血液中の二酸化炭素と酸素の割合を見張っている脳の潜在意識の一部によって，この働きが引き起こされているのである。私たちは，さらに酸素が必要になると次の呼吸をする。私たちは直接的に，横隔膜を動かすのを感じたり，動かそうとしたりすることはできない。だが身体のほかの部分が，横隔膜が動いていることに対して何らかの反応をするのを感じることはできるし，間接的には横隔膜の動きに影響を与えることはできる。

　横隔膜は平らになることで，肺を下に引っ張り，肺に空気が満たされるよう空間を作る。横隔膜はまた，肋骨が上と外側へ動くよう肋間筋を促し，胸郭を広げることで，より広い空間を作る。このように肺が拡張することで，空気が入る。空気は，身体の内側と外側の圧力を均等にするために，鼻あるいは口から入ってくる。放っておけば，空気は何の苦労もなく私たちの中に入ってくる。横に広がっていくことで肋骨が，前側と後ろ側に広がっていくことで胸郭全体が連動している。ほんのわずかに呼吸する時ですら，胸部全体に微細な動きがあるものだ。私たちが行っている呼吸の一つひとつは，唯一無二の呼吸である。それは，私たちがしていることや考えていることに応じて，絶えず変化している。

　　　横隔膜は必然的に，胸部の広がりを三次元すべてにおいて増幅させる。腱中心（横隔膜のドーム型の中心の部分）を引っ張り下げることによって垂直方向の長さを，下部肋骨を引き上げることによって横の長さを，そして下部肋骨は，胸骨と上部肋骨を引き上げるため，前後の長さも増幅させるのである[*4]。

　横隔膜は，平らになる時，腹部の内臓をマッサージし，それらを骨盤の中へ向かって下に動かす。骨盤底を構成している筋肉群は，上にある横隔膜が下に向かっ

---

*4　David Gorman, *The Body Moveable*, Ampersand Press, Guelph, Canada, p.139.

て動くのに合わせて，内臓を受け入れることで対応する。吸気から呼気に切り替わる時，骨盤底は，本来備わっている弾力のある跳ね返りによって，横隔膜の動きを支えている。

　肋骨が下に向かって動くと横隔膜は緩み，ドーム型に膨れる。こうしたことが，息を吐いている時に起こっているのである。呼吸は，ほぼすべての活動において，楽で心地よいものになりうるものだ。

- 横隔膜は，呼吸にとって要の筋肉である。
- 横隔膜は，息を吸う時に働くが，その働きは感じられない。
- 横隔膜は，息を吐く時，緩む。
- 呼吸は，どんな活動においても楽で心地よいものになりうる。

鼻 vs 口

　どのような活動においても理想的なのは，鼻から息を吸うことで，空気が濾過され，温まり，潤うことだろう。鼻から息を吸っているなら，喉の感染症にかかりにくくなる。激しい活動をする場合，私たちは口と鼻で呼吸する。管楽器奏者や歌手の中には，場合によっては鼻で呼吸する人もいる。鼻で呼吸する練習をしてみると，楽に素早く空気を取り入れる効率がよくなるだろう。

- 鼻をすする音を防ぐためには，鼻の後ろを緩め，開くようにしよう。

　あなたが口で呼吸しているなら，「自分はどのように口を開けているか」自問してみよう。顎を頭蓋骨から緩めることが効果的である。もしあなたが頭を顎から遠くへ引っ張っているとしたら，このことが，呼吸の働きを含め，あなたの身体中に蔓延する一連の好ましくない出来事を誘発しているだろう。

- 息を吸う音を防ぐために，喉を緩めよう。

　ロシアのブテイコ教授は，とりわけ喘息などの呼吸の問題を抱えている人のために，呼吸の再教育法を考案した。彼は，喘息患者が，日々の活動にとっての理

想以上の酸素を吸い込もうとする結果，口で呼吸したり，必要以上に呼吸したりする傾向にあることに気づいた。彼は，不安や憂鬱といったものも含め多くの問題が，呼吸のしすぎに起因すると考えた。

- 可能な時は，鼻で呼吸するようにしよう。
- 呼吸のしすぎは健康上の問題を引き起こす。

感情は呼吸に影響を及ぼす

　感情の状態が変わると，それが呼吸に影響を与える。呼吸が変わると，それが感情の状態に影響を与える。呼吸と心拍は，解剖学的にも感情的にも密接に関連し合っている。例えば，走ってきたり泳いできたりしたら，あなたの感情的状態は，普通はよい方向へ変わっているだろう。不安を感じているなら，あなたはほぼ確実に腹壁を硬直させていることだろう。こうした時はセミ・スパインの体勢になると，重力が助けてくれるので，腹壁をより緩めやすいものだ。不安の表れにより，呼吸は主に3箇所において妨害される。腹壁，口と鼻の裏側にある弁，それに（肋骨の間の）肋間筋である。こうした場所の緊張を軽減するのに「方向性」を用いると，反射による呼吸を取り戻すことができ，より楽になるだろう。

視線についても検討する

　ものを見る時，必要以上に凝視したり，視線が方々に飛び移ったりしている場合，解放された呼吸をするのは難しいものだ。視線を固定したり，凝視したりしている時は往々にして，呼吸を止める，あるいは制限するといったことが起きているものだ。退屈な時は，眼差しがぼんやりとし，呼吸が浅くなるかもしれない。目は，私たちの感情の状態を表すのに関わっている。呼吸を改善するために視線を和らげよう。

- 呼吸は，感情の状態に影響を受ける。
- 視線を必要以上に集中させたり，方々に散らしたりすると，呼吸を制限しかねない。

囁(ささや)く「アー」

アレクサンダーは，鼻で呼吸することに注意を向け，身体の至るところにある緊張を必要以上に持たずに声を用いるための手順(プロシージャ)を考案した。私たちの呼吸のパターンに対して，習慣の観察，「抑制(インヒビション)」，そして「方向性」を通して働きかける方法である。アレクサンダー教師とこの手順に取り組むとよいだろう。

> **実 験**
>
> 　上顎を持ち上げる（何か楽しいことを考えてみると，自然に笑みがこぼれるだろう。これが上顎を持ち上げることだ）。舌先を下の歯の先端にくっつけたままにし，頬を緩め，目を輝かせてみよう。息を吐き出しながら，歌うのではなく音を長く伸ばすように，そっと「アー」と言ってみよう（「アー」というのは，口が最も開く母音である）。自分の発した「アー」という音の性質をよく聞いてみよう。口を閉じ，空気が鼻に入ってくるのを待とう。これで，もう一度やってみる準備ができたことになる。腹筋や，自分が目で何をしているかに注意を向けてみよう。視線を和らげると，囁く「アー」がやりやすくなるだろう。

アレクサンダーは，囁く「アー」を非常に高く評価していた。囁く「アー」を実践する利点の一つは，私たちが話したり歌ったりする前の，息を吸う音を防げることだ。

演奏，練習，本番

十分な酸素がなければ，まともに頭が働かないし，さまざまな筋肉も健全にあるいは精密に働くことができず，そもそも身体のいかなる部分にも上手く機能することを期待できない。効率よく息を吐き出す時というのは，効率よく次の息を吸うための条件を，身体の中に整えているのである。私たちの演奏は，上手く呼吸していれば向上していくだろう。アレクサンダーのワークは，こうしたことを助けてくれるものだ。

呼吸に関して私たちが行う働きかけとは,「深い呼吸をするのを忘れないでいること」ではない。自分の呼吸が効率的なものであってほしいなら,効率的な呼吸が起こるのに任せておこう。アレクサンダーのあらゆる働きかけ同様,私たちは,理想的なことが起こるのを妨げている何かを見つけ出し,制限のもとになっているパターンを取り除けるよう「抑制」と「方向性」を用いることを目指していく。呼吸に関する働きかけとは,私たちの中に組み込まれた,反射による確実な呼吸が再び起こるよう,今まで発達させてきたパターンを「学び直すこと」だと,私たちは捉えているのである。

- よい呼吸とは,何かを「する」ことではなく,私たちが邪魔をしなければ,私たちに自然に起こる何かである。それは,「反射による活動」である。

歌ったり管楽器を演奏したりするためにはどのくらいの呼吸が必要?

あなたが歌手あるいは管楽器奏者なら,次のフレーズのためにどのくらいの息が必要かについての理解を深めていくことだろう。次の息つぎの時,余った空気が残っていることは,その後に息を吸う時に問題を引き起こす。息を吸うのによい状態を整えるためには,効率よく息を吐き出すのがよいことを忘れないようにしよう。管楽器を演奏したり歌ったりするためには,しかるべき量の内部の空気圧が要るものだが,フレーズの長さがどのくらいであろうと,単純に容量いっぱいに息を溜め込むというのは,慎重にしよう。

技術が向上するにつれ,ほかのあらゆる活動中にしているように,必要に応じて呼吸するようにしておくのを学んでいくだろう。どのようなフレーズが次に来るかがわかるようになり,適切な量の空気を取り入れられるようになっていく。このようなレベルに達するとおそらく,息が十分あるかあまり心配しなくなるはずだ。こうした自信が,呼吸の効率を高めるのである。

呼吸の練習

音楽家の多くが,「呼吸の練習」をしている。呼吸の練習から得られる恩恵は大きいかもしれないが,注意深く練習することが不可欠である。練習が有益なも

のになるか否かを決定づけるのは，そのやり方である。練習の仕方がよくないと逆効果になりうる。呼吸の練習を行う時は，自分自身の「使い方」に注意を払うようにしよう。息を吐く時に自分を押し下げるのは，よくみられる習慣である。

> **実　験**
> 「プライマリー・コントロール」はどうなっているだろうか。頭がそれ自体でバランスを取り続けるようにしているだろうか。あるいは，首の筋肉を固くして，頭を脊柱に固定しているだろうか。脊柱が柔軟性を保った状態にしているだろうか。腹筋に不必要な緊張を作り出しているだろうか。喉の緊張を高めているだろうか。練習を行っている時，自分の周辺に意識を保っていることができるだろうか。バランスが取れていて心地よい状態だろうか。

- 呼吸の練習を行う時は，自分の「使い方」のことを忘れないようにしよう。
- 息を吐く時，「上向きに」考えているだろうか，あるいは「下向きに」考えているだろうか。
- アレクサンダーは，囁く「アー」の手順を，呼吸の最もよい練習になりうるものとみなした。

呼吸を止めない

息を吸った後，吐くのは自然なことだ。酸素は即座に血液に吸収されるので，吸った息を止めていると，それ以上酸素が得られなくなる。こうした循環に小休止を置くとしたら，息を吸った後ではなく，吐いた後が最も自然である。

- 迷ったら息を吐こう！

呼吸を止めたり制限したりしている音楽家には，テンポ感を明確に感じ続けることが難しい人が多く，リズムに弱点があるものだ。もしこうした問題に心当たりがある場合は，練習の際に呼吸への気づきを含めてみる価値がある。

打楽器あるいは弦楽器奏者は，楽器を弾きながら同時に息を止めることもできるだろう。ほんのわずかの間なら，こうしたことも可能だが，決してよいことで

はない。呼吸を止めるのは，不安や自信の欠如の表れである。音程の大きな跳躍の直前に，呼吸を止めたり制限したりしないよう気をつけよう。実際には，そこでは「難しい」と思ってしまっているのにすぎない。もう一つ，呼吸を止めがちなのは，自分に重大な出だしが控えている時，とりわけ技術的に難しい出だしである場合である。呼吸が流れるようにしておくと，自信が増すことだろう。

- 呼吸を一時的に止めたり制限したりするのは，よいことではない。

呼吸にとって重要なこと

呼吸のための空間

身体に空気を取り込むには，空間が必要である。酸素の量が足りないと，空気を取り込むのに空間がいる。二酸化炭素で一杯だと，空気を取り込む場所がない。酸素を取り込むのに苦労する時は，ほぼ決まって二酸化炭素で一杯になっている。そうした人は，まず息を吐き出す必要がある。ダブルリード楽器の奏者は，長いフレーズを吹き切るのにさほど多くの息を必要としないため，この難題にぶつかる。彼らが次の息を吸う前に息を吐き出しているのを，私たちも頻繁に耳にする。

音楽の様式に合わせて

あなたが管楽器奏者なら，身体の設計を理解し，自分の「使い方」に注意を払っている限り，演奏しようとしているパッセージの様式に合わせて息を吸うのはよいことである。「身体の使い方は，その機能の仕方に影響を及ぼす」ということを忘れないようにしよう。アクセントをつけて演奏しようとしている場合，いつもより迅速に息を吸うのは適切なことだ。一方，控え目な出だしには，息をゆっくり取り込んだ方がうまくいく。迅速に息を吸うにせよ，ゆっくり吸うにせよ，より効率的な呼吸になるように，全身に「方向性」を用いることができる。

出だしをリードする

自分が出だしをリードする場合には，息を吸い直し，息を吸うのがはっきり聞こえるようにして，劇的な効果を持たせたい誘惑に駆られるだろう。呼吸を意識

的にリードする身振りを練習しておくのは，有意義なことである。息を吸うのが聞こえるようにする方法は，余計な緊張を強いるものだ。出だしをリードする瞬間に演奏に適した状態でいられることを念頭に置きながら，もっぱら目に見える方法で，出だしをリードする動きをする方がよいだろう。

- 目に見える方法で出だしをリードする動きをするようにし，その間もずっと，きちんと呼吸するようにしよう。

精神の集中を妨げること

管楽器奏者なら，酸素が不足している時には，精神的に集中を保っているのが難しいのがわかるだろう。二酸化炭素で一杯になっていても，酸素のかわりにはならない。例えば休んでいる時など，演奏しないでいる時に気体のバランスを正常な状態にしておくのは大切なことである。自由な反射による呼吸が起こるようにしているか，確認しよう。お腹の筋肉を確認してみよう。こうした筋肉を，休むためにではなく，演奏するために働かせる必要がある。「プライマリー・コントロール」を確認してみよう。あなたは，椅子の上でバランスを取っているだろうか。目で何をしているだろうか。視線を楽譜上の，自分が今いるところに張りつけているだろうか。そのようにしていると，酸素と二酸化炭素の割合のバランスを取り続ける自然な能力に影響することになり，楽譜上での自分のいる場所を見失うことになりやすい。

- 呼吸が解放されているかに注意を払っていよう。

冷静に呼吸を続ける

演奏中にどんなことが起ころうと，最悪の事態を招く感情的状態とは，**慌てること**である。こうなると，呼吸を止めているか，あるいは速くなって息を吸う音が聞こえるようになり，頼りない呼吸になる。すると，テンポやイントネーション，リズム，様式などに対する感覚を失う。その結果，間違う可能性が増すことになる。正常に呼吸を続けていれば，慌ててはいないはずだ。正常な呼吸することと慌てることは，互いに相容れないものである。

- 呼吸が楽にできる状態でいれば，慌てることはないだろう。

アレクサンダーのアプローチについての簡略なまとめ

　アレクサンダー自身のアプローチは，背中が長く広くなるように，足先を床に向かって緩め，頭を「前へ上へ」行かせるようにするものであった。呼吸している時，自由にバランスを取っている身体が動いているのに気づいてみよう。あなたが声を使うか否かにかかわらず，顎や舌，喉が解放されているようにしよう。息をより吸いやすくし，声をより響かせる口の後ろの空間に注目してみよう。制限のもととなる腹部と肋骨の間の緊張を防ぐことで，胸郭が関節でより解放されて動くようにしておこう。目の輝きを保ちながら，囁く「アー」を練習してみよう。

学生のコメント

　私は，膝を締めつけることによって，身体にさまざまな緊張を抱えていました。このことは，自分の支えを強固にしようとする発想に関係しているとはいえ，実際には，楽に空気を取り込むのを妨げ，身体の上部の柔軟性を弱めるものでした。これは，お尻が前の方に位置しすぎていたために背中が曲がるという，別の問題に絡んできます。その結果，歌手として，空気の大半を取り入れる部分に異常なほどの緊張を引き起こしていました。また，肩の緊張を緩め，全般的に自分の心構えをより自由に柔軟なままにしておくことにより，もっと自然な呼吸や，肋骨の大きな広がりを促すことができるようになりました。さらに，自分の胸部を持ち上げすぎていたことが，肺の自由を奪うため，呼吸するのを制限していたことに気づきました。

ダヴィッド・ファーン（声楽）

　呼吸し続けているはずの弾いていない時に，一時的に呼吸を止めている場合，音楽的文脈の中での休むということを，誤って解釈していることになる。こうした発想によって，呼吸が意識的に練習に組み入れられ，より広い意味で音楽的問題を解決することができるようになった。　　　スカーレット・イップ・チン・ハン（ピアノ）

第11章

声

フランク・ピアス・ジョーンズは，ある歌手と実験を行った。彼が，歌手の頭のバランスに対してワークする前と後の，この歌手の録音が残っている。

歌手は，実験の結果，声がより出しやすく，より響くようになり，呼吸もずっとコントロールしやすくなったと語り，彼女自身が下した評価は，ほかの音楽家にも認められた。

さらにこの録音は，研究所の技術者によって分析された。

歌手の音声分析データは，頭のバランスが変わると，倍音が豊かになり，呼吸の際の音がなくなったことを示すものだった[1]。

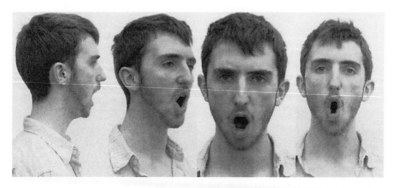

歌っているところ

---

[1] Jones, *Freedom to Change*, p.135.

私たちはみな，日々の生活に声を使い，音楽家として時折，歌ったりもするだろう。あらゆる活動同様，声を使う状況にもアレクサンダーの原則を適用することができる。アレクサンダーは役者だった。彼は，声の問題にぶち当たったために，自分の心と身体をどう使うか探求し，今日私たちがアレクサンダー・テクニークとして知っているものを発見したのだ。

発声の機能のコントロールは本来，意識的に訓練しなくても子どもの時に培われるものである。私たちは，声を使う時，音を出すために発声器官に動きを生み出す。子どもの時，声を使ってあれこれ試した結果，こうした声にまつわる動きが上手くなっていくのである。私たちは成長するにつれ，自分の両親に話し方が似てくることが多い。なぜなら，真似をすることによって学ぶからである。その後，多くの場合，私たちの話し方，歌い方は行き詰まり，声にまつわる習慣の蓄積の中に自分自身をとどめてしまう。

自分の声をどのように使っているかに気づきを持つことができれば，習慣ではなく選択することで，生涯を通じて声にさらなる多様性や技術を培い続け，自分本来の声で自分自身を表現し続けることができるのである。

有意義な4つの質問

- 自分の声と話し方を，周りの人はどのように特徴づけているだろうか。
- 普段，早口だろうか，それともゆっくり話すだろうか。
- 自分の声は，あらゆる感情の幅を表現するのを阻むような感情的な境遇に縛られているだろうか。
- 自分本来の声を完全に出現させるには，何を変える必要があるだろうか。

私たちは，身体全体で話したり歌ったりする。話したり歌ったりすることは，単なる発声器官にまつわる行為ではない。話したり歌ったりしている時，私たちが身体を使ってしていることすべてが，結果に影響を与えるのである。

- バランスが取れ，解放されていると，声がよく響き，明瞭になる。

ぶら下がっている器官

何よりもまず，私たちは「プライマリー・コントロール」を検討する。頭は，しなやかな支えである脊柱の一番上で，自由にバランスを取っているだろうか。あなたが実際に話したり歌ったりしている時，頭を「上へ」と思ってみると役に立つだろう。発声器官は，上は頭と，下は胸部と繋がっている喉の筋肉群にぶら下がっている。発声器官は，肺から上がってきた空気を遮断するのに適切な関係性を保っている必要がある。頭が空間的に前にいっていると，発声器官は絶えず調整されない状態になってしまう。もし楽器が正しく設置されていないとしたら，音は鳴るものの，最良の響きを得ることはできない。楽器というものは，きちんと，適切な状態で組み立てられなければならない。クラリネットのリードは，正しい場所に置かれなければならないだけでなく，柔軟でなければならないのである。同様のことが，発声器官にもあてはまる。喉の発声器官は，舌や歯，唇と結びついている。そのため，頭を空間的にどう方向づけるかによって，話したり歌ったりする時の，微細な差異の可能性が無限に開けるのである。

発声器官

私たちの発声器官は，頭と胸部の間にぶら下がった，筋肉と軟骨の集まりである。喉頭というのは，水平に張られた声帯を収容する一対の軟骨である。声帯は，身体の外へ出ていく空気の流れを遮り，その結果としての振動が，私たちが話し声や歌声として聞いている音の出所である。

2000年に，英国王立音楽大学ではミッシェル・ディーソン＝バーロウ[*2]を招聘し，世界中から集まった音楽家にワークを行うアレクサンダー教師のための会合で，歌うことについて議論した。以下に，喉頭の役割についてのミッシェルによる解説の一部を紹介する。

[*2] Michael Deason-Barrow ミッシェル・ディーソン＝バーロウ，トナーリス音学院学長，www.tonalismusic.co.uk

喉頭の役割

　まず始めに私はみなさんに，声帯が，呼吸や発声に関してどのような役割を果たしているかについて検討してみることをお勧めしたい。そして，この機能に関する誤解が，歌ったり呼吸したりすることのみならず，歌手の心理的，感情的状態に，また同様に聞き手の聴取の状態にも，いかに有害な影響を及ぼすことになるかについても考えてみていただきたい。

　私は，自分の講座や教育課程で頻繁に，「喉頭の機能とは何ですか」という質問を投げかけてみるのだが，ほとんどの人の答えはこうだ。「話したり歌ったりすることによって，コミュニケーションできるようにすること」（話したり歌ったりすることに付随して，泣く，笑う，叫ぶ，ハミングするといった，言葉を用いない感情にまつわる音もここに含めておきたい）。

● 喉頭の最も重要な機能には次のようなものが含まれる。
① 肺の中に食べ物を入れないための弁として作用する
　　私たちが何かを食べる時，食べ物は，その道程の初めは，呼吸と同じ道を使う。食べ物を飲み込むと，それが気管に入らないように，咽頭蓋が気管の上に倒れ落ち，食べ物を食道に移動させる。つまりその時まで，一つの管が，呼吸と食べ物の両方のための通り道となっているのである。
② 呼吸に対して声帯を閉じることにより，肺に空気をためる
　　声帯のこうした機能は，重いものを持ち上げることや出産，排便などのために，また不要な，あるいは過度の痰を取り除く咳をする際の精力のために，必要となる声門下の圧力を生み出す。
③ 防御装置として作用する
　　私たちは，例えば誰かに自分の首回りを手で押さえつけられるような，気道を妨害されることに弱い。加えて次のような場合には，仮声帯（真声帯の上にあり，直接的には発声に関与させるべきではない）が，通常の発声機能を抑えるために真声帯のひだを押し下げる。
　　ⅰ）喉払いをする時。
　　ⅱ）演奏への不安によって，仮声帯が心理的かつ生理的な防御の役目を果たす時。けれども結果的に，それは真声帯の自由な動きを妨げることになる。

- 喉頭の二次的な機能には次のようなものがある。
④喉頭に収まっている声帯によって音を作り出す

　上に挙げた最初の三つの機能を果たすためには，咽頭壁ができるだけ喉を圧縮し，狭くすることが必要になる。そこで喉頭は，この三つを助けるために，「圧縮する」よう作られている。声を出すためには逆に，声帯がリズミカルに自由に開いたり閉じたりすることができるよう，咽頭は緩み，かつ開いていなければならない。

顎を緩めよう

　話したり歌ったりする時，私たちは口を開けなければならないが，これは思っているほど簡単なことではない。口が普段は閉じているのは，一般的に鼻で呼吸するのが一番よいからである。口を閉じたままでいる状態は，頭と顔の筋肉に必要な緊張を用いることによって生じている。口を開ける時，頭蓋骨から離れて下に向かって動くのが顎である。顎が頭蓋骨と関節で繋がっている場所を感じるために，手を置いてみるとよい。その場所は，ちょうど耳の前の，顔の側面のきわめて高い位置にある。顎を緩めるには，緊張を解き放ったままにし，口を開けるためにある筋肉を使う。口を閉じた際の緊張を解き放つことがないというのも起こり得ることだ。考えている時，顎を緊張させている人もいれば，始終，微笑みを浮かべている人もいる。どちらの場合も，顎を固定させている可能性がある。もし，無意識に閉じている口を開けようと働きかけを行っているとしたら，その奮闘は，芳しくない結果を生むだけだろう。

　私たちは，バスを待っている時や友達と話している時など，いつでも，顎の緊張を解放する訓練ができる。自分が話していない時に，舌を柔らかく自由にしたまま，唇を閉じ，上下の歯をわずかに放していることから始めてみるとよいだろう。こうした試みを始めてみると，ゾンビのような立ち居振る舞いになってしまう人もいるかもしれないが，それは，アレクサンダーの意図からは程遠いものだ。彼は，その目の「輝き」で，常にとても生き生きした人と評されていたのである。誰かと談笑している時，目と顔を生き生きとさせたまま，顎を必要以上に緊張させることに対して気づきを保っていよう。

目も役割を果たしている

　目は，私たちが話したり歌ったりすることに関わる時，大きな役割を持っている。目を緊張させることは，発声の機能を制限する。視線というのは，必要以上に集中させてしまいがちなものだが，朦朧としていたり，退屈していたりするのもよいとはいえない。アレクサンダーの目の「輝き」というのは，まさに的を射たものだったのだ。

原動力となるもの

　歌ったり話したりするのに原動力となるのは，呼吸である。可動性のある，しなやかな脊柱が，よい呼吸を助けるものだ。私たちは，息を吸う時の肋骨の動きを（バケツの持ち手のように）上へ外へと促すために「方向性」を用いることができるだろう。そうすることにより，胸郭を弾力と可動性のある状態にしておくことができる。すべての肋骨の間には筋肉がある。「腹筋」の（過度ではなく）適度な「緊張状態」は，肋骨の動きを促し，胸部の背中側の底にある浮遊肋骨に，驚くほどの動きを可能にする。「背中」が広くなるよう，背中側へと方向づけると，浮遊肋骨の自由な動きを促進し，その結果，完全に自由に息を吸うことができるのである。

　息を吸う時，私たちは，軟口蓋（口の中のてっぺんである硬口蓋の後ろ側）を上に向かって緩めておくことができる。これは，あくびをする時に起こっていることである。息を吸う時，腹部には，横隔膜が下がって平らになることにより引き起こされる動きがあるはずだが（第10章，呼吸を参照），こうした動きは，腹部の筋肉を必要以上に緊張させることにより，制限されかねない。アレクサンダーの原則を，身体における支え全般に適用することで，腹部の筋肉を解放し，また呼吸したり話したり歌ったりすることにも，この筋肉を有効活用することができるようになる。背中の筋肉は，呼吸を解放するためにしっかりと支えの役をこなさなければならない。頭は，後頭下筋を引っ張ることによって脊柱の一番上で傾きがちだが，本来は伸筋が機能して，脊柱が長くなるよう促し，私たちの身体全体を支えている。

声のための自然な支えとは，骨盤底筋群（小さなトランポリンのようなものである）から生じる。横隔膜は，平らになることで腹部の内臓を押し下げ，それに応じて骨盤底が下がる。そして横隔膜が緩むと，骨盤底は上がる。私たちが，腹部や腰，尻，脚などを必要以上に固くしていなければ，こうしたことはすべて，自由に起こっているものだ。

歌ったり話したりしている最中に息を吐く時には，頭を上へと方向づけることによって支えを得ることができる。というのは，脊柱が長くなると，声を出すための自然な支えが生じるからだ。この支えは，吐く息の流出を調整する際の，特定の筋肉も絡む生来の作用である。私たちが歌おうとする時には，筋肉は別の方法で，自動的に働く。

自然な呼吸は，ほぼ何の苦労もなく空気を身体の外に押し出す。歌ったり話したり楽器を演奏したりするには，吐く息を節約して使うことが求められる。空気を取り込む筋肉は，吐く息を調整するため，空気を外に出す筋肉に反して働いている。こうした調整は，芸術的と言えるほどだ。歌っている時，長いフレーズの終わりで頭が後ろに引っ張られていないかどうか，注意を向けてみよう。発声の機能は，頭が上にいっている時，最も上手く作動する。

共　　鳴

音は声帯を活動させる呼吸によって生まれる。私たちはみなそれぞれ，異なった声を持っている。こうした違いは主として，私たちが培ってきた方法や体格，私たち自身の「使い方」における解放の度合いから生じる共鳴の違いによるものだ。主な共鳴装置は，胸郭（胸部），咽頭，口腔，鼻腔，口（唇，歯，頬の間の空間）である。こうした場所すべてが解放されていることが，私たちの声の出し方に大きな違いを生む。

　　声楽の技術の大部分は，顎，舌，腹筋上部や肩など，身体の各部分を解放することに集約される。アレクサンダー・テクニークのワークで私が学んだことの大半が，まさにこのことに焦点をあてるものだった。こうして，アレクサンダーのワークにより，私の声はほどなくして，より豊かに響くようになった。
　　　　　　　　　　　　　　　　　　クリス・アインスリー（声楽）

アレクサンダー・テクニークについての理解を深めると，自分の身体全体がより豊かに響く楽器になっていくだろう。一般的に身体というのは，広がっていく必要があるものだが，特に，鼻と口の後ろの空間が広がって奥行きが出るよう方向づけ，唇や舌，顎を緩め，胸部を解放するようにすると，より豊かに響くようになる。

> **実 験**
> 脚，尻，足指を固くして，話したり歌ったりする実験をしてみよう。今度は，このような部分をすべて緩めて実験してみよう。大きな違いに気づくことだろう。

空間への意識

自分の内側の空間や自分の周りの空間に気づきを保ち，とりわけ足を地面にしっかり繋げ，自分の上および下にある空間に気づきを保っていると，話したり歌ったりする時，さらに豊かな響きが得られるだろう。

声の緊張

緊張は必要なものだが，少なすぎたり多すぎたりすることもある。緊張が多すぎると響きに欠け，少なすぎると中心がなくなりやすい。歌っている時，次のように自問してみよう。「もっと少ない労力ですることができるだろうか」。この問いかけは，特定の点に対してのものではないが，その答えは，何か特定の点に関するものであってもよい。こうした問いかけをしてみるだけで，緊張が減り，より響くようになるといった変化に導かれることもあるかもしれない。

発声の機能というのは，非常に順応性のあるもので，無限に変化する可能性を持っているが，声の妨げとなる習慣を発展させることにより，潜在的な可能性を十分に生かさないでいる場合もある。音楽家として，あなたはおそらく，聴く能力を高めてきたことだろう。音楽家というのは，声真似をするのが得意なことが多い。というのも聴覚と脳内の声を司る部分には，非常に密接な繋がりがあるか

らだ。自分の話し方が，極端なまでに一様になっているのに気づくとしたら，それは「習慣にがんじがらめになっている」ことと捉えることができるだろう。首を解放すると，声を解放することができる。誰かが美しく歌ったり話したりするのを聴いている時，声帯器官に対する気づきを含めながら聴けるようになると，自分が歌う時にも，直感的に自分の声にさらなる潜在的可能性を見出せるチャンスが増えるだろう。ここで言っているのは，その歌手の技術に関する理論的な分析ではない。音楽家にとって，何かを体験することとは，自分の発声の機能を使いながら聞いたり理解したりするような場合もある。

歌声を生かすようにしよう

私たちの多くにとって，ほかの音楽家の前で歌うのは，楽なことではないだろう。演技をするのを恥ずかしく感じるかもしれないし，あるいは単に自分の声は聴いてもらうほど美しいものではないと思うかもしれない。こうした時，私たちは，歌うことに対して気が進まないのを筋肉の緊張に表すものだ。

> **実　験**
> 　今あなたに，自分の最高の声で歌うよう頼んだとしよう！　……あなたは，この提案について考えた瞬間，筋肉がこわばるのを経験したかもしれない。喉が締まり，同様に舌や顎，目などもこわばったかもしれない。歌うのは気が進まないと思っていると，呼吸を止めているのに気づいたかもしれない。実際，こうした筋肉の緊張はどれも，気が進まないことや不安なこと全般の的確な表れである。

お風呂の中で歌う人がいるのは，なぜだろうか。それは，温かいお湯に浸かっていることによるリラックス効果によるものかもしれない。つまり，こうした時の私たちは，言葉を話し出す前の赤ちゃんだった時には自然に生じていたことを妨げる緊張というものを，手放しているのかもしれない。

自分が楽器である

　私たちは，演奏することによって最もよい状態で機能するようになる楽器として，歩き回っている。ストラディヴァリウスは，よい状態を保つには弾かれる必要がある。歌うことは，夢中になってやるならば，非常に健康的で，楽しい人間的な活動である。歌っている時，心身ともに私たちの存在全体が，そのプロセスに関与する。だから合唱のコンサートの後は，聴衆にも活力に満ちた雰囲気がみなぎるのだろう。王立音楽大学の昼食の時間においても，歌手のテーブルがとても活気があるのは，こうした理由によるのかもしれない。

ま と め

　身体は楽器であり，楽に機能するには広がっている状態である必要がある。頭が足先から離れてバランスを取り続けるよう方向づけ，骨盤が可動性を保ちながら前方に押し出されることなく，頭と足先の間で解放されているか確認してみよう。楽譜を手に持っているならば，手中にある楽譜とともに身体が自然にバランスを取り続けるようにしておき，腕，手，楽譜を支えるのに背中の筋肉に助けてもらうようにしよう。背中がきちんと機能している時は，呼吸の動きがより自由になるだろう。喉の弁を完全に開いたままにし，肋骨が外へ上へ向かって動くように思うことで，背中が広がり，効率よく息を吸うことができる。また，歌う時には，よりよい「支え」を得るため，頭全体を上へ方向づけるようにしよう。発声器官は，頭と胸郭の最上部の間にぶら下がっているということを忘れないでよう。もっと「すること」を減らしてみて，前より上手くいくかどうか調べてみよう。目を使うのに，必要以上に視線を集中させないようにしよう。身体中に伝わる振動を感じ，生き生きとした状態を保ち，生活をより喜びに溢れたものにしてみよう。

- こうした提案を難しく感じた人は，頭を上へと思うこと，そして歌うのを楽しむことだ！　そのコツをつかんだら，もう一つ別のアイディア，それからさらに別のアイディアといった具合に加えていってみよう。

学生のコメント

　私は，歌っている時，自分の身体とその周りにあるものとの間に，驚くほどの交流があるのを感じる。それは，あたかもエネルギーが地面から上に向かって流れているように感じられたり，音楽的なインスピレーションが，音が生じる場所である発声の機能と合流するために，自分の周りから流入してくるように感じられたりすることだ。こうした流れは，身体の中で向きを変え，再び音が生まれる場所で合流する。アレクサンダー・テクニークのワークで学んでいる感覚的な気づきや身体的な解放，さらに自由でいる可能性に開かれていることなどによって，こうしたことを感じられるようになり，それどころか，こうしたことが存在するのを信じることができるようになった。
　　　　　　　　　　　　　　　　　　　　　　　クリス・アインスリー（声楽）

　私たちは，自分が生み出す音のことしか考えられなくなると，皮肉なことに，自分以外の人が聞くように聞くことさえもできなくなる。だが，例えばあるフレーズや高い音と格闘している時，自分の身体の中のそれ以外の部分に注意を向けるようにすると有益だと気づいた。「身体はバランスを取っているだろうか。自分は，緊張を手放しているだろうか。しなやかに動いているだろうか」。こうした問いかけをし，再び難しいフレーズを歌ってみると大抵，自分の声を批評するかわりに，足でバランスを調整したり，肩への気づきを持ったりして，身体の機能を助けられるようになっている。
　　　　　　　　　　　　　　　　　　　　　　ブラッドリー・トラヴィス（声楽）

第12章

視　覚

　世界は動いている。動くままにしておこう。あなたがそれを放っておけば，あらゆるものが動く。動きを邪魔したり，止めようとしたりしてはならない。もっともこうしたことは，視覚と精神の効率を悪化させるようなことをしなければ，起こることはない。

W. H. ベイツ, Better Eyesight Magazine, JULY 1920

私たちには視覚の習慣がある

　音楽家は，楽譜を読まなければならないことが多く，視覚は，この作業に必要以上に集中してしまいがちである。楽譜を読むのは，やればやるほど熟達してい

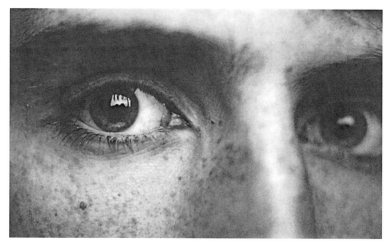

視覚は，人間の感覚の中でも優勢なものである。このことは，音楽家にもあてはまる

くものだ。こうして私たちは，視線を必要以上に集中させるという習慣を身につけていく。楽譜を読んでいる時，私たちは，非常に素早く膨大な情報を取り込むことができる。もし視線を楽譜にあまり集中させないとしたら，楽譜上の自分が今いる場所を見失ったり，重要なことを見落としたりしてしまうだろうと不安に思うかもしれない。だが，楽譜に視線を集中させすぎるのは，視覚の機能をこわばらせ，「プライマリー・コントロール」を固定してしまう。そのようなこわばりは，コーディネーション全体を悪化させ，直感を鈍らせるため，気づきの量は減っていく。

私たちは，まるで自分が楽譜にきちんと集中していることを自分自身や共演者に知らせる必要があるかのように，頭を楽譜に近づけたくなる誘惑に駆られるかもしれない。だが，頭がバランスを取るのに任せ，「プライマリー・コントロール」を解放し，目を柔軟性を保ったままにしておく方が，かえってよい結果になる。

視覚の使い方は，私たち自身がいる世界全般に対する認識や感情の状態，コーディネーション，意思疎通といったものに大きな影響を与えているものだ。多少なりとも視線を固定すると，呼吸を制限することになりやすい。目と脳とは，何かを視覚的に認識するのに，酸素をたくさん必要としている。視覚というのは，私たちの健康全般に影響を及ぼしているものだ。視覚は，私たちの練習や演奏にも著しく影響する。アレクサンダー教師には，教える時，視覚に対する働きかけを取り入れる人も多い。

ものの見方

目は光を集める。光は何の労力も制限なく，目の裏側に伝わる。網膜（目の内側にある光に敏感な組織）に集められた情報は，視神経に沿って進み，視覚脳に届けられる。私たちは，何かを見ようと躍起になっている場合，視覚の機能を誤用しているものだ。目と視神経と視覚脳を，ハードウェアだと考えてみるとよいだろう。そして，思考する脳が，情報を解釈するためのソフトウェアをアップデートしている。耳の働きも，目と似たようなものだ。すべてを聞こうと固執したり，一つのことに過度に集中したりするのは，避ける方が賢明である。大きな全体像を見たり聞いたりするとよいだろう。

目を緩めて音楽的な柔軟性を見出そう

　暗譜で演奏している時，音楽的により自由に弾けるように感じることが多い理由の一つは，目に柔軟性があり，それが心身の至るところで解放を促すからである。ホールの一番後ろのある一点を選んで，視線を集中させたとしたら，それは楽譜上に集中しているのとほぼ同じことだろう。逆に，視線に柔軟性があって広い範囲を見渡している場合，楽譜も読みやすく，のびのびと歌ったり弾いたりすることができるものだ。自分が今いる場所や，今していることへの気づきを保ちやすくために，自分の周辺も視野に入れておくことができる。このような視覚の使い方は，「パノラマ視」とみなすことができる。こうしたパノラマ視の状態は通常，幸せや自信を感じている時や最良の状況の時，現出しているものだ。私たちは，恐れや不安を感じている時には，視線を固定したり，過度に集中させたりしがちであり，音楽的にも柔軟性がなくなっていく。

　視覚に対する働きかけの先駆者であった W. H. ベイツは，明らかに健康的な人生の途中で視力が低下した人の場合には，確実にそれを改善することができるという結論に達した。ベイツは，眼鏡をかけずに視力を向上させる方法の開発に成功した。アレクサンダーの弟子であったオルダス・ハクスリーは，ベイツとアレクサンダーに師事した後，自分の視力が劇的に改善したことに気づいた。ハクスリーは，ベイツとアレクサンダーの発想を合わせた視覚に関する著書『眼科への挑戦――視力は回復する』[*1] を著した。眼鏡やコンタクトレンズをつけている場合，こうした器具は，目に入ってくる光に焦点を合わせるので，その結果，鮮明な像が容易に見えるようになる。こうした器具の欠点は，通常の「調節」のために使われる筋肉を絶えず用いることにより焦点を合わせ続けるということを，私たちの目が行わなくなることである。ベイツは，目の健康の向上や，鮮明に容易に見る能力の向上を促す訓練を考案した。簡単に始められるのは，意識的に瞬きをするというものだ。そっと，そして頻繁に瞬きをするとよい。瞬きというのは反射による働きであるが，視線を楽譜に過度に集中させていたり，楽譜を凝視していたりすると，瞬きをしなくなりがちになる。目が少し疲れたと感じたら，リフレッ

＊1　Aldous Huxley, *The Art of Seeng*, Chatto & Windus, London, 1957. （中谷光明訳『眼科への挑戦――視力は回復する』大陸書房, 1983）

シュするために何回か瞬きをしてみよう。

　ベイツのもう一つのアイディアは，光がまったく入らないよう，（目を押さえつけずに）閉じたまぶたを手で覆うというものである（パーミング）。真っ黒い闇を見ることができたなら，不要な緊張を手放していることになる。ベイツのアプローチを詳述した良書にハリー・ベンジャミンの『あなたもメガネがいらなくなる』[*2]がある。

- 目をリフレッシュするために，瞬きをし，呼吸しよう。
- 目が疲れていると感じたら，パーミングをしてみよう。

パノラマ視

　パノラマ視ができるようになると，何かを凝視したり過度に焦点を合わせたりする場合に生じることとは逆に，視神経がより柔軟性を保つことになる。視神経というのは，私たちの選択した動きや習慣的な動きの協調を処理する脳の視床下部と接しているのである。

　ピーター・グルンワルド[*3]（アレクサンダー・テクニークの専門家で視覚の教師）は，「パノラマ視」を奨励している。パノラマ視とはすなわち，自分が今いる環境の全体像を見ることである。「パノラマ」という言葉は，高さ，幅，奥行きを含んでいる。それだけでなくこの言葉はまた，自分が今いる環境で起こっている動きへの気づきも含む。あなたは通常，特定の焦点として何かを選択するだろうが，それは視覚的な気づきという全体像の一部であるのが理想である。私たち音楽家は大抵，演奏している時，楽譜を読む。楽譜は，自分の選択した焦点となりうるが，楽譜への集中を，指揮者を含む演奏仲間や，聴衆，自分が今いる空間，楽器などに対する気づきとバランスを取るようにすると，自分自身にも自分の演奏にも柔軟性を持たせることができ，自分が属している音の世界との接触を保ち続けることもできるだろう。

[*2] Harry Benjamin, *Better Sight Without Glasses*, Thorsons Publishers, Wellingborough, 1974.（福田輝明訳『あなたもメガネがいらなくなる』白楊社，1987）

[*3] Peter Grunwald, *Eyebody*, Eyebody Press, Auckland, 2004.（片桐ユズル訳『アイ・ボディ』誠信書房，2008）

● パノラマ視でものを見るようにしよう。

どのくらい焦点を合わせるか

　ピーター・グルンワルドは，視覚の5パーセントを詳細な点に，95パーセントを全般的な気づきにあてることを勧めている。これは，非常に明瞭な視覚（5パーセント）と全体的な視野（95パーセント）のために設計されている網膜の割合と一致する。5パーセントというのは「中心窩」のことで，網膜の裏側の中心に位置し，光を感知する細胞の中でも特に強力な部分である。網膜の残りは，光を受容する細胞としてはそれほど強力ではなく，斜め方向から光を感知している。こうした周辺的視野こそ，非常に明瞭ではないものの，容易に全体像（自分の周りにある世界という意味での視覚的感覚）を形成するのに必要なものである。

　このような分配の仕方は，フランク・ピアス・ジョーンズ*4 が唱えた，注意と気づきについての見解（あまり明るくない舞台上のスポットライト）に通じるものだ。聞くことでいうなら，オーボエのソロを聞きつつも，同時に演奏しているオーケストラの残りの楽器も聞き続けているようなものだろう。

　要は，すべてのことに焦点を合わせようと「頑張りすぎ」ないことだ。頑張りすぎると，ストレスが増すだろう。それより，特段の苦労をしなくても自分が見ることができるものを，きちんと認識するようにしておくことだ。楽譜上の音符の背後にある白い部分に気づいてみるという実験をしてみよう。音符も音楽的な「方向づけ」もより生き生きと，三次元になるのに気づくかもしれない。これはよい徴候である。もしかしたら，この本を読んでいる時の言葉についても，こうしたことが起こるかもしれない！

どこを見ているべきか

　楽譜を読んでいる時，私たちがほぼ焦点を合わせることがない場所が一つある。その瞬間，弾いている音だ！　私たちは，楽譜上のほかの場所，それも大抵は，次にやって来ることに備えるため，先にある場所に視覚を使うだろう。次にやっ

＊4　Jones, *A Technique for Musicians*, p.7.

て来るのは，調性やテンポの変化や「再現部の到来」かもしれない。もっともリハーサルで演奏している時，「あそこは本当は，シ♮だったはず」と確認するために，楽譜上で1，2小節戻ってみることはあるかもしれない！　ちらっと見返している間も，ほぼ問題なく弾き続けられるだろう。音楽は，ほぼ瞬間的に解読される記号によって表されている。頑張りすぎることをしない時，私たちは，非常に素早くたくさんのことを取り込めるものである。

- 目が楽譜を中心に，自由に動くようにしておこう。

楽譜というのは，作曲家と演奏者が相互に交流する媒体として存在するものだ。自分のレパートリーの中でもしっかり定着している曲に戻ってみたら，楽譜の中に新しいことを見出したという経験が誰にでもあるだろう。より深い見方や理解というのは，目の使い方と無縁ではない。視覚的に解読するということが，脳の思考する部分で起こっているのである。

目，呼吸，感情，感覚

視覚が私たちの感情の状態を誘発する場合も多いものである。私たちは，何かを見ると，呼吸のパターンを変えることで，ある程度，新たに生じた感情を表す。目と脳がきちんと働くには，血液中にたくさんの酸素が必要である。呼吸を制限すると，視覚があおりを受ける。視線を固定すると，呼吸があおりを受ける。したがって，呼吸を，内側に起こっている自由な流れる動きであるままにしておけば，感情や視覚が，演奏しやすくしてくれるだろう。

優勢な感覚

視覚は，私たちにとって最も優勢な感覚である。私たちが見ることに集中すればするほど，ほかの感覚に比して視覚への優先度が上がる。このことはつまり，聴覚や筋感覚（動きの感覚）の優先度が下がるので，聞きにくくなったり，身体の感覚を失ったりしかねないことを意味する。こうしたことを知っていれば，どんな時でも，演奏するのに適切な視覚的集中の度合いを自ら選択することができ

るだろう。

　音楽家の中には，より集中して聞いている時や演奏の中で特に心を動かされた時，目を閉じる人が多い。だが，常に目を閉じていると，一緒に演奏している人や聴衆，周りにある環境から自分を切り離すことになるので，こうしたことは慎重に検討してみるべきだ。

　もちろん，目を使わずとも非常に優れた音楽家である人たちもいる。実際，著者は二人とも，王立音楽大学で視覚的に障害のある学生たちにレッスンを行ってきた。彼らは素晴らしい音楽的能力を培ってきているというのが私たちの実感だが，こうした学生はみな，視覚以外の感覚，とりわけ筋感覚を発達させるために，アレクサンダー・テクニークのレッスンを選択しているのである。

好 奇 心

　視覚的に興味を持つと，全体像を容易に捉えやすくなる。自分の態度が好奇心に満ちている時は，何が起こっていようと，今ここにいることができる。ユーモアのセンスも生まれ，目も瞬きを自然にしていることだろう。このような状態は，楽器を演奏するのにまさにぴったりである！

- 視覚は，聴覚や筋感覚に影響を及ぼしている。

初　　見

　あなたはおそらく今までに，初見に役立つ戦略を練ってきたことだろう。初見の際には，作曲家の名前，作曲年，調性，テンポ，曲や区切りの冒頭に表されている性格的指示，音部記号，用いられている種々のリズム，明らかな様式の変化，アーティキュレーションといったものを確認する。

　視線を過度に集中させるのは，初見の際，非常によく起こることである。私たちは，過度に目の焦点を合わせている時，かなりの量の有益な情報を排除しているものだ。パノラマ視というのは，初見のような状況で適用すると，とても役に立つ。ただ1小節先を読んでいくという習慣を打ち破るのには，少し勇気がいる。絶えず変わっていく優先度を，意識としての心が知覚するのに目が応じていける

ようにしておこう。

　アンサンブルで初見をしている場合，通常のアンサンブルに関する気づきは，初見で譜読みをする時も同様に役に立つものだ。例えば，ゲネラル・パウゼの後，一緒に演奏している人と繋がっていると，グループのリーダーが示した身振りから，そのデュナーミク（強弱法）を読み取ることができるかもしれない。あるいは，楽譜から目を離すことですばらしい選択によるボウイング（運弓法）を見逃さなかったお陰で，自分がこれから弾くリズムを理解できるかもしれない。このように，楽譜上に集中したり，過度に焦点を合わせたりするかわりに，アンサンブル全体という状況の中で適切な注意を向けていくことができる。視覚を用いると，より深く音楽に入り込むことが可能になるのだ。

もっとよく見る練習

練 習

　楽譜を読む技術を向上させるのに役立つのは，楽譜を開き，数秒間でページ全体を見るという方法である。その後，目を閉じて，視覚的に想像した時にまだ見えるものを見てみよう。自分が取り込んだ量に驚くかもしれない。想像力というのは，視覚脳のうち，目を開けていた時に楽譜を見たのと同じ部分で働いているのである。今度は，もう数秒間，目を開けてみて，自分の前にある像をもっとよく見てみよう。「できるだけたくさん覚える」のに，プレッシャーを感じたり，「エンド・ゲイニング」をしたり，ムキになったりしない限り，もっとよく見ることができ，非常に迅速かつ容易に絵を取り込むことができることに気づいただろう。落ち着きと好奇心を保ちながら，再び目を閉じ，像を再構築してみる。そして再び目を開け，細部をさらに取り込んでみよう。

　こうして，その楽譜を演奏すると，しばらく練習したかのように演奏できることに気づいただろう。全体像を意識すると，演奏前に視覚的な知覚を活性化しなかった場合よりも，細部までより多く見ることができるだろう。

目と感情

　目の使い方というのは，自分自身やほかの人たち，一緒に演奏している人や聴衆に大きな影響を与えている。私たちの誰もが，友人の目の使い方を見れば，その友人がどう感じているかわかると思っている。友人に会って，何かほかのことを話す前に，「どうしたの？」あるいは「何かいいことあった？」と尋ねることがあるかもしれない。こうした場合に関わってくる「ボディ・ランゲージ」にはさまざまな要素があるが，目はその中でも筆頭に挙げられる。自信は，穏やかで柔軟なパノラマ視的な視線に表れるものだ。不安は，そわそわと過度に凝視するような視線や，どんよりとしたうつろな視線に表れうる。

　私たちは，視覚系の緊張を緩めることによって，不安を軽減することができる。自分の周りの世界の全体像を見ることができている時は，より落ち着きや自信，「今ここにいる」ことなどが感じられるものだ。ほかの好ましくない感情も，同様の視覚的アプローチを用いて，変容させることができる。例えば，焦り（「エンド・ゲイニング」）や退屈，「正しくする」のに躍起になるといった感情である。

楽しんで見る

　私たちが，自分の周りにあるものを楽しんで見ることにすると，解き放った視覚的「方向性」を自分に与えたことになる。立体的に色や形，動きに気づいてみるのは，とても面白いものだ。このような見方が「奥行き知覚」といわれるものである。視覚はバランスを取る仕組みの一端を担っているので，私たちは絶えず，どこが上か無意識のうちに確認している。奥行きをもって何かを見る場合，バランスを取りやすくなり，私たち自身の「自分」についての感覚も鋭敏になりやすくなる。こうした状態は，音楽家にとって好ましいものである。

　必要以上に視線を集中させていることに気づいたら，遠くを見てから再び，手元にある自分がしていることに戻ってみることができる。そうすることで，視覚系を再起動させ，バランスの取れた視覚的コーディネーションを取り戻すことができる。

今ここにいること

　過ぎ去ったことやこれからやって来ることに心を奪われていると，自分の周りに存在するものが見えにくくなるものだ。このようなことがコンサートの最中に起これば，一緒に音楽を演奏しようとしている同僚と交流しにくくなるだろう。あるいは，頭の中では別の場所にいて，自分の前にある楽譜を見ることができず，楽譜上の自分の場所を見失うこともありうる。私たちの視覚が楽な状態である時は，よりしっかりと今ここにいて，聴衆との繋がりも持ちやすい。私たちは，リハーサルやコンサート，そしてもちろん練習の最中も，真に今ここにいる方法を見出す必要があるだろう。バランスの取れた視覚から始めてみるのは，非常によい方法である。

- 視覚的に今ここにいるようにし，繋がりを保っていよう！

学生のコメント

　今日，バス停から歩いて帰宅する時，自分の前のある一点を凝視するのではなく，周りにある，あらゆるものを見るという方法を試してみました。実際それは，驚くほど緊張を和らげるものでした。（自分を含め）実に多くの人が，とても集中してあれこれ考えたり，自分の前を真っ直ぐ見つめながら歩いています。まるでそうすることで，何かが変わるかのように。私は今日，目の緊張を和らげ，自分の周りにあるものが見えるようにしておくことが，心の状態にとっても，いかに緊張を和らげ心地よいものであるかに気づいたのです。
　　　　　　　　　　　　　　イゾベル・クラーク（リコーダー）

　難しいパッセージで，自分の視線を楽譜の方に引っ張り込むことは助けにならないとわかったことは，解放感をもたらしてくれました！　ちゃんと背中の方にそして上向きにいられると，難しいパッセージもやさしいパッセージと同じくらいきちんと見ることができるとわかっていると，いくぶんプレッシャーがなくなっていくものです。
　　　　　　　　ニコラ・ブレイキー（ヴィオラ／アレクサンダー教師）

第Ⅳ部

静寂と動き

第13章

セミ・スパイン

　私たちの誰もが直面する問題は，生物学的な意味での調和や日常生活における満足を失うことなく，急速に変わっていく混乱した世界でいかに生きていくかということである。こうした「生物学的調和」は，バランスの取れた休息の状態に至る能力がなければ，ありえないものだ。休息の状態とは，ほとんどの人にとってストレスの多い活動につきものの楽でない[訳注]状態や疲労状態の対極にあるものである[*1]。

　セミ・スパインの体勢で横になるのは，生活の中でのストレスから回復するのに非常によい方法である。セミ・スパインはよく，建設的な休息と呼ばれることがある。セミ・スパインは，アレクサンダーのレッスンの中でも用いられることが多いものだ。その場合，生徒がアレクサンダー・テクニークでいうところの「テーブル」の上に横になり，教師がハンズ・オンで誘導していく。自分でセミ・スパインで自分自身に対して働きかけをやってみるなら，絨毯の上かヨガマットの上に横になるようにすると，上手くできるだろう。柔らかいベッドに横になっても，背中が長く広くなるのをそれほど促してはくれないものだ。横になるために，暖かく静かな場所が見つかったら，この楽な方法で，自分に対する気づきの能力を培っていくのに理想的な状況を見つけたことになる。これは，「静かにしている」チャンスであり，楽器なしで，自己を観察し，省みるチャンスである。10分から15分間のセミ・スパインは，多くを要求される活動のための準備に最適だ。セミ・スパインで横になった後には，コーディネーション（およびバーロウ博士が「生物学的調和」と呼んだもの）がよくなったことを実感するだろう。こうした状態を次の活動に意識的に取り入れていくとよい。

[*訳注]　原語は，dis-ease と表記されており，楽でないことの意。disease（病）とかけている。
[*1]　Wilfred Barlow, *The Alexander Principle*, Arrow Books, London, 1975, p.46.

セミ・スパインでは，重力は別の方法で作用する

　セミ・スパインは，生活上，ストレスが生じがちな通常の直立した状態から抜け出させてくれる。私たちは往々にして，平らな床に横になると，不必要な緊張を感じることができるものだ。立っていたり座っていたりする時と異なり，横になると，身体に対する重力の作用が変化する。私たちが直立した状態でいる場合，重力がかかることにより，身体が短くなりやすい。私たちには，こうした影響に対抗する反射の機能が備わっているため，身体は，重力がかかるのに反応して，長くなり広くなることができる。こうした反射による反応は，「抗重力反射」と呼ばれることも多い。私たちが横になっている場合，反射の機能が，身体を広げるために働き続ける。そして今度は身体中が楽に長くなり広くなるのを，重力が促し，助けてくれるのである。

椎 間 板

　椎骨の間にある椎間板には，私たちが直立した状態でいる時，圧力がかかりやすい。何時間も直立した状態でいると，椎間板が圧迫される傾向にある。椎間板が薄くなると，私たちの長さはわずかに縮まることになる。朝，身長を測り，就寝前に再び測ってみると，夜の方が縮んでいることに気づくかもしれない。椎間板は，生活の中で，立っていたり，歩いたり，走ったり，飛び跳ねたりすることで引き起こされる脊柱への衝撃の一部を吸収することによって，椎骨を守っている。椎間板はまた，何らかの活動ではなはだしく脊柱を曲げ，その結果，脊柱に過度の圧力がかかるような場合に，骨の部分を守っている。言い換えれば，私たちの通常の「姿勢」を守っているのである。あなたは，楽器を演奏する時，椎間板をひねったり，下に引っ張ったりしているかもしれない。セミ・スパインでは，こうしたプロセスを逆戻りしていく。すなわち，椎間板への圧力を取り除き，椎間板が支えとして衝撃を吸収するという特性を回復できるようにするのである。実際，椎間板は非常に迅速に回復することができるため，短時間のセミ・スパインでも，明白な違いが出るのがわかるだろう。夜の練習の前に椎間板を回復させるためにも，夕方セミ・スパインを行うとよいだろう。

脊柱におけるカーブ

　脊柱は，習慣的な「下方向への引っ張り」によって引き起こされるカーブが大きくなると，短くなる。どんなものであれストレスがある時，私たちは，自分自身を下方向に引っ張って，長さを縮めてしまうものだ。頭を下に引っ張ると，脊柱がさらにカーブするのである。私たちは，真っ直ぐな脊柱を求めているのではない。脊柱におけるカーブは，そのように設計されているものだ。私たちは，幼少の頃，座ること，そして立ち上がることを通して，脊柱のカーブを発達させていく。カーブは，私たちの設計に組み込まれたサスペンション機能の一つである。脊柱は，よりカーブすることで，短期的に圧力を吸収することができる。その後，圧力が取り除かれると，理想的にはカーブは，通常の状態に戻る。私たちが不快感や痛み，凝りなどを経験するのは，こうしたことが起こらない場合である。絶えず「下方向への引っ張り」があると，脊柱前弯や脊柱後弯，脊柱側弯といったような脊柱の状態に至る。

　セミ・スパインは，脊柱の適切なカーブを回復するのを促してくれるものだ。自然に，重力と平らな床が私たちのために働いてくれるだろう。

セミ・スパインを行っているエリー

セミ・スパインの行い方

実　験

　仰向けに横になり，頭を一冊から数冊の本の上に乗せ，膝を上に向くよう曲げる。頭の下に置く本の厚さについては，最初はアレクサンダー教師の指導を受けるとよいが，当面，定期的にセミ・スパインを行っていくなら，いろいろ試してみよう。写真のように，頭が脊柱と一直線上にあるようにする。つまり頭は，首の後ろを圧迫したり，咽喉を張り伸ばしたりすることによって，後ろに傾いたりはしない。頭は，咽喉を圧縮し，首の後ろを張り伸ばすことによって，前に押し出されたりもしない。頭が本の上で解放されてバランスを取っている時は，心地よく感じられるものである。正確な高さというものはないが，「ほぼ正しい」高さが，薄めの本一冊の範囲内にある。腕と手は，身体の横に置くか，曲げることもできる。その場合，手はお腹の上にそっと置くようにする。手がお腹の上にそっと置かれている場合，腹壁の内部に呼吸の動きを感じることができるだろう。足は床と滑らかに繋がっている。不必要な緊張を手放すと，足が床に広がっていく。足を緩めやすいよう，靴を脱ぐ人もいる。

セミ・スパインを行っている時，何を思うか

　横になったらまず，自分の今の状態に注意を向け，自分をそのまま受け入れるために，少し時間を取ってみよう。アレクサンダー的発想について考えずに横になっても，有意義なものになりうる。音楽を聞く，もしかしたら今，学んでいる曲の録音を聞くこともあるかもしれない。そのような時は，重力が自分によい効力を及ぼしてくれるようにしておこう。横になっていると眠くなるかもしれない。このことにも気づく意義はある。今よりもっと睡眠時間が必要ということかもしれない。

実　験

　もう少し深く踏み込んでみたいなら，身体を巡回するかのように順に思っていくと，ほんのわずかの緊張にも気づくことができる。「首を自由にしておこう。頭が前へ上へいくように。背中が長くなり広くなるように」という「方向づけ」を自分自身に与えることもできる。顔，舌，顎を緩め，頭が喋り続けているのを断ち切ることもできるだろう。自分自身を方向づけ，身体を重力の効力に任せると，床から支えられていることにより気づきやすくなるものだ。実際，このように心身一体的に思うこと（「方向づけ」）に関しては，非常に創造的になることができるものだ。また身体全体が広がっていくのを促したり，ニュートラルな性質を見出したりすることもできるだろう。穏やかで自信に満ちているのを思うことによって，あるいはリラックスして集中することによって，感情の状態に影響を及ぼすこともできるだろう。呼吸や視覚，バランスなどに注意を向けることにより，適時，こうした状態を作り出していこう。呼吸に注意を向けるだけでも十分ともいえるが，囁く「アー」(p.102)を何回か，やってみることもできる！　視覚的に，また聞こえるものに注意を向けることで，周りの空間への気づきを鮮明にすることもできる。静寂の中にあるバランスに気づくかもしれない。セミ・スパインを行った後には，元気を取り戻し，活動する準備ができたことを感じ，コーディネーションもよくなっているだろう。

首を解放する

　首は，柔軟性のある脊柱の一部で，頭がバランスを取るのに関わる筋肉を多く含んでいる。セミ・スパインで横になると，こうした筋肉に小休止を与えることができる。言い換えると，再び起き上がった時に頭のバランスを取り続けるという重要な役目のために，こうした筋肉に，休息し活力を取り戻すチャンスを与えることができるのだ。本が頭に，必要とされる分の支えを提供してくれていることに気づくのはよいことである。首の緊張を緩めれば緩めるほど，頭は本の上でよりきちんと休むことができ，本もより支えてくれるようになる。セミ・スパインで横になっている時は，直立した状態でいる時のように，頭が前方にいくこと

はないだろう。頭を単に本の上に落とすよう「方向づける」とよい。首を床に向かって落としていくことを思ってみよう。こうすることで，まだ残っている緊張が減り，頭が支えられ，バランスが取れようになる。

肩と腕

セミ・スパインを行っている時に，肩と腕をボディ・マッピングしてみることもできる（第9章「ボディ・マッピング」参照）。肩を床から離し，上に持ち上げていないか注意を払ってみよう。肩の重みが床の上に広がっていくのを思ってみよう。両肩が互いに離れていくよう「方向づける」。「方向性」における「対抗」は，効果を深めるものだ。肘が肩から離れていく（肩が肘から離れていく）よう，また手首が肘から離れていく（肘が手首から離れていく）よう方向づける。指先までエネルギーが繋がっていく感覚が腕に得られるのは，好ましいことだ。床と胸郭との関係の中で，肩甲骨に気づきを向けてみる。呼吸する時，肩甲骨が動くようにしておこう。何らかの結果を得ようとせず，起こっていることに気づきを持ってみるのである。手が柔らかくなり，着ている服の素材がよくわかるようになると，呼吸とともに腹部が動いている時，手や指の形状が変わっているのを感じることができるだろう。手首にある8つの骨と指にある19の骨が解放されて動けるよう，気づきを持っているのは，有益なことである。

- 「方向性」における「対抗」は，「方向性」の効果を高める。

胸　郭

首の下方には，胸椎があり，各椎骨の両側で肋骨と繋がっている。肋骨の動きは，床と接触することで少なくなるが，呼吸する時，胸郭の形状や，背中と床の関係が変化することに気づくのはよいことだ。筋肉が緩んで変化が起こるために，背中が長くなり広くなるよう方向づけているか，確かめてみよう。呼吸によって生まれる，肋骨を脊柱や胸骨と繋いでいる関節における動きに注意を向けてみよう。呼吸する時には，脇の下や身体の側面にも，さまざまな動きがあるものだ。

腰

　膝を立ててセミ・スパインを行っていると，腰椎が解放されやすい。腰の部分の幅が広がり，床の上に広がっていくのを思ったり，よりしっかりと床と接触するようにすることで，腰椎が解放されるのを促すことができる。自分が蜜蠟でできていて，暖かい場所で横になっているうちに，徐々に床に広がっていくと想像すると上手くいくという人もいる。脊柱との関係性の中で，骨盤を思ってみよう。腰に不必要な緊張がある場合，骨盤が脊柱との関係において前方に傾いているだろう。腰の辺りに緊張がたくさんあると，仙骨（脊柱の最下部）が床と接触する場所に不快感があるかもしれない。その場合は，脚の下の方に大きめのクッションや小さいスツールを置くと，こうした不快感が軽減することが多い。腰の辺りに働きかけをしている時，お腹が解放され，背中側そして床へ落ちていくのを想像してみてもよい。膝が股関節から，また足首から離れて旅立っていくのを思ってみよう。脚は，ある位置で拘束されているのではなく，バランスを取る役目を持っている。膝が天井の方を向いている時は，腰が解放されやすいものだ。

自分の演奏を心に描いてみよう

　先に提案したような，心身一体的に思うワークを行ってみると，心の中での練習を行う準備ができたことになる。こうしたあらゆる解放や開いている状態を適所に加えていき，それからバランスや解放，長くなって広くなることを維持しながら楽器を演奏することを思ってみると，実際にコーディネーションがよくなったことの証しである心身の繋がりも，整っているだろう。身体は，よい「使い方」を心が演奏に結びつけるのを助けてくれる。解放の「技術」が向上し，それを適時，取り入れていくならば，古い習慣を手放しやすくなるだろう。
　暗譜で曲を学んでいるなら，セミ・スパインの体勢で，頭の中で曲を通してみることができる。曲の中で精神面での明晰さがなくなる場所を特定しやすいだろう。なぜなら，より解放された状態でいるがゆえ，曲の中で不確かだったり，間違って旋回しそうになるような場合にも気づきやすくなるからだ。曲を通しで思い描くのに問題がある場合は，呼吸を制限したり一時的に止めたりすること，視

界を狭めること，「プライマリー・コントロール」や自分の楽器演奏にとって重要な身体の部分の自由を失っていることなどに気づくかもしれない。こうした方法で心に描いてみるのも練習になるものだ。それどころか，素晴らしい練習になることが多い。このようにしていくと，想像力を使って能力を発揮して演奏できるチャンスが増すだろう。さらに，セミ・スパインの体勢で練習すると，日常の次の活動に向けて，気力が充実し，生き生きした状態になっているというメリットもある。

セミ・スパインで技術を取り戻す

今までに弾いたことのあるパッセージが楽に弾けないことがわかった時は，そのパッセージを弾くのをセミ・スパインの体勢で心に描いてみることにより，それを弾く能力を回復できる場合が多い。ほかの練習のテクニックと同様に，これを適宜用いて，技術を発達させていく必要がある。セミ・スパインを活用するのが上手くなり，考えや意図が明確になってくると，そこから本当に多くのことが得られるようになるだろう。

「応用的セミ・スパイン」の体勢のパブロ

セミ・スパインから立ち上がる

セミ・スパインから立つ状態に戻っていく時は，頭が先導し，身体がそれに続く。このことを心に留めておくと，横になっていた恩恵を，立っている状態にも取り入れることができる。最初は，アレクサンダー教師の助けを借りるとよいだろう。

ニュートラルを見出す

セミ・スパインのワークは，ニュートラルな感覚を取り戻すチャンスである。このワークは，楽で軽やかな感覚や，自分全体が満たされている感覚を与えてくれる。自分自身の活力を回復することができ，コンサートやリハーサル，あるいは生産的な練習のための準備も整う。本番前に横になる場合，同僚やコンサートの主催者も，あなたが心静かに準備していることを理解し，邪魔したりはしないことだろう。音楽家にとって，静かなひと時を持つのはよいことだ。セミ・スパインは，静寂に自分を合わせる場である。(例えば，20分演奏したら10分間のセミ・スパインのように) 練習にセミ・スパインを組み込むと，ほぼ確実に前より上達することができ，一日の中で次に来るものが何であれ，よい状態を感じながら練習を終えることができる。

応用的セミ・スパイン

実 験

手と腕が背中と繋がりを持つための別の方法は，両腕を肩関節の上方に置きながらセミ・スパインで横になるというものである（前頁の写真参照）。重力が腕全体に十分な効力を発揮しているのを感じてみよう。腕の重さが，腕を肩関節の方に落とすよう促してくれるだろう。そして肩関節は，肩甲骨が背中の筋肉組織と繋がりを持つのを助けている。背中の筋肉が解剖学的に感じられると，腕と背中の繋がりが向上するものだ。また，こうしたことによっ

て，肩甲骨と肋骨の良好な関係を生み出すことができるだろう。胸の上部の前側や背中の上部に，開いている感覚や広がった感覚が得られるかもしれない。手は，手のひらが互いに向き合う状態で，また指先が解放されて床から遠ざかり長くなっていくようにする。左右の手が対称になっているか，あるいはそうでないかを感じてみよう。

　両腕を下ろす時は，肩甲骨が床と接触していることに気づきを保ちながら，両肘が互いに外側に離れていくよう方向づける。それから両肘を外に向かって下へ動かしていくと，両手がお腹の上に置かれるべく舞い降りてくる。手が置かれている場所で，呼吸の動きを感じていよう。肘や腕が動いている間，肩甲骨が完全に床に接触したままでいる感触を楽しもう。

　セミ・スパインの体勢で楽器を持って演奏してみる実験をすることも，楽器によってはできるだろう。もちろん歌手の場合も，試してみることができる。

　このようなセミ・スパインで元気を取り戻した後，立ち上がって，背中とよく繋がった手と腕で楽器を持ち，楽器の重さを感じよう。そして，あなたの楽器が重いものであれ軽いものであれ，その重さがいかに，腕が背中と繋がりを持つのを助けてくれているかを感じてみよう。

　こうした感覚は，鍵盤楽器奏者も，楽器の重さではなく鍵盤のアクションの抵抗によって，経験することができる。このことは，低音域において最もはっきりと感じられるだろう。

うつ伏せ

　（鼻を圧迫するのを防ぐために）額の下に本一冊か，柔らかいスポンジのようなものを置き，胸の下にクッションか何かの支えを置き，両手は脇に置いて，うつ伏せで横になってみると，背中が広くなって長くなることや，呼吸が背中全体と肩，肋骨を動かしていることなどが感じられるだろう。ここで「方向づけ」を思ってみると，感覚からの非常に有益なフィードバックが得られるかもしれない。こうしたことは，背中から肩や腕の至るところにエネルギーが流れていくのを促す

ものである。

ま と め

- セミ・スパインの体勢で横になることは，自分の面倒を見ることである。
- セミ・スパインは，ストレスからの回復を助けてくれる。
- セミ・スパインは，本番への準備にもよい。
- 重力が，自分が広がっていくのを助けてくれる。
- 重力の効力に完全に自分自身を委ねよう。
- 呼吸に自分を合わせてみよう。
- セミ・スパインは，建設的に思うことをしない場合でも，役立つものだ。
- 「方向性」を用いることにより，状態を先取りしていくことができる。
- 練習する時には，セミ・スパインを取り入れるようにしよう。
- セミ・スパインでは，本が頭を支えてくれている。
- 背中の下の方に不快感がある場合は，スツールで脚を支えるようにしよう。
- セミ・スパインの体勢で，曲を通して演奏してみよう。これは効果的な練習である。
- セミ・スパインの体勢で，演奏を心の中で思い描いてみると，技術を取り戻すことができる。
- 静寂に自分を合わせてみよう。
- コンサートやリハーサルに備えて，「ニュートラル」な感覚を取り戻すようにしよう。
- 背中・腕・手の繋がりを持たせるために，応用的セミ・スパインを用いてみよう。

セミ・スパインを用いるのは，自分の面倒を見るための一つの方法である。自分の面倒を見ることができるという信頼は，自己評価の一部になりうる。

学生のコメント

楽屋で本を何冊か見つけ，背中が長く広くなり，膝が持ち上がっていくのを感じな

がら 15 分間，セミ・スパインの体勢で横になったところ，本番で指揮者が入ってきた時，とても驚いた様子でした！　本当に，この時のセミ・スパインは，私が今までやってきた演奏の仕方を変えるものでした。私は完全に落ち着いていて，自分をコントロールできており，完全に音楽に集中することができたのです。

ジャニーヌ・トープ（ヴァイオリン）

　目前の課題に追われている時は，非常に集中した後に 5 分間，セミ・スパインを行うための時間すらなく，それを行う言い訳さえも見つけるのが難しいものだ。でも，今朝は本当にセミ・スパインが上手く働いてくれた。(40 分くらい経って) 集中力が切れ始めた時，休息を取ることにし，自分の身体を思ってみることに集中した。「方向づけ」を送ると，毎回の演奏が生産的になり，大幅な向上がみられた。

スザンナ・マクレー（ピアノ）

第14章

椅子の背に両手を置く

　レッスンで扱っている，単純な心身一体的な動作の中でコントロールを獲得することが，遅かれ早かれ日常生活上の実際の場面でコントロールを得ることに繋がるというのを，理解してもらえるよう望んでいる[*1]。

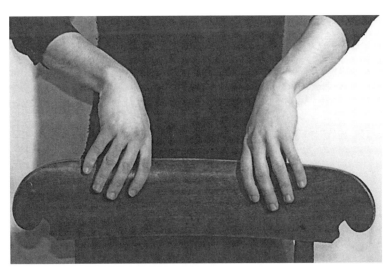

椅子の上に置かれた手は，柔らかく，軽く，上手く方向づけられたものになる

　アレクサンダーは，自著 "*Constructive Conscious Control*"[*2] において，「椅子の背に両手を置く」という有益な手順(プロシージャ)について詳述している。アレクサンダーによる解説は，テクニークを真剣に学ぶ人にとっての必読書である。

[*1] F. M. Alexander, *Constructive Conscious Control of the Individual*, STAT Books, London, 1997, p.134.
[*2] Alexander, *Constructive Conscious Control of the Individual*, p.124.

器楽の教師には，楽器を演奏するには背中の関わりが必要であることを主張する人も多い。この手順は，背中，肩，腕，手，楽器の繋がりを向上させるのに効果的な方法である。

アレクサンダーは，よい呼吸に直結する背中の広がりについての気づきを高めていけるようになるために，この手順を開発した。アレクサンダー流に背中が広くなると，呼吸が改善するだろう。それゆえ，あらゆる歌手や管楽器奏者たちにとって，この手順は言うまでもなく，やってみる価値のあるものである。よい呼吸というのは，ほかの楽器の奏者にも同様に役に立つものだ。呼吸が上手くできると，血液中に酸素を取り入れる能力が向上するので，脳の働きがよくなる。酸素というのは，筋肉にとっての食糧である。あなたも楽器演奏にあたって，筋肉を長時間使っても精巧に筋肉の運動をコントロールできるよう，探求していることだろう。感情の状態は，浅い呼吸からは好ましくない影響を受ける。すると不安が増大し，疲れを早々に感じやすくなるだろう。

この手順によって手と腕と背中の繋がりに関して，新しい感覚も得られる。ほとんどの音楽家は演奏するのに手と腕を使う。あなたの楽器が何であれ，この手順は，どのように楽器を支え，弾くかについての新しい洞察をもたらすだろう。

もしかすると，音楽家の生活の中で最も大きな刺激は，弾き始めるにあたって楽器を手に取ることかもしれない。ほかにも習慣的な反応を引き起こす刺激といえば，携帯電話は言うまでもなく，何かを書くためにペンや，歯を磨くために歯磨き粉を手に取ったりすることなどだろう。

「椅子の背に両手を置く」という手順は，音楽家にとって，何らかの感情的な刺激をもたらすものではない。これは，身体の「使い方」を観察する行為であり，手と背中の良好な繋がりを作動させるものであり，呼吸を改善してくれるものだ。「椅子の背に両手を置く」手順を練習した後は，今までとは違った態度で楽器に対して動いてみることができるだろう。すなわち，手と背中の繋がりを維持し続けながら，新しい自発的な体験として楽器との全体的なコーディネーションを感じるという態度である。

- あなたが技術的なことを練習していて，楽器との基礎的な関係が理想とはいえないとしたら，将来的に問題を引き起こしたり増幅させたり，その後の上達を制限したりすることになるのである。

それではどのように「椅子の背に両手を置く」を練習するか

　この手順(プロシージャ)は間違いなく，最初は経験のあるアレクサンダー・テクニーク教師の手引きによって学ぶのがベストである。この手順を本で独学でするには，非常に優れたコーディネーションが必要だろう。それゆえ，この後に詳述されていることは，初めに教師と学んでから自分でやってみる時の助けとしてのものである。先生についていない場合は，この章を読み，オープンマインドでやってみよう。上手くいきますように！

　この手順を立った状態でやってみる場合，必要なのは背もたれのついた椅子一脚だ。座っている状態でやってみる場合は，背もたれつきの椅子のほかに，座るための椅子がいる。その場合，自分の前に椅子の背がくるようにし，椅子の背に楽に手が届くように座る。

- あなたは，両手が背中と繋がるようにするために，この手順を行っているのである。
- 呼吸や目の使い方，バランスに気づきを保っているようにしよう。
- 例えば背中を狭めるといった，不必要な緊張に気づいてみよう。
- 両手が前にいくのと同様，背中が後ろにいくよう思ってみよう（「方向性」における対抗）。

　まず，座っている状態で行う「椅子の背に両手を置く」手順から見ていくことにしよう。

手　順

1．椅子の背に両手を置こうとしているという考えを，今はいったん横に置いてみよう（こうするのは，すぐに「目的」に向かわせることになる，自動的あるいは習慣な反応を避けるためである）。

2．「プライマリー・コントロール」に注意を払い，頭が前へ上へいき，一

対の坐骨から離れていくことを思ってみよう。二つの坐骨は、椅子と繋がっており、互いに離れて解放されている。私たちには、坐骨が二つ、頭が一つ、ある（もしそうでないとしたら、この本を読んでいることなどあり得ないが）。この意味深い三角形が大きくなっていくのを思ってみよう。頭と言った時、何を思っているか自問してみて、そうした考えが「プライマリー・コントロール」を解放するのを助けるかどうか見てみよう。

3．次の三つの質問をしてみよう。「バランスを取っているだろうか。呼吸しているだろうか。部屋の中で自分の周りにあるものが目に入っているだろうか」。

4．片手を最短距離によってではなく、上へ外へ向かって、自分の前にある椅子の背まで到達するようにしてみよう。腕というより手が動きを先導していくことを思ってみると、おそらく腕は、必要なことをすべて行い、必要のないことは行わないはずだ。このように、頭が身体を先導するのと同様に、手は腕を先導するのである。より明確に言うと、手首の構造（八つの骨の集まり）が先導するようにしておくことである。これにより、指に解放された感覚が得られるだろう。この感覚は、指がきちんと繋がりを持った手首の先で楽に動くのに必要である。

5．指を平らにし、143ページの写真のような方法で、椅子の背をつかむ。椅子の背の前側で指が下に向かって長くなっていくことを思ってみると、指を椅子に最大限、接触させることができる。親指は、椅子の背の後ろ側でほかの指とそっと向かい合い、前側の指のうちの中心寄りの２本の指の後ろ辺りなど、その時に楽に感じられる場所に置かれるようにする。

6．写真の中で、いかに手首が指より高い位置にあるか、また互いに向き合う方向に置かれているかに注目してみよう。

7．エネルギーが、脊柱を上向きに流れることを思ってみよう。エネルギー

は，肩を経由して，丸く置かれた腕に沿って手首で曲がり，椅子の背に置かれた指まで流れていく。自分を経由して椅子に至るこうした「方向性」は，自分と椅子との間が非常に生き生きと繋がったような緊張を創出してくれる。これこそがまさに，楽器との繋がりにあてはまることである。緊張が最小限である時，感覚が最大限になる。

8．そろそろ，椅子の背から手を離してもいい頃だ。（もとの位置がどのようなものであれ，最短距離で戻るのではなく）手が椅子から離れて浮いていくように，ゆったりとした身振りをするのを思ってみよう。

9．こうして今，この手順をまたやってみる準備ができたことになるが，今度はもう一方の手でやってみよう。もう一方の手で，最初にやった手と同じような椅子との繋がりを持つことができたら，最初の手をつけ足すという選択もある。こうすると，椅子の背に置かれた両手が，左右対称に流れる方向づけられたエネルギーで，しっかりと繋がりを持つことができる。

10．エネルギーの流れが失われたような感じがしたり，多少なりとも不快感や疲れを感じたりしたらすぐに，ゆったりとした身振りで最初に戻るべきである。自分全体をリフレッシュするために立ち上がり，それからまた座るのもよい。

11．あるいは，もう少し別のことも思ってみることもできる。座っている椅子としっかりと繋がりが持てるよう，腰椎の後ろにある筋肉が解放されていくのを思ってみよう。すると，背中の下の方が開いていく。こうしたことが生じるなら，腰椎が不必要にカーブするのが緩和されることにより，脊柱が長くなる。脊柱が長くなる時，おそらくエネルギーの小さな波を感じることができるだろう。パトリック・マクドナルド（アレクサンダーの最初のアシスタントの一人）は，「脊柱の『方向性』が上に突き上がるよう，背中を後ろへ向かわせる」という「方向性」を与えたものだ。このようなダイナミックな言い回しの方がしっくりくる人もいるかもしれない。これ

も試してみて，自分への働きかけの中に含めるかどうか決めるとよい。

12. 前述した方法で椅子の背に両手を置いたら，両手首が互いに近づいていくのと同様，両肩が互いに離れていくことを思ってみたり，前述したようなやり方で指が椅子との関係を保つことによって，繋がりをリフレッシュすることができる。このような時は，胸部の前側も開いていく傾向にある。また両肩が解放され，互いに離れていくと，肩甲骨が肋骨に対して平らになっていきやすいものだ。

13. 肩甲骨は，表面積の大きな薄い骨である。この表面積の大きさは，背中の筋肉との繋がりをしっかりと持つためにある。このことからも，背中がいかに，腕と手を使って行うことを支えるのに関わっているかがわかるだろう。

14. 手と腕と背中が「繋がっている」感覚を維持しながら，胴全体を前，後ろ，左右へ動かす練習をしてみよう。そして，まだ椅子の上にある両手を使って動きながら，自分が楽器を弾いているのを想像することをつけ加えてみよう。

15. アレクサンダーは，椅子の上に両手を置く時，両肘が互いに離れていくことについて触れている。これは，なかなか難しい動作である。ここでは，手首と椅子の関係を適切に保つことが非常に重要だ。両手首は，互いに近づくよう方向づけられるのである。指は，平らにかつ吸いつくように椅子の背と接触し，親指は，わずかとはいえ確実な抵抗がある状態で，ほかの指と向かい合っていなければならない。そして両肘は，互いに離れていく。こうするとおそらく，楽で自由な呼吸を促す背中の広がり（特に両腕の下の辺り）が感じられるだろう。また，腕が背中を支え始めるのもいくらか感じられるかもしれない。

16. こうしたことがすべて上手くいったならば，椅子と同様の繋がりを維持

しながら，立ち上がってみよう。椅子が動きそうかどうか注意してみよう。もし椅子が自分の方に寄ってくるとしたら，自分が腕で引っ張っているのである。これは，ここで意図されていることではない。もし椅子が自分から遠ざかっていくとしたら，自分が押しているのである。やはりこれも，ここで意図されていることではない。椅子は動かないままであってしかるべきである。背中が腕と手との繋がりを保っていると，身体中に流れる力強いコントロールの感覚があるだろう。楽器を演奏する時，私たちが望むのは，まさにこのような在り方である。

17. 「方向づけ」を維持しながら座ってみよう。そして両手を，ゆったりとした身振りで，椅子から離していこう。ここでまた，次の行動への準備が整ったことになる。楽器を弾いてもいいし，椅子に両手を置くのをもう一度やるのもよい。ここで行ったような関係性を容易に築けるようになると，楽器との心身一体的な関係を築くのも上手くなるだろう。

18. 楽器の方に移動しよう。

19. あなたの楽器が，手で持たなければいけないものだとしても，今は背中が，手と腕がより楽になるよう，より多く働いてくれているだろう。あなたの楽器が，例えばスピネットのように，ただそこに鎮座して，弾かれるのを待っている楽器だとしても同様に，今は腕が背中の筋肉によって支えられている状態なので，手がより楽になっていることがわかるだろう。

20. 技術的なことを練習している時，弾くのを中断して椅子に両手を置いてみるのは非常によいことである。これにより，スケールやアルペジオといった基本設定や，イントネーションや音作りのためにまず考慮すべきことを，刷新させることができるかもしれない。

再び，椅子から楽器へと手法を変える時は，やはり理想的には，最初は経験豊かなアレクサンダー教師と一緒に取り組むとよい。その後は自分でワークする余地がたくさんあるだろう。厄介なのは，楽器と繋がる時の習慣の強固さである。

何年にもわたって演奏してきた時間が長ければ長いほど、習慣は強固だろう。こうした課題を意識することが、変えるということの始まりである。私たちは、最も根深い習慣ですら、自分がしていることを選ぶ能力を使えるようになるくらい、柔軟かつ心身一体的な状態が定着することを目指しているのである。

椅子に両手を置く時に私たちがしているのは、「椅子との位置的な関係性を得ようとする」ことではない（とはいえもちろん、位置的な関係性も存在する）。私たちがしているのは、「方向性」を通じて、絶えず身体の設計に呼応した繋がりを組み立てることだ。「椅子の背に両手を置く」手順は、身体中の筋肉や腱、骨を体系づけるものである。私たちは、適切に調整された一組のレバーハンドルとしての両腕を動かしている、という感覚を覚えるかもしれない。身体の各部分が適切かつ最小限に働き、その相互間の支えが、流れとエネルギーに満ち、力強く、コーディネーションの整った一つの全体となるのである。

椅子に両手を置く手順に取り組む際には、実験するような感覚を持つべきだ。その際、それを正しくやろうとするのではなく、背中と両手の間に確実で柔軟性のある繋がりを探っていくのである。両手を同時に両方ともひっくり返し、椅子に手の甲を置いたまま、立ったり座ったりしてみよう。こうしたことはみな、実験してみると有益である。背中との繋がりを維持しながら、意図的に椅子を自分から離れる方に傾けたり自分に近づく方に引いたりしてみるのもまた、実験してみるとよい。このような実験をしてみると、緊張をわずかに調整したり、エネルギーを身体中に移していくのがわかるだろう。椅子の背を使って練習した、引い

「椅子の背に両手を置く」を行う時は、「モンキー」の有益な練習にもなる

たり押したりする動きに必要な最低限の緊張というのは，楽器にも取り入れることができる。

　要約するなら「椅子の背に両手を置く」手順は，どのように楽器と繋がりを持つかを教えてくれるものである。例えば鍵盤の端の方を弾いたりトロンボーンのスライドを伸ばしたりする時，手から腕にかけての関係性は違うかもしれないが，手と背中の関係性は，この手順を行う時と同じだろう。「椅子の背に両手を置く」手順を通して組み立てた繋がりが，楽器を弾く時の繋がりに似ているか（大抵の場合），異なるものか（稀ではある），理解を深めていこう。

　手が背中と繋がりを持つというのは，日常のほとんどの活動に役立つ。この繋がりを意識していようと決めると，楽器の技術が上がってくるだろう。例えば，手と背中の良好な繋がりを保ちながら歯を磨いてみるのも，楽器を演奏する時に必要になるのと同様の繋がりを得る練習になる。

学生のコメント

　今日，窓にいつもよりも近寄って外の木々を見てみたら，枝という枝が幹から上に向かい，それから下に曲がっていることに気づきました。これを演奏することに関係づけてみると，動くためのそよ風があるという条件つきですが，背中から私の腕とヴァイオリンがまず上に向かって放たれ，それから自然に適った位置に収まるというイメージが湧きます。こうした考えは，楽器を手に取る前に練習している「椅子の背に両手を置く」手順から生じたものです。　　　　　アンナ・カシェル（ヴァイオリン）

　「椅子の背に両手を置く」について。この手順が非常に上手くいっている時は，自分が演奏する時に求めている空間や力強い方向性といったものを生み出すことができるものです。　　　　　ニコラ・ブレイキー（ヴィオラ／アレクサンダー教師）

第 15 章

バランス

　（頭の）重力の中心は，支点より前にあるため，バランスは，後頭骨にくっついている筋肉と靱帯によって保たれなければならない。このバランスは，二つの目的のためにある。すなわち，頭を周辺の状況へ向けるためと，上から伸びた状態にある伸筋を維持するためである。この組織の能力は，重力の中心と頭がバランスを取っている点との距離に直接，関係がある。この距離が最大になると，頭の回旋の動きが最大になり（回旋に関わる軸椎），伸筋が伸び，脊柱

が長くなるのが促される。反対に，この距離が縮まると，回旋の動きが減少し，それに伴って，伸張のための刺激も減少する＊1。

F. P. ジョーンズ

　演奏する時，音楽家の身体は，ひとつの全体として自分の楽器とバランスを取っていなければならない。アレクサンダーのワークは，心と身体と感情のバランスについてのものだ。私たちは，気づきと注意のバランスを取っている。音楽家は，内的な気づきと外的な気づきのバランスを保っていなければならない。アレクサンダーのワークは，音楽家にとって，演奏している時とそれ以外の時とのバランスに気づくのを助けてくれる。

バランスか緊張か

　「バランス」と緊張の兼ね合いというのは，絶えずあるものだ。演奏している時にバランスを失った状態で自分を支えるとしたら，倒れないでその場にい続けるために，絶えず筋肉を緊張させて使わなければならなくなる。だが私たちは，こうした状態とはまったく異なった在り方を求めている。つまり，立っている時，座っている時，歩いている時，そして楽器を演奏している時にも解放されているといった，身体中がバランスを取り続ける在り方である。
　多くの人が，アレクサンダーのアプローチを「リラックス」に関するものだと誤解している。リラックスは，固定的な重さや下方向への引っ張りに至る可能性がある。こうしたことは，バランスを保ち広がっていく身体が私たちに与えてくれる軽さや楽な感じとは，まったく異なる。バランスを取ることには，絶え間なく生じているわずかな動きや繊細な調整が関わっている。こうした動きや調整によって，身体は動きや行動への準備ができた状態になるのである。

- バランスを取ることは，動かないでいることとはまったく異なるものだ。

「バランス」を保っている場合，姿勢のための継続的かつ必要な緊張がいくら

＊1　Jones, *Freedom to Change*, p.147.

かあるだろう。例えば，本章の冒頭の引用で言及されている伸筋が，こうしたことにあてはまる。これは，非常に適切な必要最低限の緊張である。あなたは，自分の中心の支えを，労力としてではなく，軽さや楽な感じとして感じるだろう。バランスが取れている時は心地よく感じられ，コーディネーションも楽な感じがある。

「バランス」という言葉によって私たちが意図しているのは，重力との関係性の中での身体の効率のよい使い方である。必ずしも垂直であることを求めているのではないし，決して真っ直ぐであることを求めているのではない。楽器を弾くためには動きがあるが，そうしたあらゆる動きに伴って，放っておけば，身体全体がバランスを取り続けてもいる。絶えずバランスを取り続けることで，必要最低限の緊張というものがわかるだろう。

楽器とバランスを取る

楽器を弾くためには，自分自身と楽器のバランスを取らなければならない。仮にバランスを保っているトロンボーン奏者がいるとして，私たちがその奏者の楽器を取り上げたとしたら，その奏者は，もはやバランスを保つことはできないだろう。なぜなら，その奏者の身体は，持ち上げられた分の楽器の重さと釣り合いを取るのに順応していたからだ。この奏者は，後ろへ倒れるのを避けるために，筋肉の緊張でもって身体を硬直させることもできるが，その場合，同じように見えても，今度はバランスを大きく欠いた姿勢になる。だが，この奏者がいつもバランスを取り続けているならば，簡単に（潜在的に）足でバランスを取り続けることだろう。こうした場合は，上手くいっていて，気持ちがいいものだ。

- 楽器を持ち上げる時，脚を硬直させているだろうか。
- 肩を後ろへ引っ張っているだろうか。
- 胸部を持ち上げているだろうか。
- 呼吸を止めていることがあるだろうか。
- 視線を固定しているだろうか。
- お尻や膝，足首を固くしているだろうか。
- 骨盤を前へ押し出しているだろうか。

- 頭を前へ，かつ（あるいは）下へ引っ張っているだろうか。

こうした質問に答えてみると，バランスを取る能力に好ましい影響がある。

- 身体が調整するのを放っておくようにすると，絶えずバランスを取り続けることができる。
- バランスを取る能力を取り戻すために，観察，「抑制（インヒビション）」，「方向性」を用いよう。

バランスを取り続ける実験

　これは，演奏する時，立った状態で腕を持ち上げる楽器奏者すべてに役立つ実験である。鏡を2枚用意できると，側面からも前からも自分自身を見ることができるので，自分が感じていることが実際に起きているかどうか，確かめることができる。

足を通じてバランスを感じよう

- 足には，三脚のような配置がある。
- 床と接している点は，踵，親指のすぐ後ろ，小指のすぐ後ろである。

質　問
- こうした床との接点を感じることができるだろうか。
- 左足あるいは右足に，より多く体重を乗せているだろうか。
- 踵あるいは拇趾球（親指のつけ根）に，より多く体重を乗せているだろうか。
- 足の外側あるいは内側に，より多く体重を乗せているだろうか。
- 立っている時，平衡感覚や動きの楽さがあるだろうか。

- 立っている時の私たちは，左右に関して半々，前後に関しても半々のバランスを求めている。
- 上記のようなバランスが取れていない場合は，頭を上へ方向づけ，何歩か

歩いてから立ち止まり，もう一度確かめてみよう。

身体がバランスを取り続けるよう働きかける際には，「プライマリー・コントロール」が優先されるべきものとして重要になってくる。頭を前へ上へいくよう解放すると，身体全体が足首でバランスを取り続けやすくなるだろう。

> **実　験**
>
> 　今度は，自分の前方で，腕を前へ上へゆっくりと振り動かし（158ページの写真参照），身体に何が起こっているか感じてみよう。ここでは，身体全体が調和とバランスの取れた動きで，足首にある関節で後ろに動くことが期待される。なぜならこの動作により，今，前側に飛び出ている腕の重さと釣り合いを取るためである。お尻が前にいき，背中がウエストから傾くのではない。

両足にかかる体重は，支えるための仕組みに重要な貢献をしているものだ。足

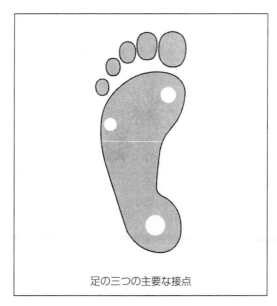

足の三脚

の甲と裏側を緩めると，私たちが重力に応じて長くなり，バランスを取り続けるよう促す反射作用に，神経系を通して刺激を送ることになる。

- 足が床に広がっていくままにしておこう

楽器を持たずに

　私たちの多くは，本番でも練習でも，立った状態で楽器を弾く。私たちは，バスを待つのに立っている時も，立つことに関する習慣を発達させているのである。あなたがもし，バスを待つことも練習として捉えているとしたら，習慣の強固さを理解していることだろう。頭が脊柱の一番上，かつ足首の関節と股関節の垂直線上で自由にバランスを取り続け，骨盤が頭と足の間でバランスを取り続けているならば，健康的でコーディネーションの整った立ち方をしているのである。こうした技術は，楽器を弾くことにも取り入れることができるものだ。頭上や自分の背後といった，自分の周辺の空間に対する気づきを保っていると，バランスを取り続けやすくなるものだ。

　次のようなことを自問してみよう。

- 足のどこに体重がかかっているか。
- 足首との関係でいうと，環椎後頭骨はどこにあるか。
- 骨盤が動けるよう解放されているか。
- 脚は膝のところで解放されているか。

　こうした質問に答えてみることによって得られる気づきは，バランスを取り続けられるようになるのを助けてくれるだろう。

再び楽器を持って

　楽器を手に持っている時もバランスを取り続けられるよう，同様の解放が起こるようにしておこう。こうしたことは，自分の楽器の技術の一部になる。立っている時，頭を上へと思ってみると，効率のよいバランスのための調整が生じやす

158　第Ⅳ部　静寂と動き

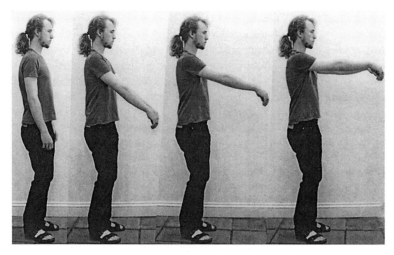

バランスを取り続けながら「腕を持ち上げる」

くなる。

- 私たちは，毎回立つたびに，立つことに関するパターンを強化している。
- バランスよく立っていることは，有益な練習である。
- 頭が足首の垂直線上でバランスを取っていることに気づくようにしよう。
- お尻，膝，足首を自由にしているだろうか，それとも固くしているだろうか。
- 腕を持ち上げる時，頭を下に引っ張っているだろうか。
- 身体を一方にひねっているだろうか。
- 脚を固くしているだろうか。
- 背中を曲げているだろうか。

実　験

今度は，弾くために楽器を取り上げ，手を必要な場所に動かすのを想像してみよう。ここでも同様に，この動きの中で感じられることに気づいてみよう。

音楽家の多くが，腕を上へ動かす時，とりわけ楽器を取り上げる時やそうする

ことを想像する時，骨盤を前へ投げ出し，脚をぴんと張っている。もしあなたが，お尻を前へ投げ出し，脚をぴんと張っているとしたら，それは腰部を締めつけ，横隔膜の動きを制限し，健康的で効率的な呼吸をするために柔軟性がなければならないはずの背中を狭めることになる。つまり，身体に必要以上の緊張を作り出している。

こうした緊張はすべて，音に表れる。緊張があると，音に響きや柔軟性がなくなり，このようなことは，訓練された音楽的な耳には聴き分けられるものだ。

演奏すると思わないでいると，自然にバランスを取り続けやすいものだ。というのは，演奏することを思うことで，演奏する時の自分の習慣に自動的に戻ってしまいがちだからだ。

バランスを取ることに関し，こうした側面に働きかけをする必要があると気づいたなら，反射によってバランスを取り続ける仕組みがきちんと機能している状況下で，演奏しているかのような状態になるまで，楽器を持たないでワークをしてみよう。それから楽器を手に持ち，同じことが起こるようにしてみよう。バランスを取り続けている間，足を除いて身体全体が動いているのに気づくようにしよう。足の上にかかった体重は，動いている時も常に変わらないのである。

- 坐骨の上に座るようにしよう。
- 「真っ直ぐ座ろう」としないこと。真っ直ぐ座ろうとするとおそらく，お尻の辺りの解放感がなくなるだろう！
- 頭が解放されていて上へ向かうことを思ってみよう。
- 足は，緩めると床に広がっていく。
- 楽譜のページをめくるには，お尻を前に傾けよう。

あなたがハープ，コントラバスあるいはチェロ奏者なら，楽器を上に向けて保持するのではなく，楽器が自分の方に寄りかかってくるので，バランスを見つけるために，自分も楽器の方へわずかに前方に傾くことになる。こうすると，「バランスの取れた」関係を設定するのに余計な筋肉の緊張を使うことがなく，自分の体重をほんの少し使えば済むだろう。

- 両方の坐骨の上で均等にバランスを取ろう。

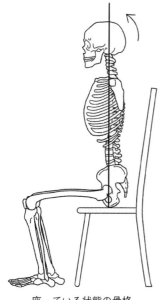

座っている状態の骨格

バランスを取って座ることもできる

私たちは，バランスを取り続けているならば，坐骨の上でバランスを取り，股関節から動くことができる。股関節を固くしない限り，脚もまた柔軟な支えの一部である。

環椎後頭関節（AO 関節）から腰椎，股関節を通る，図の中の一本の垂直な線について考えてみると，この中心線の前後に広がる身体の奥行きの感覚を養っていくことができるだろう。

- ハープやチェロ，コントラバスから自分を後ろに引くことを探ってみよう。
- 上半身をひねっているかどうか注意してみよう。
- 身体の中に「満ちている」感じを保っていよう。

表情豊かに動くのはよいことである

　私たちは，さまざまな理由からバランスを失う。例えば，何らかの感情的なことで，不安になったり頭がいっぱいになったりしている時などだ。バランスを取り戻す方法を知らないと，バランスを失った状態が習慣的になっていき，私たちの動き，それゆえ演奏にも影響を及ぼすことになる。音楽を演奏する際，語るべき内容を伝えるのはよいことだが，私たちが内容そのものになるのではない。

　表情豊かに動くのはよいことだ。そうすることで，演奏している仲間や聴衆と通じ合うことができる。自分が表情豊かに動いているのに気づいたら，上半身全体が広がっていく一つのまとまりとして，右に左に傾けるようにしておこう。骨盤は上半身の一部なので，どちら側からであっても，反対側への動きは，一方の

坐骨からもう一方の坐骨に，より体重を乗せることになる。脊柱に，反射によって長くなる性質が感じられるなら健全な状態だ。上半身が長くなるというのは言うまでもなく，股関節から前後に傾く際にもよいことである。こうした効果は，決して転ばない起き上がりこぼしのおもちゃのようなものだ。演奏の仕方にバランスを取ることを取り入れると，見た目も，心地よさも，音も，よくなるだろう。

- 左右に動く時，椅子の座面から両方の坐骨が離れているだろうか。
- どちらか一方の側を縮めることにより，骨盤を持ち上げているだろうか。
- 骨盤が上半身とともに動くようにしておこう。
- 反射によって促され，長くなることが自然に起こるようにしておこう。
- 長くなることができると，心地がよく，また音もよくなる。

動きながらバランスを取って座っていること

実　験

　椅子に座り，一方の坐骨から他方へと左右に揺れてみる。脊柱がどこへ向いていようと，頭を方向づけよう。真ん中に来た時，いかにわずかに左右から移っただけかに気づいてみよう。こうしたことを踏まえて，ぐるりと動きながら演奏してみよう。いかに脚が関わっているか感じてみよう。そして，膝や足首が解放されているか，それとも動きを制限されているか，自分に問いかけてみよう。今度は，前後に傾いてみる。あなたは坐骨の上で揺れているだろう。いかに背中やお腹の筋肉が関わっているか感じてみてから，こうした動きをしながら緩めてみよう。このような傾く動きをしている間，いかに長くなり，広くなっていくことが絶えずできるかに注意を向けてみよう。

　また，両方の坐骨を，あたかも両足であるかのように使って，座面の上で自分を前後に歩かせるという実験をしてみることもできる。これが上手くいくようにするには，頭を上へ向かわせる必要がある。これをした後は，椅子の上でバランスを取ることについて，鮮明かつ柔軟な感覚を得ることができるだろう。

私たちは，動くよう設計されており，往々にして，じっと静止しているよりも動いている時の方が心地よいものだ。楽器を持たない状態でのこうした健康的な動きに注意を向けたら，ここで再び楽器を持ってみよう。今までに培ってきたかもしれない，演奏にまつわる動きを制限するような習慣を，回避しやすくなったことだろう。

- 椅子に座っているのが不快になった時は――動こう！
- 私たちは往々にして，動いている時，心地よいものである。
- わずかに前に傾斜している椅子に楽に座っている方が快適だと感じる音楽家も多い。

本番で演奏する段になっても，バランスを取り続ける動きへの気づきを養っておくと有用である。そうしておくと結果的に，こうした動きが，演奏の際に自発的に生じる直感的な音楽的身振りにも反映されやすくなるだろう。

緊張と労力は必要なものである

あなた自身の「使い方」に関して言えば，「よりバランスが取れることとは，緊張の減少を意味する」という考えは，楽器を弾くためには，労力を使い，必要な緊張を用いなければならないという事実と矛盾するものではない。躍動感のあるリズムや力強く放たれる音で弾くのは，エネルギー，しかも楽器によってはかなりのエネルギーがなければ不可能である。弾くべき音を生み出すことに向かって上手く方向づけられたエネルギーはすべて，有効に使われるエネルギーである。身体の設計や楽に機能することと矛盾するような，上手く方向づけられていないエネルギーはどれも，演奏にとって無駄であるのみならず有害なエネルギーと考えられる。

アレクサンダーの原則を適用することを通して気づきを高めていくにつれ，自分で不必要な緊張に気づくことができるものだ。例えば，バランスについて検討してみると，余計な労力を特定するのに役立つだろう。

バランスはどんな時に必要か

　バランスという発想は，楽器や自分を取り巻く環境にも関係するものである。次のような例について考えてみよう。激しい風が吹く時，外にいるとしたら，風に「寄りかかる」のを楽しむかもしれない。この時，あなたの身体は，自分を取り巻く環境と「バランスを取っている」のである。あまりに傾いている場合，バランスを取るための反射は身体を水平に戻すことができず，風が止んだ瞬間，倒れるかもしれない。同様に，巨大な銅鑼（ゴング）が，まさに打つ一瞬前に持ち去られるような場合も，あなたは倒れるかもしれない。

　演奏する時，おそらく私たちには，バランスを失っている状態になる必要があるのがわかる瞬間がある。例えば，あなたが上に挙げたような巨大な銅鑼の奏者だとしたら，この銅鑼を叩くのに，大きなバチを持つだろう。非常に大きな音で弾くよう求められている時には，銅鑼に向かって自分を大きく投げ出すかもしれない。銅鑼と交わろうとする途中で，自分がバランスを失っている状態にあることをはっきりと感じるかもしれない。銅鑼にたどり着く瞬間，銅鑼があなたの動きに抵抗し，あなたのエネルギーが，あなた自身から楽器へと伝えられる。こうして銅鑼が鳴り，身体を通して，銅鑼の抵抗から跳ね返ってくるエネルギーを得ることになる。ここでの銅鑼の抵抗が，潜在的に言えば，あなたをバランスの取れた状態に戻すのである。同じようなことが，ほとんどどの楽器においても強い音を出す時に起きている。

　自分の楽器の偉大な奏者について考えてみるならば，そうした人たちは，「バランスを取って」演奏する音楽家の手本であることだろう。

- 楽器を持たずに，バランスを取る動きを練習してみよう。
- よりバランスが取れることとは，緊張の減少を意味する。
- 身体は，バランスを取り続けていると，長くなり広くなる。
- 私たちは，演奏に必要なあらゆる労力と緊張，エネルギーを用いる。
- 不必要な労力を特定し，避けるようにしよう。
- 時には，一時的にバランスを失っている状態になることもある。
- 私たちは，演奏しているということと自分の周辺とのバランスを取り続け

ているものだ。
- 空間への気づきによって，バランスが取りやすくなる。

学生のコメント

　今日，「フィガロの結婚」や，フランス語，ドイツ語の曲目についての指導があった時，自分の体重が足のどこにあるか自問してみました。私は，自分の体重がともすると，足の母趾球の上に乗っているのを感じることがよくあります。それは，聴衆としっかり通じ合うことができるという感覚を与えてくれたのですが，時として差し出がましい感じに見えるかもしれないし，そもそも私たちはこのように立つように設計されているのではないことを今は理解しています。足の上方の一番上でバランスを取っていることについて思ってみたら，自分の体重が前後左右に均等に分配されているような感じを持つようになりました。動いてバランスを取り続けているという，こうした感覚を絶えず持つことは，とても役立つものでした。
　　　　　　　　　　　　　　　　　　　ブラッドリー・トラヴィス（声楽）

　王立音楽大学での私のアレクサンダー・テクニークのレッスンは，大きな変化をもたらしてくれ，生きることに関する別の方法を垣間見せるものだった。毎週，その場に行って，ただ「そこにいる」だけでいい30分の安息がそこにはあった。それは，期待や評価から解放された，プレッシャーを取り除き，終わった後は心身ともに軽やかになって外に出ることができる場所だった。アレクサンダーのレッスンの後，楽器に戻ると，まるまる1週間費やして苦戦していた難しいパッセージも難なく弾くことができた。これには本当に虜になった。もし，自分の身体を開くためにテクニークを学び適用し，いかなる時も自分で作り出した緊張や限界から解放されているようになれるとしたら，音楽を演奏することがどれほど向上するだろうか？　長年にわたってテクニークを実践し，その後，教師として訓練を受けたことで，今や私の問いは，人生がどれだけ楽しいものになっていくだろうかという，考えるだけで心楽しいものになった。
　　　　　　　　　　　　　ルーシー・リーヴス（ハープ／アレクサンダー教師）

第 16 章

動きとエネルギー

エネルギーの渦

　この章の趣旨は，アレクサンダーのレッスンに含まれうる動きに特に注意を向けてみることである。そうした動きは，日常的に行っているものだ。アレクサンダー教師の中には，「自分全体」と繋がっているという感覚を深める方法として，一連のゆったりとした自由な動きをレッスンに取り入れる人もいる。

　音楽家にとって，日々の活動の中で楽器から離れ，動きやエネルギーの流れに関する気づきを高めていくことは有益である。こうしたことにより，演奏する時も，自分のエネルギーを高め，動きのレパートリーを増やしていくことができるだろう。私たちは，エネルギッシュで開放的で表情豊かな身振りを用いたい時もあれば，非常に静かでニュートラルでいたい時もある。アレクサンダーのワークは，落ち着きと動きに直結しているマインドフルネスに関するものだとわかって

いることは，大事なことである。エネルギーと「方向性」とは，非常に精力的なものから軽やかで楽なものまで，さまざまでありうる。私たちは，じっと静止していたり，リラックスしすぎていたり，自分自身を持ち上げていたりするような状態でいたいとは思わないだろう。

　私たちのエネルギーは，疲労の度合い（早めに寝るようにするとよいだろう）に左右される。また，全般的な健康状態や体調も非常に影響するものだ。注意力を活性化したり感情的に落ち着くようにするために，コーヒーやアルコールを利用するのを習慣にしてしまいやすいが，これらをどちらも，長期的に乱用しているとしたらむしろ，頼りない上に健康的ではない。意識的な流れるような動きを通じて，エネルギーや解放を得られることは，落ち着きと自信を持って今にいることができるようになるのに，有用かつ確実な方法である。楽器を弾くという強い刺激から離れた状態で，練習した動きのレパートリーを自分のものにしておくと，自分を上向きに解放しやすくなり，演奏中，いかなる方法を選んでも動くことができるだろう。

　動きが生じる時はどんな場合でも，頭が動きを引き起こし，身体がその後に続くものである。ストップをかけるために止まることから始め，自分自身や自分の周辺へ注意を向け，頭，首，背中の関係性（「プライマリー・コントロール」）について思ってみよう。

　続いて起こる動きについて検討するのに役立つアイディアや質問を，もう少し挙げておく。

- 「エンド・ゲイニング」を避けるため，「手段とその過程（ミーンズ・ウェアバイ）」を思ってみよう。
- より上手くできることが問題なのではない。それをより楽にできるだろうか。
- アレクサンダーのアイディアを適用しながら，動きを楽しめているか考えてみよう。
- 呼吸しているか，バランスを取っているか，観察してみよう。
- 自分を追い込まないようにしよう。
- 痛みは止まれの合図である。

第 16 章　動きとエネルギー　*167*

「モンキー」でチェロを拾い上げる

「モンキー」：アレクサンダーが「機能的に有利な体勢」と呼んだもの

　「モンキー」は，私たちが身体を折り曲げて手を低い位置にもっていくのに理想的な方法である。この方法では，股関節と膝関節を使いながら，脊柱を楽に長くし，背中を広くすることができる。

　足をお尻の幅に離し，お尻を緩めながら，膝を前へ外側へ，つま先の上方に緩めていこう。そうしたら，頭が先導して，上半身を前へ，つま先の上方に傾けてみることができる。両腕は解放されてぶら下がっているだろう。背中の長さと広さを維持するようにしよう。身体中に楽に流れが，また脚に力強さが維持できているか確認してみよう。

　動きにまつわるインスピレーション溢れるワークを行うアレクサンダー教師養成校（Alexander Teacher Training School）校長のイラナ・マコヴァーは，指先を脚の前に置いた状態で立つことから始め，それからお尻のところで身体を曲げながら，指先を膝まで下げていくよう勧めている。深い位置の「モンキー」になったら，両腕が下に落ちるままにしておき，腕がいかに自由で解放されるかを感じてみよう！

　「モンキー」は，歯を磨くことから楽器を弾いたり拾い上げたりすることに至るまで，あらゆることに役立つものだ。私たちは，まさにこのように動くよう設

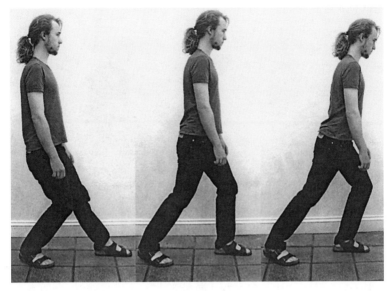

「ランジ」

計されているのである．こうして私たちは，健康的な背中や脚，力強い腕を維持し，怪我を避けることができる．

「ランジ」

　この動きは，やはり身体の設計に適った力強くも緩やかな仕方で，体重を移動させることに関してワークするものである．

　体重は，均等なバランスで，あるいは後ろ側の足に，あるいは前側の足にかけられる．「ランジ」は，日常生活の役に立つものだ．

　立っている状態から，体重を一方の足に移し，もう一方の足を，支えている方の足のくぼみに45度くらいの角度に開いて置く．この時，身体全体がわずかに動かした側の脚の方向を向いているのに気づくだろう．この前側の脚を曲げ，この足の上方に踏み出してみよう．踏み出した足が地面に触れたら，体重をこの足に移動させてみよう（両足の幅の違いを楽しんでみよう）．こうして今，一方の足が前に，もう一方の足が後ろにある．体重を移動させる時は，膝を曲げることにより，両脚の間で前後に体重を移動させることができるだろう．その後，両足を

第 16 章　動きとエネルギー　*169*

座っている状態から立ち上がる

これは，私たちが 1 日に何回も行っている動きであるため，動いている間にも気づきを保つ練習をするチャンスである。

- 動いている間，首は解放されているだろうか。
- 頭は何をしているだろうか。
- 腕を使わずに椅子を離れているだろうか。
- 視線が自由に動く状態だろうか。
- 呼吸を止めているだろうか。
- 股関節のところで傾いているだろうか。
- バランスを取っているだろうか，両足のどこに体重が乗っているだろうか。
- 動きの性質を楽しんでいるだろうか。

立　つ

- 立っている時，じっと静止しているだろうか。
- 立っていることは，バランスを取る行為だろうか。
- 両足のどこに体重が乗っているだろうか。
- 呼吸が解放されているだろうか。
- 自分の周辺が目に入っているだろうか。
- どんな「方向性」にあっても，すぐに動けるだろうか。

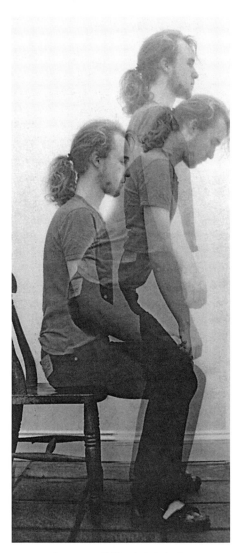

座っている状態から立ち上がる

揃えて立っている状態に戻るには，前側の脚をそっと蹴り出せばよい。この動きは，どちらの側でもやってみることができる。「ランジ」や「モンキー」は，細々した動作の中で行っているものだ。

　こうした動きが，演奏の際に理想的な楽器もある。例えばフルートやヴァイオリンである。こうした動きは，日常の活動において，押したり引いたりする時には理想的なものであり，子どもや，大人でも楽な自分の「使い方」を保持している人にみられる，非常に自然な動きである。

　「ランジ」と「モンキー」は，例えば重い楽器を持ち上げる時やリハーサルの初めにグランドピアノを動かすといった時，私たちの唯一無二の背中の面倒をみるのに非常によい方法である。何十年にもわたって快適に楽器を弾き続けたいのなら，この方法を，年金制度のようなものと考えるとよい。

つま先の上に立つ

　バランスを取って立ってみよう。頭を上へ向かわせよう！　体重を前へ移し，つま先の上に自分自身をもっていき，バランスを見つけてみよう。そうしたら，頭を上へ向かわせ，自分の体重が足首の上に戻るよう，踵がゆっくり床に戻っていくようにしてみよう。また，両腕を上げながらこうしたことをやってみると，自信が増し，身体全体を広げることができる。

壁と接触した状態で立つ

　背中が壁と接触した状態で立ち，壁との接触を感じてみると，腰椎（背中の下の方）の後ろ側にいくらか隙間があることだろう。ウエストではなく股関節，膝関節，足首の関節を使いながら，壁面上で自分自身を下へ，それから上へ滑らせてみて，いかに腰椎が変わっていくかに気づいてみよう。脚が働いているのが感じられたなら，これはよいことである。心地よく行うことができる範囲を超えて，さらに下まで動くのはやめよう。この動きは，身体の中でも私たちが気づきを失いがちな重要な部分である背中の感覚を目覚めさせてくれる。

第16章 動きとエネルギー　*171*

壁に沿って座ってみると，背中を感じることができる

壁と接触した状態で座る

　スツールを用意し，壁と接触した状態で座る（上の写真）。この時，頭が壁に触れないように，また腰椎と壁との間にいくらか隙間があるようにしよう。両腕を持ち上げてみて，背中と肩に何が起きているか感じてみよう。そうしたら，壁が与えてくれた強固な支えの感覚を感じながら，壁から離れてみることもできるだろう。今度は，壁に顔を向けた状態になって手のひらを壁につけ，背中が後ろに残っている時の，背中と壁の対抗を感じてみよう。

歩　く

- 歩いている時，頭が前へ上へ解放されているだろうか。
- 脚と腕が，振り子のように解放されて揺れているだろうか。
- 解放された呼吸をしているだろうか。

- 自分の周りの空間への気づきがあるだろうか。
- 自由に回転することができるだろうか。
- 脊柱は何をしているだろうか。
- 骨盤は何をしているだろうか。
- お尻，膝，足首はどのような感じだろうか。
- 持ちものをいつも同じ側に持つだろうか。

後ろ向きに歩き始めてみると，歩いている時の背中の潜在的な関わりが感じられて興味深いものである。後ろ向きに何歩か歩いてみるだけで，頭が上へいくように，背中が後ろへいくという感覚を活性化するには十分だ。そうしたら，前に歩く時にもこうした感覚を取り入れることができるだろう。「後ろ向きに歩くという発想」を練習したら，前に向かって歩き始める前に後ろ向きに歩くことを思ってみると，同じような効果をもたらすことができる。

- 前に歩く時も，背中を後ろへ方向づけよう。

回転する

演奏の際，多くの楽器において，回転するためのさまざまな動きがある。こうした動きで，身体が立ち往生の状態になることもあるかもしれない。だが，回転することは（弦楽器やフルート，ホルン奏者のみならず，実質上あらゆる演奏者にとって不可欠だ！），注意深く行えば，どの演奏者にとっても非常に建設的な動きになりうるものだ。

回転することには，覚えておくとよい要素がいくつかある。

座っている状態で回転する

- 頭をいつも，ある方向に回転させているだろうか。
- 頭をある方向へ，身体を別の方向へ回転させているだろうか。
- 上記のことを，逆向きにできるだろうか。
- 脊柱全体を回転させているだろうか，それとも上半分からのみ回転させているだろうか。

第16章　動きとエネルギー　173

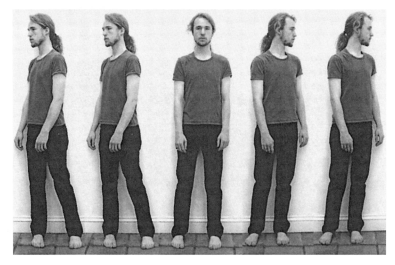

背中を壁につけて回転する

- 回転する時，回転する側の肩，あるいは反対側の肩を持ち上げているだろうか。
- 一方の坐骨を持ち上げているだろうか，あるいは骨盤を固定しているだろうか。
- 肩甲骨を後ろ，上，下，内側，あるいは前へ引っ張っているだろうか。

立っている状態で回転する

- 足首から回転しているだろうか。
- 回転する時，膝を固定しているだろうか。
- お尻を固くしているだろうか。
- 身体中が解放されているだろうか。

壁面で回転する

　背中を壁につけて立ち，壁に対する背中の上部の真ん中辺りや仙骨（骨盤の後ろ側）を感じてみよう（この時，頭は壁に触れていないだろう）。片側からもう一方へゆっくり回転してみて，壁がもたらしてくれるフィードバックに気づいてみよう。回転する時，壁との接触を保ち続けることで，背中の幅が感じられるだろう。

想像していたより広いと思うかもしれない。背中の幅に注意を向けておくようにしよう。この動きは、私たちが動く時の先導役である頭の向きへの気づきを高めるのに役立つものだ。

頭を壁につけて

背中を後ろへという「方向性」を保ちながら、額を壁につけて壁に向かって寄りかかってみよう。そうしたら、頭が接触している点を軸にして、自分自身を回転させていくことができるだろう。これにより、あらゆる動きにおいて頭が先導するという関係性を感じることができる。

両手を壁につけて

両腕を持ち上げて両手のひらを壁につけ、壁から離れて立ち、背中が後ろへいくのを思ってみよう。そうしたら、両肘を曲げることによって、壁に向かってそっと寄りかかってみることができるだろう（右頁の写真）。これにより、背中が後ろにとどまることや、また手と背中の間の対抗をはっきりと感じることができる。

両手を椅子の座面につけて

椅子の前側に立ち、「モンキー」の状態まで自分自身を緩め、椅子の座面に指先が触れるようにしてみよう。背中を長く広くなったままにしておきながら、指のつけ根の関節が椅子と接触するよう指を曲げていき、両手を回転させて両手のひらが椅子の座面につくようにする。ここから立った状態に戻るために、両手をそっと押してみよう。

両手をテーブルにつけて

テーブルのそばに立ち、「モンキー」の状態まで自分自身を緩め、両手のひらが平らになるようにテーブルの上に置く。背中が後ろにとどまっているのを感じたら、両手が両足であるかのように両手に体重をかけ、それから体重を後ろへ、

壁に広がっていくそれぞれの手と，背中が後ろにとどまるという対抗を感じてみよう

つまり主に両足へ移してみよう。両手にかかる体重が，広くなって緩んでいく感覚や，背中と肩が関与する感覚をいかに高めてくれるかに気づいてみよう。

這い這い

這い這いをする体勢になり，頭が先導しながら身体がゆっくり前後に動くようにしてみよう。この動きによってもやはり，背中の感覚や，身体の前側を緊張から解放する感覚を，はっきりと得ることができる。部屋の中を這い這いしてみると，頭が先導し，身体がその後に続くという感覚を強く感じることができるだろう。こうした動きは，背中が長くなり広くなるよう方向づけるのに効果的である。歩いている時の足のごとく，指に体重が伝わるよう，指を広げておく。

揺れる

太極拳や気功（どちらもアレクサンダー・テクニークと非常に相性のよいものである）のウォーミングアップには，足から身体全体を揺らすような単純な動きが含

まれることが多い。両足をお尻の幅に開き，均等に立ってみよう。それから身体全体を軸足の方へそっと向けながら，体重を移動させ，両腕が身体の周りを揺れ動くようにしてみよう。両腕が身体の側面で解放されていると，多少，身体を叩くかもしれない。今度は，身体全体を反対の足へ向けて体重を移してみよう。これを何回かやってみると，一瞬の静止の中にも絶えず存在する流れや，動きの軽さといったものに気づくだろう。こうしたことは，関節から起こる，繋がりのある楽な動きへの手がかりとなりうるものだ。

両腕を上げる

　立った状態で，息を吸いながら両腕を（手のひらを下にして）自分の前方に向かって，肩より少し低い位置まで上げてみよう。そして，息を吐きながら両腕がゆっくり，自分の側面に戻るよう緩んでいくようにしてみよう。この時，肩甲骨は自由に動くことができる。この動きは，手が先導することや，腕が背中と繋がっていることに注意を向けるための手段となりうるものだ。この動きを，手のひらを上にして繰返してみるのもよいだろう。

　立った状態で，上を見上げながら両腕を天井の方へ伸ばしていってみよう。視線を上の方へ広げると，身体，腕，指に至るまで，本当の意味で伸ばすことができるだろう。今度は，前方そして外側を見ながら両腕を身体の側面に戻していこう。こうしたことにより，脊柱が長くなるのを活性化することができる。

丸くなる

　脊柱が柔軟で解放された状態を保ちながら，椅子に座る。身体が前方へ丸まっていき，その結果，頭が解放された状態で膝より下の方へ落ちていくようにしてみよう。少しの間，そのままでいて，息を吸う時に背中が広くなることや，重力のお陰で脊柱が長くなることを感じてみよう。次への準備ができたら，視線が先導するよう，床に沿って，それから自分の前方の壁を見ていってみよう。頭の推進力が直立した状態に戻るのを先導するのである。先ほどの長くなり広くなるという感覚を保つようにしよう。丸くなるという動きによって，支えのある，流れるような動きを培うことができる。

前方へ丸まっていく動きは，脊柱における柔軟性を高める

　私たちの気分は絶えず，身体の状態に影響されている。解放された，反射による動きによって私たちは，浮いているかのように軽やかに感じられるようになっていく。そのように動けるようになると，否定的な感情の状態から抜け出す方法を見つけることができるだろう。

- 流れるような動きを用いて，ウォーミングアップをしたり，自分自身に注意を向けたりするようにしよう。

　私たちはアレクサンダー・テクニークを，コーディネーションの整った，有能な音楽家になるための手段であると思っている。たくさんの音楽家が，武術やヨガ，ピラティスなど，コーディネーションをよくするためのスポーツを実践している。私たちの経験から，ほぼどんな身体を使った活動もよいものになりうるが，それはその活動を行うからではなくて，心身への働きかけ方次第であるというのを言っておきたい。その活動が有益なものになるか否かは，動きの質次第なのである。アレクサンダー・テクニークをランニング，水泳，ゴルフ，フィットネスなど，スポーツに関連づけた書籍も，優れたものが多く出版されている。

　アレクサンダー・テクニークを学んだ人類学者，レイモンド・ダート（1893-1988）は，人類の進化の過程を研究し，それを理解するための一連の動きを考案した。ダートの動きの集成は「ダート・プロシージャ」として知られている。アレックス・マリー（アレクサンダー教師で，英国ロイヤル・オペラハウスおよびロン

ドン交響楽団の首席フルート奏者）と，彼の妻で，ダンサーや音楽家にワークを行い，1977年からアレクサンダー教師を養成しているジョアン・マリー（アレクサンダー教師で元女優，ダンサー）は，ダーツの動きをひと続きの動きに発展させた。彼らは，演奏家がこのプロシージャを練習すると，非常に多くの恩恵が得られると明言している。このプロシージャは，日常生活や楽器を演奏する際の，反射によって促される動きやバランスを取る能力を高めてくれるものだ。ダートは，技術の発達について調べ，技術を要するいかなる活動においても，視覚や聴覚，バランス感覚，触覚，筋肉の記憶が影響するのを見出した。こうした一連の業績に関心を抱いた人は，ダートの論文集 "Skill and Poise"[*1] をお勧めしたい。ダートの業績を探求するには，非常に示唆的な著作がもう一つある。"Dance and the Alexander Technique"[*2] であるが，こちらは特にダンスに関心のある音楽家に有益だろう。

学生のコメント

　　私は，コンサートで舞台に上がる直前には，可能な限りいつでも，単純な動きを行うようにしている。それは，気功によく似たさまざまな動きの組み合わせで，アレクサンダー教師養成のトレーニングをしている間，毎朝のスタートに行われていたものだ。こうした動きのメリットや特性には，指が積極的に先導すること，腕が身体の方に戻る時には肩甲骨が十分に緩むこと，身体全体のコーディネーションが整うこと，そしてその結果，例えば両脚が空間的により低い重心の状態に順応することなどが含まれる。視覚というのは，全体に影響する要素で，視線が動きを先導したり，指先へ至るコーディネーションを整えたり，私たちが動く時，自分を取り巻く世界が自分の動きと逆の方向へ動いていくように感じさせたりする。こうした視覚により，周辺的視覚に広がりと奥行きを得ることができ，このことが「プライマリー・コントロール」に大きな影響を及ぼすのである。

　　　　　　　　　　　　　　　　　ポピー・ワルショウ（チェロ／アレクサンダー教師）

[*1]　Raymond Dart, *Skill and Poise*, STAT Books, London, 1996.
[*2]　Rebecca Nettl-Fiol and Luc Vanier, *Dance and the Alexander Technique*, University of Illinois Press, Urbana-Champaign, 2011.

例えば，脚を使って楽に身体を曲げることを学んだり，上半身を解放された楽な方法で螺旋状に動かすことを学んだり，身体の周りで腕を解放して揺らすことを学んだりすること。それは，音楽家自身の気づきを，演奏の間も「自分」全体を含めておけるようなものに広げてくれるような，単純だが有用な動きを学ぶことである。

フローレンス・ニスベット（ギター／アレクサンダー教師）

第Ⅴ部

実　　践

第 17 章

アレクサンダー・テクニークの レッスンをどう受けるか

　教師は，生徒が自分で考え，行うことを学ぶのを助ける案内役にすぎない。生徒が日常の活動においてもそのように行えるよう助けるのが，教師の仕事である。

マージョリー・バーストウ

　教師は，生徒が習慣的な干渉なしに活動を遂行することや，プライマリー・コントロールが正常に働いている際には生じる動きの軽やかさや自由を，実際の体験から理解していくのを助ける*1。

教師との関係

アレクサンダー・テクニークのレッスンを受け始めるなら，理想的には信頼関係を築くことができる教師を見つけることである。とはいえこれは，入門的なグループレッスンに参加する場合は，さほど重要なことではない。ハンズオンのワークには治療的な要素もあるとはいえ，この作法はもっぱら，レッスンである。

レッスンの特質

レッスンについては，マイケル・ゲルブがわかりやすく説明している。「アレクサンダーの生徒さんは，先生の統一された注意を向けられます。先生は耳を傾け，コミュニケーションを取ります。それには言葉だけでなく，手も使います。先生は少なくとも生徒さんと同じく学びます。一つひとつのレッスンが，日常生活の活動に知性を持ち込むための生きた実験になります。レッスンは，比較や競争から解放された雰囲気の中で行われます。診断もテストもないし，黒帯やゴールド・メダルもありません。レッスンの特徴でユニークなところは，先生がバランスの取れた協調作用の経験を，実際に生徒さんにさせるということです」[*2]。

どのアレクサンダー教師も音楽家にレッスンを行うことができる

音楽家がアレクサンダーのレッスンでハンズオンを受ける場合，あなたのレッスンは音楽家から受けるものかもしれないし，そうでないかもしれない。確かに音楽家のアレクサンダー教師はたくさんいるが，教師にとって音楽家であることは必須ではない。自分がどのように楽器を弾いているかを指摘してくれる音楽家の意見を聞きたいと思うだろうが，私たちの経験上，演奏に関しての最も示唆的な助言の中には，音楽家ではないアレクサンダー教師からのものもあった。

---

* 1　Jones, Awareness, *Freedom and Muscular Control*, p.14.
* 2　Michael Gelb, *Body Learning*, Aurum Press, London, 1987, p.94.（片桐ユズル・小山千栄訳『ボディ・ラーニング——わかりやすいアレクサンダー・テクニーク入門』p.88, 誠信書房，1999）

教師に求められているのは，生徒が，どうやって自分の選んだことにアレクサンダーの原則を適用するか，を理解できるようにすることである。アレクサンダー・テクニークを，「実践的な哲学」だと説明する人もいる。レッスンは例えば，「どうやって座るか」といった非常に実践的なワークから，どのように思っていくかについて深く省察することに至るまで，さまざまである。レッスンは最初の段階から，生徒がさらに自分自身を知るのを助けるものであるため，最初の数回で，生徒に劇的な変化をもたらすこともある。だが，アレクサンダー・テクニークは，数回のレッスンで身につけられるものではなく，むしろ楽器と同じである。王立音楽大学の学生には，10週間の入門講座を受けた後，このワークが人生を変えるものだと気づいた人たちもいる。音楽家というのは往々にして，自分の演奏に対するアプローチを新しい見方で見ることに関心があり，進んで変えてみようとする人も多い。

　大半の音楽家は，アレクサンダーのレッスンが非常に常識に適ったものだとわかるだろう。緊張を手放すことでより楽な感じが持てるようになっていき，アレクサンダーのレッスンもより楽しく感じるようになるだろう。

安全が保障された不確かさ

　生徒は，いつのまにか自分自身が未知の領域に置かれることを覚悟していなければならない。教師が，ハンズオンによるワークを通して，生徒がよりよいコーディネーションに気づくのを助けていく際には，馴染みのない感じがすることが多い。生徒に変化が起こるよう手伝っていく際，レッスンにおける「安全が保証された不確かさ」という状況は，生徒にとって理想的な体験である。反復することにより，新しい感覚がより馴染みのあるものになると，こうした体験は，努力を必要としない自由な感じや，軽やかで繋がりのある感じに変わっていく。

オープンマインド

　生徒にとっては，オープンマインドでいることが絶対的に必須である。心と身体には，変化し，それ以前には失っていたかもしれない柔軟性を取り戻していく準備ができている必要がある。このワークは，アレクサンダーの原則を適用する

のを学んでいくもので，それには思うということが要求される。私たちが，思う仕方を変化させることにより，コーディネーションを調整し直すと，身体はまったく違ったものに感じられる。

　私たちが，しかるべき理性やアレクサンダーの原則への探求心といったものを持っているとしても，おそらくすぐには彼の原則を理解できないだろうと，アレクサンダー自身，よくわかっていた。変えることが必要なよくない習慣には，（正確に今起こっていることを感じているのではない）「誤った感覚認識」も含まれるだろう。生徒は，最初は必ずしも，よくなったようには感じられない，あるいは「正しい」とは思えない方法によって，変化することを学んでいくのである。

　アレクサンダーが発見した別の問題は，彼が「エンド・ゲイニング」と名づけたものだ。これは，生徒が，自分のよくない習慣を変えうる方法に興味を持つのではなく，非常に早急に結果を得ようとする場合のことである。アレクサンダーは，上手くいくことを教えるには，「習慣を認識すること」「プライマリー・コントロール」「抑制」，そして「方向性」が不可欠だと考えた。ひとたび彼の原則が理解されれば，生徒は，自分の旧来のパターンを新しいパターンに変えることができる状況にあることになる。

　生徒がレッスンに根気や好奇心を持ち込むならば，さらに上手くいく。生徒が，改善されたコーディネーションを自分で作り出すことができ，より心地よく感じるようになれば，それまでの根気も十分，報われるだろう。生徒は，レッスンの間だけでなく次のレッスンまでの期間も，教師の指導に沿って，進んで思うことをしていかなければならない。

誤った感覚認識

　生徒は，自分の身体が与えてくれるフィードバックの正確さについて検討することを学ぶ必要がある。例えば著者は，チェロ奏者が自分の楽器から遠ざかり，後方へ傾いているのをよく目にするが，彼らは，自分が椅子に対して垂直に座っていると確信しているのである。その姿を撮影し，彼らに現実を見せると，非常に驚く。このような場合でさえ，彼らにとって，自分の身体が真実と異なることを自分に伝えているとは信じ難いのである。というのも彼らが，今日まで自分の感じ方を信用してきたからだ。

グループによるワークだと，一対一のレッスンよりも，このメッセージをはっきりと理解してもらうことができる。ほとんどの人は，自分以外の参加者が一様に同じことを言えば信用するからだ。初期段階のレッスンの場合，最も確実なのは，自分の感覚からのフィードバックが必ずしもあてにならないことを受け入れ，かつアレクサンダー教師は真実がどうであるか言ってくれるものだ，ということを受け入れることである。

自分の「使い方」に働きかけをしていくと，感覚的な気づきがより信頼できるものになっていく。感覚的な気づきには，「五感」すなわち視覚，聴覚，嗅覚，味覚，触覚に加え，身体や空間，動きの「筋感覚」という，6番目の感覚も含まれる。

- 信頼できる感覚的な気づきは，音楽家にとって貴重な資産である！

新しい体験を与えてもらう

初期の段階では，教師にハンズオンをしてもらうことで得られる新しいコーディネーションを，自分でも再び得ようという期待や意図を持たずに，体験するつもりでいるのがよい。こうしたことは，アレクサンダーが「ノン・ドゥーイング」と呼んだことの実例である。教師のハンズオンに対して手伝おうとする必要はない。教師が，あなたが自分の自然なコーディネーションを見出すのを手伝うのである。これにより，自分に組み込まれている反射によるバランスを取り戻すと，コーディネーションがどう変わるかを体験することができる。最初は馴染みのない感じを覚えるだろうが，同時に楽にも感じられるかもしれない。

生徒の役目

生徒の役目は，テクニックをより深く学ぶにつれ，変わっていくものだ。テクニックの原則についての理解が深まり，大きな影響を及ぼすようになるにつれて，次のレッスンまでの間に，より自主的に成長していけるようになる。

経験を積んでも，自分がどのようにしているかをチェックしてもらうために，アレクサンダー教師の目と手があるのは有益なことである。なぜなら，「誤った

感覚認識」の可能性が常にあるからだ。これゆえ，往々にしてアレクサンダー教師は，たとえ長年教えていようとも，互いにワークし合っているのである。

教師の「ハンズオン」

　多分あなたの教師は，「原則」について話してくれるだろう。教師が何をどう話すかは，一連の学びの進行に影響を与える。教師は，あなたの頭や首，背中，腕や脚，手や足に，手を使って働きかけをするだろう。それぞれの教師の手はみな，少しずつ異なる質を持っているものだ。教師の手は，アレクサンダーの著作で述べられているのと同じ原則を教えるものであるが，ワークの体験を深めてくれるものでもある。F. M. アレクサンダー自身は，生徒が自分の言ったことを誤解する場合が多いことに気づいてからというもの，一対一のレッスンではあまり言葉を使わなかったらしい。アレクサンダーの手は，素晴らしく的確に伝えることができる手であった。幸運にも彼からレッスンを受けた人たちは，アレクサンダーが彼らの「使い方」にもたらした並外れた変化について語っている。アレクサンダーは，自身の考えについて4つの書物に著し，次のレッスンまでの期間にも，思うことによる働きかけが必要であることを指摘している。F. M. アレクサンダーの弟のARは，レッスン中，言葉を多く使い，とりわけテクニックについて説明するのに長けていた。

　　（ハンズオンによるレッスンの後）筋感覚的な効果は十分長く続くため，生徒は，正常な緊張を伴った姿勢という，新しい状況に逆らおうとする習慣的な反応を，観察する機会を得ることができる。こうして生徒は少しずつ，自身の筋感覚的な判断基準を確立し，自ら，さらなる観察や実験を続けていくことができるようになる。このようにしていくことで生徒は，自分に役立つ資源を大きく向上させることになる[*3]。

　　　　　　　　　　　　　　　　　　　　　　フランク・ピアス・ジョーンズ

　私が演奏している最中に，テクニックの教師が初めて手を置いてくれた時，

＊3　Jones, *Organisation of Awareness*, p.10.

自分がバッハ自身と交流しているかのように感じられた！

ニコラ・ブレイキー（ヴィオラ／アレクサンダー教師）

疲れを感じることもある

アレクサンダーのレッスンの後，エネルギーが回復したように感じるかもしれないが，疲れを感じることもあるかもしれない。ちょっと休んだり仮眠を取ったりすれば，リフレッシュされ，活動への準備が整ったように感じられるだろう。たとえ休息を取れる状況になかったとしても，間もなくエネルギーが回復するはずだ。

質問する

混乱したと思った場合，質問するのはよいことだが，必ずしも具体的な答えを期待しないようにしよう。最初の何回かのレッスンでは，教師が質問に答えるのを避けたり，曖昧に答えたりしているように思えるかもしれない。あなたの理解が増していくと，教師も質問に明確に答えやすくなるだろう。あなたの質問は教師にとって，思うことに関するあなたの到達の度合いを把握する一助となるだろう。私たちは，王立音楽大学でのレッスンの際，学生に質問を持ってくるよう頼んでいる。そうした質問は大抵，レッスンにおいて，非常に有益な相互作用を生み出す。教師は，あなたの質問によっては，完璧に満足のいく答えをくれるかもしれないし，答えるよりもそれについて議論する方がよいと考える場合もあるかもしれない。

自分の楽器へのアプローチについて議論する

基本的な原則を理解するのに十分なレッスンを受けたら，演奏することについてアレクサンダー教師と議論してみると，非常に有益だろう。アレクサンダーのレッスンで演奏すれば，あなたの動きは教師には，明白に見て取れる。そうしたら今度は，どう動くかについてや，どう動くかの背後にある，どう思っているかについて議論することもできれば，演奏にまつわるさまざまな要素を調整してい

くこともできる。

　私たち音楽家は，集中的に練習するためには，物事を部分的な要素に解体してみることが有効だと知っている。アレクサンダー教師は，一連の技術的な動きを，それを構成している各要素に解体するのを手伝うことができる。また，解体した要素をひとまとまりの全体に戻すのも手伝ってくれるだろう。アレクサンダーの教師は，自身が楽器を演奏するか否かにかかわらず，あなたが自分の意図を説明すれば，楽器の技術に関しても同様の手伝いをすることができるだろう。

　教師は，あなたが自分がしていると思っていることをしているかどうか言ってくれる。あるいは別の言い方をすれば，あなたが思っていることが，自分が意図している結果になっているかどうか，言ってくれるということだ。それにより，感覚的な気づきをより信頼できるものにしていけるはずだ。

　あなたが演奏している最中に，教師があなたに手を置いて，コーディネーションを邪魔している習慣に気づくよう，助けることがあるかもしれない。実際，教師はハンズオンによって，あなたがより上手に演奏できるよう助けることができるだろう。教師のハンズオンを受けている際には，自分の身体がすべきことをするのに任せておけるようになると，どのように演奏することになるか，という視点でこうしたことを見るのが大事である。いつまでもずっと，教師を必要とするわけにはいかないのだから！

理屈で考えすぎないようにしよう

　アレクサンダー教師は，あなたにハンズオンする時，あなたを「正しい位置」や「よりよい位置」にもっていこうとしたりしない。自分の姿勢が変わったことに気づいたなら，こうしたことを，ワークの目的ではなく，副産物として捉えよう！　何が起きているか理屈で考えようとしても，あなた自身の過去の経験という文脈で理解することになりがちだ。すると，ハンズオンによる新しい体験から得られるものを誤解する恐れがある。

テーブルワーク

　あなたが，何らかの痛みがあるためにレッスンを受け始める場合（実際このよ

うなケースが多い），レッスンに組み込まれる「テーブルワークの時間」を満喫することだろう。セミ・スパインの体勢でアレクサンダー・テクニークのテーブルに横になり，教師が，あなたが自分の身体に残っている筋肉の緊張を解放できるよう手伝っていく。そこであなたがすることは，教師を手伝うことではなく，「ノン・ドゥーイング」について学ぶことである。あなたは，どのようにして建設的に休息を取るかを学んでいるのである（第13章「セミ・スパイン」を参照）。この体験をすると，往々にして元気が出て，「新しく生まれ変わったような」感覚でテーブルから起き上がることができる。

レッスンの際，対話を持つようにしよう

　よいレッスンというのは，二者間のやり取りであるものだ。何か不安なことがある場合は，必ず教師に伝えるべきである。そうすれば教師は，あなたに確認したり，あなたにするよう求めていることを変更したりするかもしれない。
　アレクサンダーのレッスンでは，人それぞれが異なった，自分に唯一の個人的な体験をするものだ。教師はある程度までは，あなたがどのように行っているかわかっているだろうが，あなたが伝えない限り，正確にはあなたがどのように感じているか知ることはできないだろう。対話的なレッスンというのが，生徒にとっても，教師にとっても，最も上手くいくものである。

学生のコメント

　私は，演奏中，喉を緊張させ，締めるという問題があったので，アレクサンダーのレッスンを受け始めました。喉と頬の辺りを緩めるための「方向づけ」を与えることで，この問題を修正する方法を少しずつ教えてもらい，演奏することが計り知れないほど自由になりました。「方向づけ」を与え，緩めることを学んだら，以前よりずっと落ち着いて演奏できるようになり，緊張もかなり少なくなったのです。

アントニア・レーゼンビー（ファゴット）

　初めのうちは，テクニークとは単に，痛みを取り除くためによりよい位置を見つけることについてのものだと思っていた。その後，テクニークには言葉のいかなる意味

においても，姿勢や位置といったものはないことを理解した。テクニークは，思う方法と，感覚による情報を受け取る方法に関するものだ。テクニークについての私の理解は絶えず変化している。自分の聞き方や演奏の仕方も同様だ。自分自身の内部にある感覚による情報の流れと，演奏中の音楽的流れとの関係を発見していくこと自体が，素晴らしい道のりだった。この道のりには苦痛の入り込む余地がなかった。

サヴァス・クドゥナス（ヴァイオリン／アレクサンダー教師）

第18章

教師と生徒の関係性

　人間が万事，生れつき聡明（そうめい）なら何より結構，が，なかなかそうはゆかぬもの，それなら話のわかる者の言葉に耳を貸すのもまた賢明と言うべきではありませんか。

　　　　　　　　　　　　　　　　　　　　　　ソポクレス『アンティゴネ』

生徒というのは絶えず，教師の言うことのみならず，教師のすることからも学んでいるものだ

　私たちは，楽器を本当に上手く弾けるようになりたいと思った場合，自分を正しい「方向性」に導くことができる教師を探す。楽器や声楽の教師というのは大抵，演奏家もしくは引退した演奏家である。自分の教師が公の舞台で演奏を重ね，そこで名声を確立してきたと知ると，安心したりするものだ。著者は二人とも，演奏家から楽器を学んだが，楽器に関する発見のうち，重要な瞬間のいくつかは，

アレクサンダー教師と学んだものだった。心身ともに明晰になっている瞬間には往々にして，次の課題を乗り越えるヒントとなる全体的な見方の中に，楽器の教師からの助言を位置づけられるものである。

知っておくに値するのは，F. M. アレクサンダーが役者であったため，彼の原則は，演劇の舞台という状況の中で発展したということである。アレクサンダーは，教えることに非常に関心を持つようになった。教えることを通して彼は，自分自身の経験が往々にして生徒たちにも反映されているのに気づいた。アレクサンダーは，私たちがどのように学んでいくかについての根本的な真理を発見したのだ。

あらゆる音楽家にとって，自覚的であろうとなかろうと，上達の核となる点は以下の三つである。

1．「心身は一体である」（心と身体は絶えず，互いに影響し合っている）。
2．「誤った感覚認識」（あなたが感じることは正確ではないかもしれない）。
3．「使い方は機能に影響する」（あなたが自分の身体をどのように使っているか，また使ってきたかが，今だけでなく今後，どう機能するかに影響する）。

生徒の中で最も難しいのは，自分の「使い方」が悪い場合である。「誤った感覚認識」と「エンド・ゲイニング」は，学ぶ際に深刻な障害となるものだ。1950年代，ウィルフレッド・バーロウと彼の妻マージョリーが，王立音楽大学で声楽科の学生たちにレッスンを行うと，学生たちがみな，より自信に溢れるようになることに声楽科の教師たちは気づいていた。そうした学生たちは，教えやすくなった。彼らは，以前より容易に助言を受け入れることができるようになったのである。このことは特に，舞台での「方向性」に関して言えるものだった。学生たちは，より優れた伝え手になったのである。

言うまでもなく，教師と生徒の関係性には二つの立場がある。教師は，生徒が上達するのを助けることに最善をつくしている。その結果，教師と生徒とは，音楽の領域において生徒が望むことに達することができるものだ。教師には，現実に生徒が望むことを進展させ，そうした望みと関連づけながら上達していけるよう助ける責任がある。

あなたが生徒である場合，楽器を学ぶアプローチの中にアレクサンダーの原則

を含めていると，教師の考えを受け入れやすくなるのに気づくだろう。「心身は一体である」ということや，「誤った感覚認識」が及ぼす影響にも気づくだろう。また，自分が今までに物事を行ってきた仕方が，今起こっていることに影響している，ということがわかるだろう。それだけでなく，あなたが今，自分自身を使っている仕方が，将来の結果を仕込んでいるということが理解できるだろう。そして上達することが，どの教師とであれ，より順調かつ容易になるだろう。

「こうしなければならない」

　音楽家に教える際の「こうしなければならない」といったアドヴァイスは，相当な量にのぼる。大事なことは，それが**どのように**なされるべきか，また**なぜ**そのような方法でなされるべきかを，生徒が理解することである。そうすれば，こうした理解を，自分の練習を建設的なものにするのに活用できるだろう。

　素晴らしい演奏家には，見事に演奏する方法を「知っている」にもかかわらず，その方法を言葉にするのは必ずしも簡単ではないという人が多い。このことから想定できるのは，そうした演奏家は素晴らしい自分の「使い方」をしているが，必ずしも自分の成功やコーディネーションを，自分の「使い方」のお陰であるとは思っていないということである。誰かに教えることにならなければ，そのままで何の問題もない。そうした演奏家が教える場合，自分と同じくらいよい「使い方」をしている生徒にとっては，上手くいくだろう。だが，よくない「使い方」をしている生徒は，別途，自分の「使い方」について理解する作業を行わない限り，すなわちアレクサンダーのレッスンを受けなければ，それほど順調には上達していかないだろう。

　アレクサンダー自身が，自分のよくない「使い方」で何時間も練習を重ねた結果，演技上の問題が生じるようになったということは，考慮に値するものだ。彼自身の「使い方」が向上すると，練習が建設的なものになり，よい練習の成果が結果的に演技にもたらされたのである。

コメントに耳を傾ける

　自分の教師がコメントをくれる時，自分が感情的にどのように反応しているか

に気づくのは有益である。例えば自分が呼吸を制限したり，目つきを険しくしたりしていた場合，こうしたことがコミュニケーションに影響を及ぼしているだろう。教師が何か指摘してくれている時，感情的にバランスの取れた，自由な状態でいられると，教師の指摘をさらによく理解することができる。

自分の「使い方」がより信頼できるものになると，教師の助言がいかに身体の設計に沿って機能するものであるか，感じ取ることができるだろう。このようになると，練習に際しての考え方を見直したり，新しい技術を培っていく方法を理解したりする体制が整っていることになる。それは，技術的なことだけでなく，音楽的なことに関してもあてはまる。アレクサンダー・テクニークをきちんと理解していると，あなた自身が自分の教師となることができる。その時，練習は非常に建設的なものになる。このように培われた自分の「使い方」についての気づきによって，私たちは，音楽的才能を高めることができるだけでなく，生活のあらゆる場面にもそれを生かすことができる。

レッスンでの演奏にまつわる不安

私たちが自信を持てないでいるとしたら，自分自身の「使い方」に影響を及ぼすだろう。そのような時の私たちは，自分自身をより小さい空間に引き込み，他人から見ても，自信がなさそうに見える。レッスンというのは，教師にも生徒にも自信がある場合，最も上手くいくものだ。生徒が教師を恐れていると，レッスンは耐え忍ぶものとなる。教師が生徒を恐れていても，レッスンは耐え忍ぶものとなる。互いに尊重し合い，認め合う雰囲気があると，さらなる自信を生み，自分の「使い方」が向上し，レッスンもよりよいものになる。こうした場合，教師も生徒もより満足感を得ることができ，学ぶ環境も建設的なものになるだろう。素晴らしい「使い方」は自信の表れである。自信がある時というのは誰でも，状況に上手く反応できるものだ。

レッスン前やレッスン中，多少，不安になる人もいる。こうしたことも有効に活用することができる。なぜなら，アレクサンダーの考え方を用いてこうしたことに取り組むことは，コンサートにまつわる不安に対処するためのよい練習になるからである。だが，そうした状況に対処することが重要なのであって，単に「先生が怖いので，決まって不安になるんだ！」と受け入れることが重要なのではな

い。混乱することなく，「事態を悪化させる」状態や「間違いを犯す」状態を解きほぐすことができると，どんな技術を習得するのにも有益である。刺激に対する感情的反応について働きかけることは，非常に役に立つものだ。「プライマリー・コントロール」を検討することから始め，それから呼吸を見てみよう（詳細は第22章「本番にまつわる不安」を参照のこと）。

頑張りすぎ

　教師が気に入るよう，また「正しく」行うよう，莫大な労力を費やす生徒がいる。逆に，そうしたことを一切しない生徒もいる。頑張りすぎている時，あなたは肩をコチコチに固め，腹部の筋肉を固くし，足や手，舌などを固く締めているかもしれない（こうした場合，アレクサンダーの言い方でいうと，「エンド・ゲイニング」しているのである）。レッスン中，自分の心身一体的な反応に気づきを保っていると，過度な労力を手放し，教師に対しても学ぶプロセスに対しても，よりしっかりと今ここにいることができる。

柔 軟 性

　教師というのは，生徒によって異なった接し方をするものだろう。生徒は一人ひとり，唯一無二であるため，教師には柔軟性が求められる。生徒というのは，情報で満たされるのを待ちかまえているコンピュータのハードディスクのようなものではない。スコットランドの有名なアレクサンダー教師，ジェニー・マクリーンは次のように言っている。「よい教師というのは，生徒に自分が聡明であると思わせてくれるものだ」「生徒が，教師の教え方を学ばない場合，教師は生徒に学び方を教えなければならない」。

「手段とその過程」
（ミーンズ・ウェアバイ）

　教師が何らかの結果について口にした時，生徒の関心が，どのようなやり方でそうした結果に到達するかより，期待されている目的に集中すると，上達は非常に遅々としたものになる。逆に教師が，目的に達するのに必要な段階を経由して

生徒を導くことができる場合，順調な上達を見込むことができる。こうした段階を追っていく発想は，アレクサンダーが「手段とその過程」と呼んだものである。とはいえ，生徒がこうしたことを理解していて，自分のよい「使い方」が新しい技術を培うための基盤にあるなら，教師に，「手段とその過程」を解きほぐす技術がいるわけではない。「プライマリー・コントロール」がきちんと働き，身体中にバランスを取り続ける感覚が起こっていれば，教師が教えてくれることのほとんどは，よい結果に至るだろう。生徒は，提案された新しい音楽的発想に関わってくる新しい身振りについて，よりしっかりと理解するために，「ボディ・マッピング」を用いるのもよい。

質問は対話的な関係を高めるものだ

対話的な関係というのは，最も生産的に学ぶことができる環境である。生徒がレッスンで，何かについて取り上げると，教師は，生徒が上達の途において，どの辺りにいるかがわかるだろう。そして生徒は，関心や敬意を払われていると感じられるだろう。レッスンにおいて，このような雰囲気を作り出すための最善策は，質問をすることだ。生徒は，質問することをレッスンへの貢献の一部と考えるべきである。質問をしたがらないようなら，教師が，生徒に質問があるかどうか尋ねることにより，やり取りが始まるようにすることもできる。そうすれば，どちらの「方向性」にも流れが生じるのは言うまでもない。

質問というのは，選択への注意を引き起こすものだ。よい選択をするのを学ぶことは，優れた音楽家が持つべき技術の一つである。アレクサンダーの「抑制」は，自分に選択があるのがわかった時の，気づきが高まった状態であると説明することができる。おそらく，質問を投げかけるべき最も大事な相手は，自分自身である。教師との意思疎通が難しい場合は，レッスン中，自分がどのように反応しているか自問してみてもいいかもしれない。あなたが作り出すことができる変化は，あなた自身を変化させることだろう。それは，どのようなことだろうか。

手本を見せる

　教師にとって，非常に有効なやり取りの方法は，手本を見せることである。教師が演奏してくれると，生徒は，教師の演奏の素晴らしさによって発奮するかもしれない。ここで望まれるのは，そのような演奏に至るまでには，いかに隔たりがあるかに落胆したりしないことだ。教師の方は，手本を見せるのは生徒に自分の素晴らしい演奏を印象づけるためではなく，核心をつくためだということを，留意しておかなければならない。理解しておくべき本質は，もしあなたが生徒なら，教師が演奏してくれる時，技術的なことにしろ，音楽的なことにしろ，大事なポイントを示してくれているということである。何がポイントかを明確に踏まえておこう。

　生徒は，そこでのメッセージが何に関するもので，さらに言うと何であるのかに注意を払わなければならない。人間のあらゆる意思疎通には，誤解の可能性が大いにあるものだ。情報の受け取り手には，判断基準となるそれまでの経験があるからである。

　手本を見せるということについて，著者が面識のある教師たちと議論してみると，ボウイングの技術の手本を見せている時，生徒がボウイングより左手に視線を釘づけにしているのを目にすることがよくある，ということだった。これは，手本を見せることがそもそもなぜ必要か，という問題を示している。何しろ生徒は，左手に釘づけになっているのだから，弓をどのように使っているかはわからなかったわけである！　このような生徒に，弓を使っている腕を見ているよう伝えるだけでは，おそらく十分ではない。こうした提案にどのように反応するかについて，また気づきと過度な集中について，話し合うことが必要である。全体像という視点で「手段とその過程」について検討してみると，より有効に自分の注意を方向づける方法に関する技術を高めることができる。

　教師が，連続する音の理想的なアタックについて手本を見せている場合，それがもたらす音楽的結果を観察することは，生徒のすべきことのうちのほんの一部にすぎない。生徒が，自分の「使い方」についての理解を活用できるようになれば，間もなく，もしかするとただちに，望む結果を得ることができるだろう。

　教師とその生徒の体格が，同じような大きさ，形，バランスである場合は滅多

にない。あなたが生徒なら，自分と教師とが同じ身振りをしていても，まったく違って見えるかもしれないことを理解していなければならない。基盤にある動きは同じでも，表面的な印象は異なるものだ。

　卓越したチェロ奏者でアレクサンダー教師であるヴィヴィアン・マッキーは，彼女自身がパブロ・カザルスとの間に経験した素晴らしい師弟関係について叙述している。彼女の著書『自然に演奏してください』[*1]の中で描写されているカザルスの教授法には，アレクサンダーの原則に非常に似通ったものが見受けられる。この本は間違いなく一読に値するものだ。

ヒーロー

　私たちは，素晴らしいプレイヤーを，インスピレーションを与えてくれる手本として観察することができる。そうした手本は，テニスに興味がある人ならロジャー・フェデラー，ダンスが好きならフレッド・アステア，陸上競技の競走ならマイケル・ジョンソンかもしれない。ほとんどの場合，特定の分野で世界的に名の通った人には一様に，優れた自分の「使い方」をしていることが見て取れる。あなたの楽器において，偉大な演奏家とみなされている人というのは誰であれ，聞くだけでなく観察する価値もあるものだ。ほぼいずれの場合も，そうした人たちは素晴らしい「使い方」をしているだろう。だから彼らは，優れた手本になるのである。

学生のコメント

　チェロの教師が与えてくれた新しい体験によって，自分の演奏を楽な方法で上達させていけると確信したものの，背中に痛みを抱えることになってから，自分のしていたことに気づいた。「エンド・ゲイニング」のせいで，早急に結果を得たかったのだ。私は，動きの中に新しい自由の可能性が見出せるようになるために，努力すべきことを見直した。そのようなわけで，ごく最初の段階に戻ることにした。チェロを持たず

[*1] Vivien Mackie, *Just Play Naturally*, Xlibris, Bloomington, Indiana, 2006.（横江大樹訳『自然に演奏してください――パブロ＝カザルスの教えとアレクサンダーワークの共鳴』風媒社，2011）

に椅子に座り，身体に耳を傾けるためのひと時を持つためににしたのである。

クレール・ティリオン（チェロ）

（ワークし甲斐のある年下の生徒とのワークから）
　座っている間，私は自分の背中を開くことについて働きかけをし，腕を組んだり脚を組んだりしないよう気をつけました。ジョンには，彼への共感もなく私自身の中に閉じこもっているのではなく，彼に対して受容的で共感的だと感じてもらいたかった。
　自分自身の「使い方」に働きかけをしている間，模倣の力を借りて，ジョン自身の「使い方」を変えることを目指しました。私の態度と似てくるようになり，私の話すスピードと音量に合わせるようになることで，ジョンが，私の，より広くなって弛緩した在り方に非常に素早く応えたのがわかりました。私の「使い方」が向上すると，自分自身に，より落ち着きと自信を感じられるようになり，ジョンは，本来備わっている感情的な落ち着きをさらに増していくようになりました。

エラナ・アイゼン（ヴァイオリン）

第19章

コーディネーション

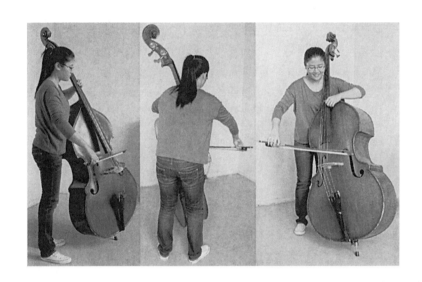

　音楽家に基本原則を教える際，目指すのは，全体としてのその人自身の気づきを高めることである[*1]。

　とはいえ，練習や本番における音楽家の注意はもっぱら，手，足，声帯器官や，自分が生み出している音に向けられる。身体の残りの部分で何をしているかについては，ほとんどわかっていない場合が多い。さまざまな技術的な問題に対処するのに，平均的な音楽家は，次の二つのアプローチを取るだろう。問題を克服するべく，手当たり次第にあらゆる技を用いて，「頑張りすぎる」。そして，筋肉の緊張が増大して疲れると，「リラックスする」。どちらの場合も，試み・失敗を基盤に行われている。こうした音楽家は，どの程度の緊張が必要であるかや，そうした緊張を求められる瞬間と箇所にのみ用いる方法を，必ずしも理解してはいない[*2]。

私たちは話す時，その技術について考えなくても話すことができる。自分が言いたいことを決めると，それが出てくる。このようなやり方で声を使う能力は，先天的なところが大きいように思われる。幼い頃にこのように声を使うことを学んで以来，その技術は，使いたい時にはいつでも，私たちと共にある。私たちはこうした技術を，使えるものと期待しているし，実際，使うことができる。

　声の質というのも同様に，培っていくことができるものだ。声の質を改善するには，自分がしていることに気づきを持つ必要がある。こうして改善された声の質が発達していくと，それは理想的にいけば，話す時にはいつでも引き出せる技術になる。私たちは，このように高めた性質や技術を失ったり使わなかったりする可能性に対して，注意を払うこともできる。これこそアレクサンダーが自分の発声に関して培ったことだ。

　私たちは自分の楽器に関しても，同様の技術を発達させていくことができるものだ。取り組むべき技術的課題はいくらでもあるだろうが，**本当の意味で何かを学ぶ**と，それはその後，何らの努力も要さずに活用できるものになる。私たちは，自分の楽器の技術を，自動的な習慣のレベルで機能するようにしたいわけである。身につけたばかりの技術的要素を用いて弾く場合，危険なのは，こうした要素が上手くいくよう，練習の際に思っていた方法で，本番でもそれを思うことである。練習での思う方法というのは，本番により適した思う方法の邪魔をしてしまいかねない。このような細々した技術に関する思う方法は，練習にはよいものだが，コンサートの舞台ではそうとは限らないということを，よくわかっていなければならない。何かを学んだ場合，潜在的な脳がそれを上手く取り込むのに任せておくならば，学んだものとして，それを頼りにすることができる。私たちは，仲間と練習や本番で演奏するといった状況の中でも，上手くいくのをあてにできるような，しっかりと学習された楽器の技術を必要としている。そうした技術が，音楽を奏でることへと私たちを解放してくれるのである。

感覚的気づきと自分の周辺にあるもの

　頼りになる感覚的気づきがないと，しっかりと培われた技術的なコントロール

＊1．2　Jones, *Awareness, Freedom and Muscular Control*.

なしに演奏するという予測不可能な出来事に，危うさを残すことになる。こうした演奏は，大抵の場合（例えば練習室）ある程度は上手くいくかもしれないが，（例えば本番で）技術的，音楽的，感情的なプレッシャーに対処しなければならない時，私たちは，身体との繋がりを失ってしまうかもしれず，そうなると感覚的気づきへの信頼度も破綻しがちである。

只中にある

多分，誰もが，紙切れを丸めて部屋の向こうに投げ，ごみ箱の中に命中させた経験があることだろう！　そして，こう思う。「うわあ，今のはすごかったし楽しかった。もう一回やってみよう」。それについて考え始めると，焦点を合わせ，また先ほどのようにやろうと躍起になり，ごみ箱を外してしまう。ここでの違いは，一回目には，手にした紙のボールの重さを感じたり，距離や投げるのに費やすべき必要なエネルギー，紙のボールがごみ箱上部の開口部に届いた時に落ちるために取るべき角度，といったものを予測したりするのを，潜在意識による調整に任せておいたことである。このことについて考えてみると，潜在意識とは，コーディネーションを調整することにおいて，いかにすごいものかがわかる。

意識的な思考が，普段なら一流のスポーツマンのコーディネーションを乱してしまうのはよく見られることだ。ゴルフは，それが最も顕著に見受けられるスポーツである。対戦相手は，あなたのボールを動かしたり，あなたがクラブを振り回す時，邪魔をしたりすることは許されていない。実際，対戦者は，あなたがショットを打つ時は，離れた場所に静かに立っていることが義務づけられている。

世界を舞台にプレイする，非常に腕の立つプロゴルファーはたくさんいる。それほど有名でないゴルファーが大きな試合で素晴らしいショットを放ち，勝利への足固めをしていく姿を目にすることがままある。そうしたゴルファーは，最後の数ショットまでは最高の水準でプレイしている。そして，「あと数ショットを上手く打つだけだ，そうしたら人生最大の賞金を手にすることができるのだ！一つひとつのショットに非常に集中しなければ」と考え始める。こうした考えを抱いた途端，彼らは，最高の水準でプレイするチャンスを逃すことになる。そうした集中が，潜在意識によるコーディネーションを促すような状態から，自分を遠ざけてしまうのである。ゴルファーは，意識的に脳を使って，行っているあら

ゆることにつき，微細な調整を試みるようになる。彼らがもし，自分の足の下にある地面や顔にあたる風，手にしているクラブ，体重の移動，体内のエネルギーといったものを感じながら，素晴らしい環境の中で，自分が培ってきた高度な技術を駆使してプレイするという経験を楽しむことにしたならば，自分にとって最高のプレイができたことだろう。こうしたことは，音楽家にとってもいえることである。

- 「上手く演奏しよう」とはしない。
- 自分の身体や楽器，自分の周辺にあるものを感じることを楽しんでみよう。

　私たちは，自分が身につけた楽器の技術が活用できる状態でいられるよう，聡明なやり方で，信頼できる筋感覚的な気づきや受容感覚的な気づきを高めていくことができる。自分の身体の動きや相対的な位置，空間に対する感覚や，楽器との接触から得られるフィードバックに，より意識的になじんでいくと，迅速に確実に，自分の技術に繋がることができるだろう。神経系や潜在意識による脳の働きというのは，意識的な思考よりも迅速に確実に，複雑なコーディネーションを整えてくれるものである。興味深いことに，こうした働きはどれも，私たちが自分の周辺に対する気づきを保っている場合，より確実なものになる。私たちは，「広げられた注意の範囲」内に，自分の周辺を含めておくことができるものだ。一緒に演奏している仲間や聴衆は，そうした周辺にいるのである。

- 広げられた注意の範囲内に，自分の周辺にあるものを含めておこう。
- 素晴らしい音楽家は，本番での演奏について分析的に考えているわけではない。
- 素晴らしい音楽家は，「何かを語っている」。
- デヴィッド・ボウイやパヴァロッティ，アルトゥール・ルービンシュタインのことを考えてみよう。

バランスとコーディネーション

　身体がバランスを取り続ける仕組みは，楽器にまつわるコーディネーションに

とって肝要なものだ。身体は，私たちが意志的にバランスを欠いた動きをしたり，ある位置に身体を固定したりすることでその仕組みを邪魔しない限り，それ自体，周りの環境の中でバランスを取り続けている。楽器を弾くための「正しい姿勢」という概念は，こうした視点で見ると，非常に有害なものになりうる。よりよいのは，絶えずバランスを取り続けられるような楽器との柔軟な関係を保つことである。つまり，全体的な，動きの体験の一部として楽器と関わるのである。このような場合，楽器は「私たちの一部」になる。

楽器の重さや，楽器が私たちに対してどのように近寄ったり遠ざかったりするかは，演奏することの一部として感じることができるものだ。楽器の重さは，私たちの手と繋がって，手首や腕，肩，背中からの反応を引き出す。このことは非常に重要な意味を持っている。手と背中の間の繋がりが，楽器にまつわるコーディネーションをよくするからだ。アレクサンダーの「椅子の背に両手を置く」手順（プロシージャ）は，こうしたことを向上させるのに役立つものだ。

- 感覚的な気づきの中に，楽器も含めておこう。
- 楽器が自分の一部になるようにしておこう。

緊張の増大－感覚の減少

私たちは，楽器を演奏している間，絶えず感覚神経から得られるフィードバックに応じる必要がある。神経というのは身体中に張り巡らされている。すべてがきちんと機能している場合には，私たちが自分で選んだやり方で動けるよう，神経が身体にメッセージを伝え，かつ身体からメッセージを受け取っている。私たちは，身体のさまざまな部分がどこにあって，どのような状態にあり，どのように動いているかを感じられるようにならなければならない。そうすることで，上手く演奏できるのである。

（そのように設計されているわけではないにもかかわらず）随意筋が絶えず緊張していると，私たちは感覚を失っていく。このことは必ずしも弾くのを止めるには至らないものの，正確さが劣っていくことになり，言うまでもなく疲れやすくなる。したがって，こうしたことを考えると，どのような活動においても，最も正確なコーディネーションを得られるよう，最低限の緊張を用いるようにしなけれ

ばならないのがわかるだろう。自分がしていることをさらに感じられるようになると、さらに生き生きとしてくるものである。

　もちろん私たち音楽家にとっては、必要かつダイナミックな、身体と感情の動きや適切な緊張が必要である！　これは非常に大切なことだ。なぜなら、エネルギーや興奮といった質が、演奏する音楽の本質的な性格であるような場合、不必要な緊張を減らすことで、演奏を精力や興奮を欠いたものにする結果にはならないはずだからである。実際、ワークが「適切な緊張」を伴ったものに変わっていくと、演奏もよりエネルギーがみなぎるものになる。

　このようなことは、バランスを取るということを思い出させてくれる。私たちは、バランスを取っていないと、転びそうになるのを防ぐ仕方にも、余計な緊張を残すだろう。過度な緊張は、コーディネーションを低下させる。こうしたことを半信半疑に思うなら、次のような問題について検討してみよう。例えば、あなたがよい視力の持ち主だとして、針に糸を通すよう頼まれたとしたら、あなたはそれを簡単だと思うことだろう。今度は、針に糸を通している間、両腕それぞれに、買い物をした袋を引っ掛けておくよう頼まれたとしたら、両手が針と糸を使えるようになっているにしても、この作業を同じくらい簡単だと思うだろうか。明らかに答えは「いいえ！」である。繊細なコントロールが必要な筋肉に緊張があるため、その作業はより難しくなるだろう。

頑張りすぎていないか（エンド・ゲイニング）

　特定の結果を得ようと頑張りすぎる習慣は往々にして、必要以上の緊張のもとになるものだ。このことをアレクサンダーは、「エンド・ゲイニング」と呼んだ。アレクサンダーのアプローチは、「正しく行う」という欲求を最優先にするのを避け、「手段とその過程(ミーンズ・ウェアバイ)」に注意を払うことである。「手段とその過程」には、「プライマリー・コントロール」やバランスへの気づき、適切な「方向性」、そして必要な動きが含まれる。自分の周辺に対する気づきを保っていると、練習でも本番でも、「エンド・ゲイニング」から離れるのに役立つだろう。自分のお気に入りの演奏家や歌手を思い浮かべてみよう。そうした人たちは、頑張りすぎているように見えるだろうか。

　ティモシー・ガルウェイは、一連の自著 "Inner Game"[*訳註] の中で、自分が目指

している結果よりむしろ，自分がしていることへの気づきを高めることについて述べている。ガルウェイが説明しているように，これにより，潜在意識にコーディネーションを調整させることができ，その調整は，より正確で信頼できるものになるのである。

- 頑張りすぎは，例外なく逆効果である。

緊張の減少－感覚の増大－「方向性」

それではどうやって，緊張を減らすことができるか？　私たち音楽家は，練習の一部としてこのことに取り組むべきだ。まず，必要以上の心身の緊張を，よくない習慣であると理解するようにしよう。これは必ずしも簡単ではない。次に，自分が何らかの活動を始める時，問題となる筋肉を緊張させるのを止めたいのだということを意識するようにしよう。それから，緊張が引き起こしている動きや制約といったものに反する「方向づけ」を組み立ててみよう。

コンサートホールの場に，より適した戦略は，もっと単純なものだ。それは，自分の周辺に気づきを保つことを選択するというものである。このことは，私たちの過度な緊張を多少なりとも取り除いてくれる。ホール全体を見ることに気づきを持てるようになると，私たちは自分の内に，解放された感じや感覚の増加をより感じるだろう。同様に，自分の楽器から出た音に集中しすぎるより，ホール全体に耳を澄ます方が，得ることが多いものである。

コーディネーションというのは，反射によって広がること（アレクサンダーの用語では，長くなること，広くなること，奥行きが深くなること）や，自分の周辺に注意を向けることによって得られるものである。身体が長くなり，広くなり，奥行きが深くなることを思ってみると，微かな解放が生じやすくなる。自分の習慣に反する動きを思うことにより，習慣は曖昧なものになり，動きに対する処理能力を失う。こうなると，自分の周りのあらゆる空間，とりわけ頭の上にある空間と背中の後ろにある空間への気づきを保ちやすくなり，こうしたことにより，自分の周りのものや人と，よりしっかりと接触を持てるようになる。

＊訳註　後藤新弥訳『新インナーゲーム』日刊スポーツ出版社，2000，他多数邦訳あり。

ここで今度は，一連の反応における起点からそうした作用を考慮してみるならば，私たちは，**自分がしていることや見ていること**，**聞いていることを感じたい**と決意しているのである。感覚からのフィードバックを優先させたいという願望が，さらなる筋肉の解放を誘発する。なぜなら私たちは，緊張が少ない場合，感じられることが増えるということを本能的なレベルで理解しているからだ。緊張が少なくなると，感じられることが多くなっていく。こうして私たちは，楽器を上手に演奏しようと頑張りすぎる状態から，アンサンブルや自分の置かれた環境の中で，まさに自分が楽器をどのように演奏しているかを感じている状態へと変わっていくのである。

- 緊張が少なくなると，私たちは自分の周りに，より多くの気づきを保っていられるようになる。
- 自分の周りを遮断している時は，自分の中に緊張を生み出しているものだ。
- 自分の周りへの気づきをより多く保っていると，自分を解放することができる。
- より解放されていると，感覚からのフィードバックを増やすことができる。

自分の楽器の振動を感じよう

身体に伝わってくる自分の楽器の振動に注意を払ってみよう。胸に手を置き，歌ってみると，振動を感じるだろう。頭に手を置いた場合も同様に，振動を感じるだろう。誰かが演奏している時に楽器に手を置いてみると，振動を感じるだろう。実際，振動を感じる時は，自分の手も振動している。

私たちが楽器を弾いたり歌ったりしている時，身体は，筋肉にどのくらいの緊張があるかに応じて，程度の差はあるが，振動している。こうした振動を体験しようと決めると，本来，感覚を減少させるであろう緊張を，多少なりとも手放しやすくなるものだ。自分が楽器と接触している場所に，振動を十分に感じることができるだろう。こうしたことが，楽器を弾くことに統合されるようになると，コーディネーションが向上する。

身体の中の空間

　あなたが大きな楽器の奏者なら，最良のコーディネーションを得るには，身体の内側にしかるべき空間を生み出す必要があると著者は考えている。小さな楽器の奏者でも，そうした内側の空間を感じていることは役に立つものだ。実際どの音楽家も，身体の内側の柔軟性のある空間への気づきがあると助けになるものである。身体の感覚が鈍っている時は，身体の中の空間に対する感覚を排除してしまうということが非常に起きやすい。体格がどうであれ，特に楽器を演奏する際には，できるだけたくさん，地球上の空間を占めることを思うようにしよう。

自信をつける

　コーディネーションについて見ていくのに，もう一つの方法を紹介しよう。最良のコーディネーションを得るためには，筋肉を固くするのを避けなければならない。筋肉を固くすると，私たちは小さくなる。私たちは，広がっている時は自信があるように見え，自信を感じている時は広がっているものである！　逆もまた然りだ。縮こまったり前かがみになったりしている時は，不安を感じていることが多く，不安を感じている時は縮こまっているものである。自信はコーディネーションを向上させる。自信がもたらす広がりが，コーディネーション向上のもとになると言えるかもしれない。私たちには，広がって（アレクサンダーの用語では，長くなり，広くなり，奥行きが深くなり），地球上の重力や空気圧に抗するよう身体に促してくれる反射の仕組みがある。「方向性」というのはよくない習慣に対抗するために用いられるものだが，それだけでなく身体が反射によって広がるのを活性化するのに生かすこともできる。

- 地球上の空間を十二分に共有して使おう。

本番での思考はシンプルに

　分析的に脳を使うのは，ただちにコーディネーションを整えるのには向かない。

こうした脳の使い方は，自分の技術について分析をしたり，詳細に組み立てたり再構成したりする際に必要なものだ。私たちは，技術的要素を切り離して磨いた場合，そうした要素を再度一つにまとめる。こうして，分析的に脳を使うのが減っていき，演奏のためのコーディネーションを，脳の潜在意識に委ねておくようになる。

　技術的なことを細かく考えることは，練習の場には適しているものの，心と身体が最も整った方法で機能するようにしておくためには，鍵となる「方向づけ」をいくつか持っていると役立つことを発見した人もいるかもしれない。よいコーディネーションを促進するには，生き生きと，コンサートホールの中で同僚や聴衆と共に今いる状態に注意を向けることだ。

学生のコメント

　例えばヴァイオリンを弾くのに，ある技術を向上させようとしている間ずっと，自分のよい「使い方」を維持することは，私たちの学ぶ能力を高めることになる。筋感覚的な気づきがより信頼できるものになるため，私たちの反応や反射がより的確になるのである。よくない「使い方」を続けていくと，身体のある部分は働きすぎ，別の部分は働きが足りないことになるため，結果的にバランスを失ったコーディネーションに至る。　　　　　　　　　　　　　　ケイト・ロビンソン（ヴァイオリン）

　頭に影響を及ぼす上向きの「方向性」という思考を，心の中で最重要事項にしておいた時，私は，それが自分の演奏にもたらした違いを信じられませんでした。ついに，アレクサンダー・テクニークを用いると，劇的にコーディネーションがよくなるという事実を体験したのだと感じました。というのも自分の演奏が，今まで練習してきたどの時よりも，ずっと正確だったからです。　　　　　キャサリン・ハレ（フルート）

第 20 章

楽器の技術

才能とは,コーディネーションを得る能力であると言ってもよいだろう。ほんのわずかであれ,コーディネーションを得る能力を高めることは,よいコーディネーションという目的を満たしていない,どんな厳しい練習量よりも報いられる,ということを言っておきたい[1]。

ハロルド・テイラー

ドラムを叩く

大事なメッセージを以下に挙げたい。あなたの心と身体の使い方は,**あなたの楽器の演奏の仕方である**。それは単に,「あなたの楽器の演奏の仕方に影響を及ぼす」だけではない。著者の考えでは,**あなたの楽器の技術は,あなたの心と身**

---

[1] Harold Taylor, *The Pianist's Talent*, Kahn & Averill, 2002, p.18.

体の使い方であるということを理解することが不可欠である。
　アレクサンダー・テクニークは常に，あなた自身の心と身体の使い方を見ていくものだ。楽器を演奏することの一部は，立っている，あるいは座っていることだ。この本を読みながら，立つことや座ることについて向上させようと意識的に働きかけているとしたら，そのことは今，そしてこれから先，自分がどのように立ったり座ったりするかに影響を与えるだろう。こうしたことはもちろん，今この本を読んでいることから得るものにも影響を与えるだろうし，あなたが楽器に向き合う際の演奏にも影響を与えるだろう。同じことが，どのように目を使ったり，呼吸をしたりしているかにも言える。

- あなたの楽器の技術は，**あなたの心と身体の使い方**である！
- 立つことや座ることを意識的に検討してみよう。それが，楽器の技術を向上させてくれる。

よい「使い方」の喪失

　高齢の人が，どのようにして前かがみになっていき，杖まで倍くらいあるほど腰が曲がってしまうようになるかについて検討してみよう。高齢者がそのような姿になるのは避け難いのだろうか。これには，No！と答えざるを得ない。アルトゥール・ルービンシュタインが80代，90代だった頃の写真を見ると，彼は広がっていて背筋が伸びている。ルービンシュタインの自分の「使い方」は，若い頃からずっとよかったのである。だからルービンシュタインは，若い頃も，人生中盤に差し掛かってからも，卓越した演奏をすることができたのである。そして承知の通り，彼は晩年まで素晴らしい演奏を続けることができた。ルービンシュタインの「使い方」を考えると，彼が90歳でベートーヴェン・ソナタを再録音したことは，驚くべきことではない。
　高齢者が前かがみの状態になるのは，若者が前かがみの状態になるのと同じことである。そうした人たちは，頭が身体の一番上で自由にバランスを取り続けることで，長くなり広くなれるよう，私たち誰もの中に組み込まれている，重力に対する本来の反射反応を失っているのである。この点は非常に大切なので繰り返すと，こうしたバランスを取り続けている状態とは，私たちが必要とする時に選

択できる姿勢のことではない。それは，私たちが絶えずそうあるよう設計されている心身の状態なのである。私たちが今まで生きてきた中でそうした状態を失ったとしても，「建設的意識的コントロール」によって，つまりアレクサンダーの原則を適用することによって，それを取り戻すことができる。

- 反射により促進される支えを身体の中から失ったとしても，取り戻すことができる。

頭を上へ向かわせよう！

私たちは，何をしていようと，長くなってバランスを取り戻すために，頭を上へ向かわせることができる。同様に，何を演奏していようと，上向きに思うことで恩恵を受けることができる。演奏に柔らかさが求められる時，自分自身を小さくしがちな演奏者がいる。それは，楽器をコントロールするのをかえって難しくするものだ。大きな音で演奏することが求められる時，必要以上のいかなる余計な緊張も用いられるべきではない。「必要以上の余計な緊張があるだろうか，あるとしたら，今よりしていることを減らせるだろうか？」と自問してみよう。

- 大きな音で演奏することが求められる時，頭を上へと思ってみよう！
- 柔らかく演奏することが求められる時，頭を上へと思ってみよう！
- あなたが管楽器奏者なら，息を吐く時に脊柱が長くなるようにしてみよう。
- 息を吐き終わる時に自分を引き下げ，下向きに圧縮する傾向がある演奏者がいる。こうしたやり方で上半身を潰して息を絞り出す場合，より力が得られる感じがするかもしれないが，このように身体の設計に反することは，コーディネーションを喪失させることになりがちで，自然に生じる**理想的な音の「支え」が弱まってしまう。**
- 余計な緊張による，コントロールできているという感覚や安心感は，錯覚かもしれない。アレクサンダーは，こうしたことは多くの場合，錯覚であるとみなした。
- 自分の上や後ろ，周りにある空間に向かって自分自身を方向づけよう。

手が背中と繋がりを持つ

　どの楽器においても楽器の技術には，背中との繋がりが関わってくる。背中が設計通りの働きをしていれば，呼吸がよくなるだろう。きちんと働く背中からは，腕も上手く助けてもらうことができる。背中が支えるのを助けてくれると，腕や手の動きもより滑らかで正確なものになるだろう。こうした背中との繋がりを培うのに役立つ練習が，アレクサンダー・テクニークにはいろいろある。「椅子の背に両手を置く」(第14章)，「セミ・スパイン」「応用的セミ・スパイン」(第13章)，「両手を壁につけて」「壁面で回転する」「這い這い」(第16章) などだ。

手が腕を先導する

　私たちは，どのようにして頭が先導し，身体がそれに続くかということを検討してきた。手が先導し，腕がそれに続くということも言うことができる。すると，あなたの楽器が何であれ，手をしかるべき場所にもっていく際，腕は必要とされることだけをすることになるだろう。これは，腕を，その先端にある手と共に適切な場所に置くのとは，まったく異なるものだ。これは，弦楽器のボウイングには貴重な発想である。弓が弦との良好な接触を持てるようにするには，頭を上へ，手を背中から遠くへ向かわせるようにしよう。左手は，左腕を必要な動きへと導いてくれる。こうしたアプローチにより，肘を持ち上げて正しい位置にもっていこうとするコーディネーションの悪いやり方を，避けることができる。

- 頭が先導し，身体がそれに続く。
- 手が先導し，腕がそれに続く。

どのように楽器の方に回転するか

　楽器の中には，演奏の際，身体を移動させるのに警戒を要するものがある。演奏するのに必要な関係性を作るのに，身体の回転をかなり要求する楽器もある。フルートが顕著な例だ。回転が必要な時，親指が適切に統制を取っていると，身

体のより少ない部分を極端にねじるよりむしろ，身体のより大きい部分に回転を押し広げることができる。次のような例を考えてみよう。コントラバスはボディが大きいため，ほとんどの奏者は，第一弦を弾くのに反時計回りに身体をひねる必要がある。立って弾く場合，身体全体が回転に関わることができる。そうすれば，局所的にある部分に負荷がかかることはない。

● 楽器を演奏する際の回転には，身体全体を関与させよう。

鍵盤，ピストン，弦を押し下げる

鍵盤やピストン，あるいは弦を楽器に向かって押し下げるには，やはり感覚によるフィードバックがきわめて重要である。鍵盤やピストン，弦というのは，跳ね返るよう設計されているため，常にそこから何らかの反応がある。通常，バネの抵抗に必要以上の力を加えるのは大変なことではない。鍵盤やピストン，弦を押すという動きをする際，必要以上に強く押すことにメリットがあるかどうかは，真剣に考慮するべきである。

例えば，弦楽器でより明るい音色を出したい時のように，強く押すメリットがあるとしても，それに関わる筋肉の余計な緊張をもたらす，楽なバランスの喪失と比較検討せざるを得ない。楽器の仕組み上，生じるバネの抵抗を感じることや，指が与えられた仕事をした後に楽器が指を押しやるのを可能な限り感じることは，有益なものである。こうした感覚に注意を傾けてみると，不必要な緊張が減って，より楽に弾けるようになり，コーディネーションがよくなるだろう。

● 楽器が指を押しやるのを感じてみよう。

アクセント

アクセントが，コーディネーションの邪魔をすることもある。あなたの頭がアクセントをつけるのに関与するとしたら，「プライマリー・コントロール」があおりを受けるだろう。あなた自身は，強いアクセントをつけたと感じているかもしれないが，それは強いアクセントだったのだろうか？ 頭－首－背中の関係を

損ねた結果，コントロールを失ったのではなかっただろうか？　あくまでも，自分の「プライマリー・コントロール」に配慮しながら，自分の楽器でどのようにアクセントをつけるかについての，技術的な知識を活用することである。

大演奏家はどのように演奏しているか

　言うまでもなく楽器の技術というのは，自分が演奏するものによって決まるだろうが，音楽家にアレクサンダー・テクニークを教えてきた私たちの経験から言うと，アレクサンダーの原則と，何百年にもわたり，さまざまな楽器に関する専門書の中で伝えられ，受け入れられてきた見識との間には，ほぼ矛盾がない。私たちが一見，現職の楽器の教師の言うことと矛盾することを求めているように思われる場合でも，通常はちょっと話し合ってみれば，そうした矛盾は私たちも同意できることで，少し違ったやり方で言い表していただけだとわかるものだ。

　私たち音楽家がそれぞれの考えを分かち合い，互いに合意できる「ベストな練習」へと高めていく時，身体の設計に適った楽器の技術というのは，どの楽器にとっても受け入れられるものになるだろう。素晴らしい「使い方」を持った，非常に才能のある音楽家は，頂上まで登りつめる。そして彼らが専門書を著したりすると，その助言は，よいものである場合が多い。このようなことは，あなたがどのような才能の持ち主であれ，「よい使い方」について理解していると，楽器の良好な技術を確実に培っていきやすくなり，音楽家として，潜在的可能性に最大限，到達することができる，という事実を示している。

アレクサンダーを念頭に置きながら専門書を読んでみよう

　広く認められている人が著した，自分の楽器の演奏に関する専門書を読んでみるのもよい練習になる。「よい使い方」についての知識を，そうした書物の助言を理解するのに生かすようにしよう。すると，書物を読む時間がさらに有益になる。時として助言というのは，あなたが求めていくべき結果やすべきことに関するもので，それをどのようにするかについての説明がない場合がある。そのような場合，自分で実験してみなければならない。アレクサンダーの原則が，「それをどのようにするか」を探求する際，練習するのを導いてくれる。

例えばあなたが，教師の助けを借りずに，程度の差こそあれゼロから，あるアーティキュレーションの方法を見つけ出そうとしていくような場合も同様である。頭が脊柱の一番上で解放されている状態から始め，身体全体が広がっていくようにし，楽器とバランスを取っているならば，往々にして，容易かつ効率的に解決策を見つけていけるだろう。上達が阻まれるのは，頑張りすぎる，あるいは「何かを起こそうと躍起になって，死に物狂いの努力をする」場合である。

実験してみることと間違うこと

自分の「使い方」に気を配りながら，新しい技術的課題や教師から言われたことを実験してみるならば，悪い方向に向かうことはないだろう。間違うことは練習の一部であり，学ぶ過程である。「ミス」をすることや「間違う」ことに対する健全な態度は，ストレスを感じない上達への可能性を広げてくれるものだ。いつも正しくやろうと躍起になっていると，プレッシャーを作り上げてしまい，練習でも自由に実験するのをやめてしまうことになる。

楽器の技術にまつわる身体の地図を作る

楽器の技術について検討する時，動かす部分の「身体の地図を作る」と，非常に役に立つものだ。楽器から音を出すには，身体を動かす必要がある。私たちは，関節で動くよう設計されている。あなたの楽器を弾くのに関わっているのは，どの関節だろうか。身体がどこで，どのように動くよう設計されているかについて，はっきりと**正確**に認識できると，動きが滑らかになり，コーディネーションも頼りになるものになるだろう。例えばあなたの腕の動き方は，すべての関節がどこにあるかに関する，自分に染みついた認識に依存しているのである。

どの楽器奏者にも，腕に関する明確な地図が必要である。胸骨を含めた鎖骨における肩の繋がりについての地図を持っていることは，背中に支えられた滑らかな腕の動きには決定的なことだ。演奏する時，前腕の各骨がどのように動くかについての地図を持っていることも，非常に重要である。前腕にある二つの骨のうちの一つ（親指側にある橈骨）が手と繋がっていることを知っていると，そのことが楽器の技術を高めてくれるだろう。多くの楽器において，手（手首の骨と指）

についての解剖学的なことに関する地図を持っていると，より楽に演奏できる。

　演奏中に呼吸しようとする時，各肋骨の両端にある関節を「ボディ・マッピング」しておくことは，どの楽器であっても大切なことだ。

　あなたが楽器を演奏している時，両脚は使っていないと思っているなら，考え直してみよう。あなたが立っているにしろ，座っているにしろ，脚は上半身を支えるのに貢献している。股関節と坐骨がどこにあるかや，膝，足首，足がどこにあるかがはっきりわかっていると，コーディネーションの整ったまとまりとして，全身を使って演奏することができるようになっていくだろう（「ボディ・マッピング」についての詳細は，第9章を参照）。

各楽器に特有の問題

　私たち音楽家はみな，演奏の際，独自の心と身体の使い方をしているだろう。あなたに固有の「使い方」のパターンについて助言してもらうために，アレクサンダーの個人レッスンを受けてみると，非常に役に立つ。

　王立音楽大学での経験から，著者は，特定の楽器に生じがちな特有の傾向に気づくようになった。そうした傾向はもちろん，普遍的なものではないとはいえ，あなたもそうした「使い方」のパターンを共有しているかどうか確認するために，自分の楽器に生じがちなことに関し，私たちが観察してきたことに目を向けてみる価値はあるだろう。私たちは，あらゆる楽器の演奏の仕方を知っているとは思っていないが，「アレクサンダーの目」で学生たちの「使い方」のパターンを観察し，アレクサンダーの原則を演奏にどう適用するかを伝えることにより，あらゆる楽器の学生たちを助けて成果を上げてきた。演奏時や単に楽器を手にしているだけの時であっても，よくないパターンを特定すれば，その演奏者が問題を認識できるよう助け，変わるための道具を差し出すことができるものだ。

ヴァイオリン・ヴィオラ

　典型的なパターンは，左肩を持ち上げ，顎を締め，頭を顎当ての方に引っ張り下げることである。頭が脊柱の一番上で解放されているとは限らない。往々にして，体重が右足よりも左足に多くかかっており，骨盤は前寄りにある。また，左肘を固め，楽器の下で必要以上に前へ押し出していることが多い。楽譜を見ずに

演奏している場合，視線を左手に固定していることも多い。

チェロ

　チェロ奏者は，股関節のところで後方に傾き，そして楽器の上方で頭を前へ置いたまま，楽器の胴の周りを自分の胸部で包み込んでいる場合が多い。この時の頭は往々にして，脊柱との関係において後ろへ下へ引っ張られているものだ（アレクサンダーがもともと持っていた習慣）。このような傾向は通常，ハイポジションを弾く時，顕著になる。ほぼすべてのチェロ奏者が，首がC線のペグに場所を空けておけるよう，頭を楽器から離して右側にもっていく。左肩が上がっていることも多い。体重は往々にして，左よりも右の坐骨により多くかかっている。親指が解放されていない場合も多い。

コントラバス

　コントラバス奏者には，座って演奏している場合，（前述した）チェロ奏者と似たようなパターンがみられる。立っている場合，奏者の体重は往々にして，右足により多くかかっている。大抵，左肩が上がり，後ろへ引っ張られている。そして右肩は下に引っ張られている。座っている時は，ローポジションを弾く時，腰を曲げるのがよくみられる。右の親指が弓に対して，固く，緊張しすぎている（あるいは後ろに曲げられている）ことが多い。

オーボエ・クラリネット・リコーダー（および，これらに類似する楽器）

　立って演奏している場合，骨盤が足首，環椎後頭関節に比して前方に突き出され，背中が狭められ，呼吸が制限されていることが多い。頭が（脊柱との関係において）後ろへ引っ張られ，息を吸う時，声帯が部分的に閉じている場合もある（このような場合，息を吸う音が聞こえる）。往々にして，頭が空間的に楽器の方へ前傾し，頬には過度な緊張がある。肩が上がり，前方へ引っ張られている場合がよくみられる。立って演奏している場合は脚をぴんと張り，座って演奏している場合はお尻を固くしているのもよくあることだ。

フルート

　ほぼ全員に共通するパターンは，水平よりも低く楽器をかまえ，首を右に曲げ

ることによって，頭を維持するための埋め合わせをすることである．こうすることで，口が音を出すのに最も効率のよい角度でリッププレートにあたるからだ．これは，脊柱側弯症（脊柱における横方向への歪み）を仕込むことになり，呼吸を制限してしまう．楽器に息を吹き入れる時，（フルートに固有の）楽器からの抵抗が足りないと，楽器をもっと鳴らせるよう，頭を前へ動かす傾向を生じさせるようだ．右肩を後ろへ引っ張り，両手と背中の繋がりを弱めてしまっている人もいる．また，左肩を上げ，前へ押し出している人もいる．理想的なのは，両肩が背中とのしっかりとした繋がりを保ちながら，座って演奏している場合には上半身全体が，立って演奏している場合には身体全体が，回転する動きをすることだ．体重は大抵，座っている場合は右の坐骨に，立っている場合は右足に，より多くかかっている．手首は左右ともにそれぞれ，肘から離れすぎたところに置かれることにより，緊張があることも多い．

ファゴット

　ファゴットは非常に重い楽器である．首にかけるストラップを使用している場合，避け難い難題は，頭が空間的に前へ下へ引っ張られることである．この時の頭は，リードに到達するために，脊柱との関係において後ろに引っ張られている．バランスの取れたハーネスならば，そうした難題を軽減してくれるだろう．シートストラップは，人気のある選択のようだ．シートストラップを使用する場合に大切なことは，前方への動きは股関節から生じるというのをわかっていることだ．ストラップが椅子の上で動かないようにするために，骨盤が固定された状態に置かれていることもある．金属のストッパーを使用して座るのは，身体から楽器の重さをかなり取り除いてくれるが，ストッパーは，頭が空間的に前あるいは下へ引っ張られずに，リードに届くよう十分な長さがなければならない．言うまでもなく，こうした備品が奏者に適していることが不可欠である．奏者自身の「使い方」が可能な限りよくなっていると，スパイクやフックが上手く調整できるだろう．ファゴット奏者の多くは，右肩を後ろに引っ張り，背中の支えから手と腕を切り離してしまっている．奏者の手にかかる楽器の重さは，ファゴット奏者にとって楽さやコーディネーションに影響を与えるものだ．それゆえ，この重さを減らすよう調整するのは有益なことである．

金管楽器奏者

どの金管楽器の奏者も，楽器を口にもっていくのが理想的であるにもかかわらず，空間的に頭を前に動かすことによって，マウスピースに到達しようとしがちである。バランスの取れた状態で座っていることや立っていることを学ぶと，そしてそのバランスの中には楽器も含まれていると，そのような問題を解決するよい手がかりになるだろう。

トランペット

立って演奏する際によくみられる傾向は，骨盤を前に突き出し，楽器の下の方で脚を曲げ，その上で，両腕を特定の位置に固定することだ。どちらのパターンも，呼吸を制限してしまう。トランペット奏者は，バルブの上で指を強張らせていることが頻繁にある。

トロンボーン

トロンボーン奏者はしばしば，マウスピースに到達するために頭を前へ動かす。左の手と腕は，特定の位置で固定されるようになる。スライドが前に移動する際，頭と右腕，右肩が下に引っ張られる。右肩が解放されていないことがよくあり，するとスライドの自由な動きを制限してしまう。

ホルン

ホルンもやはり重い楽器である。ホルン奏者は右肩を後ろに引っ張り，背中の筋肉との繋がりや，この筋肉からの支えを失っていることがよくある。こうしたこともやはり背中を狭めるので，呼吸を制限してしまう。息を吸う際，頭が後ろに引っ張られることもある。息を吸う際，胸部を持ち上げているかどうか注意してみるとよいだろう。楽器の下側に，自分の右脚に乗せて使用する支えを置く奏者もいる。これにより，上半身にかかる楽器の重さの負荷を減らすことができる。

チューバ

チューバ奏者はさまざまだが，多くは，自分自身を楽器の方へ引っ張り下げている。チューバは，マウスピースを口にもっていくのに必要なパッドの類を用い

つつ，椅子，奏者自身の両脚，あるいはスタンドによって支えられるのが一番だ。楽器の重さの問題は，上半身を長く垂直に保つことにより，最小限にすることができる。チューバは，上半身同様，楽器も垂直に持てるよう，管を調整してもらうことで，奏者に適したものにできる。

ハープ

ハープ奏者は，チェロ奏者同様，お尻の辺りで後ろに傾き，頭が楽器の上方，つまり前に来る傾向がある。両脚にかなりの緊張があり，股関節，膝，足首は動きが制限されていることが多い。指を緩めることができる場合でも，往々にして，手の形が緊張したままになっている。右肩が後ろに引っ張られ，背中から自然に得られる支えとの繋がりを失っている。必要に応じて身体全体を螺旋状に回転させると，心地よさやよいコーディネーションをさらに高めることができる。

ピアノ

多くのピアニストが，頭を鍵盤の方に引っ張っている。足首の関節が解放されておらず，実際には坐骨の上でバランスを取っていない奏者が多い。手には往々にして，必要以上の緊張がある。コーディネーションのよくない位置に肘を保っていると，前腕の動きを制限することになりうる。著者は，手が，親指の外側ではなく，小指の内側へ方向づけられるよう探っていく。このことで，前腕の使い方，さらにはコーディネーションがよくなっていくものだ。

オルガン

オルガン奏者には，足を床に降ろしていることができないという難問がある。そのため，しばらくの間，それぞれのペダルの音を弾く場合を除き，上半身を支えるという仕事を脚が分担することができない。往々にして奏者は，体重を足から取り除くために，お尻から後ろに傾き，その結果，頭を下に引っ張り，腰椎および頸椎のカーブを逆にし，胸郭のカーブを際立たせる羽目になる。脚は，すべての関節で解放されている必要があり，全身は，手と足とで演奏されていくものに応じて，絶えず変化するバランスを取るという難しい行為を行っていかなければならない。オルガン奏者は，ほかの人たちにもあてはまることだが，脊柱が長くなって背中が広くなっている時，よりよいコーディネーションを得ることがで

きる。

ギター

　ギターは，さまざまな方法で演奏される。ギターは，首にぶら下げられることもあれば，直接あるいは器具を使って，一方の足を上に上げ，他方の足は下ろした状態で，脚の上に置かれることもある。足台に足を乗せる場合，体重を右の坐骨に投げ出すことになりがちだが，股関節にしかるべき自由があれば，おおよそバランスを取って体重を両方の坐骨にかけておくことができるものだ。ギター奏者は，左手を凝視する傾向があるが，できるだけ視線を集中させないようにするとよい。上半身が，楽器のボディの周りをくるんでしまっていることも多い。

歌　手

　歌手は，胸部を持ち上げ，腰の筋肉を固くして，理想的な呼吸の動きを制限してしまっていることが多い。また，自分の体重を，聴衆に向かって前へ投げ出してしまい，地に足が着いていない場合もある。口を開けつつ，息を吸う時に声帯を部分的に閉じるため，頭を後ろに引っ張ることがあるかもしれない。視線をホールの後ろの一点に固定しているのも，よくあることだ。

　エリザベス・ラングフォードは，著書 "*Mind and Muscle and Music*" の中で，音楽家に特有の諸問題について詳細に観察している。その中には，楽器，声楽，指揮に共通する章がある[*2]。

　著者が行っている王立音楽大学の学生とのワークの大部分は，彼らの「使い方」を見ていくものだ。学生がバランスを失っている場合，演奏の技術の中でも重要なこの要素に，彼らが注意をもっていけるよう手伝っていくのである。ある音楽家が，どんな仕方であれ，自分の動きを制限していることが見て取れる場合，よくないパターンであるならば変化させ，日常生活においても使えるようにするために，彼らが適切な「方向づけ」を組み立てられるよう手伝っていく。習慣が弱まっていくにつれ，ワークはより洗練されたものになっていき，よくないパターンがなくなると，その音楽家自身の「使い方」について，さまざまな要素に働きかけをすることができる。

[*2]　Elizabeth Langford, *Mind and Muscle and Music*, Alexandertechniek Centrum vzw, Leuven, 2008.

どの楽器もバランスを取った状態で演奏することができるし，バランスが失われているとしても，それを回復することができると著者は確信している。どの楽器の奏者であれ，快適に演奏することができるものだ。音楽家が，必要に応じて変化するあらゆる緊張を用い，余計な緊張がないならば，演奏するという行為はコーディネーションの整ったものになるし，音楽家自身も快適さを必ずや感じられるものだ。正確な「ボディ・マップ」を持った学生というのは，それを持たない学生より効率よく動いている。楽に演奏できる技術を持った学生は，流暢に自分自身を表現することができる。通例，素晴らしい「使い方」を持つ音楽家は，プレッシャーを感じたとしても，自分の楽器の技術を信頼できるため，上手に演奏できるのである。

学生のコメント

　長くなって，幅が広くなり，広がりを得ること。それがキーワードです。練習中，私は縮こまっていく傾向があります。両腕を閉め，頭を下へ曲げることによって，自分のヴァイオリンの周りの空間を閉ざす傾向があるのです。こうしたことは，あらゆることの弊害になります。「プライマリー・コントロール」が影響を受けると，音は豊かでなくなり，自分の態度全体が，エネルギーが落ちて引っ込みがちになります。そうではなく，首を解放し，背中を広くし，脊柱を長くするべきなのです。そうなると，喉や神経叢が解放され，呼吸も広がるでしょう！　原則を書き出し，ヴァイオリンを弾く時にもそれを適用してみたので，今や原則はいつも使えるものになっています。
　　　　　　　　　　　　　アンヌ＝キャトリーヌ・ベルー（ヴァイオリン）

　自然な位置でオーボエを持っている状態で，頭が脊柱の一番上でバランスを取っていると，ピッチが楽器を通してより安定し，実際，息を吹き入れるのもより楽だった。音もより響くようになり，豊かになった。このことは，アーティキュレーションについても言える。頭が後方の位置に引っ張られたり押しやられたりすると，口腔が変形し，喉から口への通路が制限され，とりわけ速いパッセージでは，舌が適切にアーティキュレーションするのを妨げることになる。　レベッカ・キャス（オーボエ）

第21章

よい練習とは

間違ったことをやめれば、正しいことは自然に起こる。

F. M. アレクサンダー

バランスを保っているフェリシティ。よい練習のための準備ができている

練習というのは、楽器を学ぶことの中でも難題の一つである。私たち音楽家がほぼ確実に同意するであろう練習の特質には、次のようなものがある。

- 練習は、効率的であるべきだ（それが意味するものが何であっても）。

- 練習は，何かをよくするべきものだ。
- 私たちは，今後の自分の「使い方」のために何を変えたのか，わかっているべきだ。
- 私たちは，練習中も練習後も，身体的に心地よくあるべきだ。
- 私たちは，行ったことについて，満足感を得るべきだ。

次に挙げるのは，「アレクサンダーの」アプローチの一部として練習に取り入れると，非常に有益な事柄である。

- 演奏するという行為と分析とのバランスを取って，練習を明確に組み立てること。分析したり構想を練ったりする時は，セミ・スパイン（第13章参照）を用いてもよいだろう。
- 練習中，心身一体的な気づきを保つこと。
- 絶えず「プライマリー・コントロール」（第5章参照）および全体としての身体のバランスを取り続けること。
- 演奏している時，明確で正確な「ボディ・マップ」（第9章参照）を持つこと。
- 効率がよく，解放された呼吸（第10章参照）。
- 視覚系のよい「使い方」（第12章参照）。
- 細部に対する注意と俯瞰的な全体像を保つことの間の，バランスを意識していること。
- 自分は，今ここにいることを選択できるというのをわかっていること。

どのくらい練習するべきか

　素晴らしい音楽家になりたいならば，計り知れないほど多くの練習が必要だろう。とはいえ，一度にあまり長時間の練習をしないのは，よいことである。
　人は聡明な生き物であるゆえ，限られた時間で非常に効率的に練習することができるものだ。私の音楽人生の一部をお伝えしておこう。以下の話は，私が10代後半から20代前半だった頃，自分の知性を使っていなかったことを示すものだ。

何時間？：著者ピーターの実話

　私には，練習時間を記録し，自分自身に非常に満足していた頃がある。自分が何時間も，時間の感覚を失って練習したことを，友人にも誇らしげに話していたと思う。自分がやっている時間の計算に対して，「自分は何を学び，得たか？」という疑問を投げかけたことがなかったと，今ではわかっている。あらゆるところが痛くなるまで，コントラバスを練習していた。指は出血し，視力は頼りなくなっていった。身体が自分に「やめてくれ！」と叫ぶまで，マッチョな練習に非常に打ち込んでいるのだと思っていた。そして実際，身体はやめたのだ。私は，痛みが減ってベッドから出られるようになるまで，回復を待たなければならず，自分の心と身体に，さらなる代償を負わせなければならなかったのである。

20分間，素晴らしい演奏をする

　アレクサンダー・テクニークを学ぶことを通して得た洞察力を用いることで，私は，自分の練習のパターンを劇的に変化させた。自分の絶対的にベストなレベルで練習することができるのはどのくらいか，実験してきた。そして，20分というのがほぼ限界であることがわかった。それ以上は，よい練習にはなっても，素晴らしい練習ではない。それゆえ私は，20分後には演奏するのをやめ，セミ・スパインの体勢で横になりながら練習を続けることにしている。この20分間の自分の練習がどのように行われたか，振り返ってみるのである。重力の十分な影響を感じるための時間とアレクサンダーの「方向性」を，自分自身に与える。そして，次の20分間，演奏する間に得ようとしていることについて，詳細な構想を練る。次に練習する必要があるものが何であれ，例えば楽器の技術を変化させるにしろ，あるパッセージを暗譜するにしろ，オーケストラあるいはソロの曲目のうちのある部分を性格づけるにしろ，私には非常に明確な意図がある。そうした意図をより明確にするために，変化は単純なものにしたいと思っている。また，全体像を見直すことも大事にしている。自分の意図を見直すために，例えば次のような建設的な質問を自分に向けてみる。何を得ようとしているのか。次のコンサートはいつだったか。自分の技術や解釈の弱点はどこか。自分自身，最大限，

楽しんでいるだろうか，など。

自分の練習を組み立てる

　前段落で説明した練習の組み立て方は，1年目にあたる，アレクサンダー・テクニークの入門講座において，王立音楽大学の学生全員に提案されているものである。これについては，本当に多くの学生から，非常に肯定的な反応を受け取ってきた。学生の中には，こうしたアイディアを試してみる踏ん切りがつかない人もいる。なぜなら彼らは，せっかくの「練習時間」がある時に，演奏するのをやめる心構えになっていないからである。このような学生の中には，1年か2年経って，痛みを取り除きたいという意図からアレクサンダーのレッスンを依頼しようと，またやって来る人もいる。すると今度は，彼らもこうしたアイディアを試し，それが自分の痛みの解決策の一部だと理解するのである。彼らはまた，練習中に演奏する時間が減ると，より上手くなることにびっくりする。

例外はあるのか

　並外れた「使い方」を持った，ごくわずかの音楽家なら，30分間，集中して素晴らしい練習をし，5分間，演奏をやめて休みを取るということができるかもしれない。だが，そうした人は異例である。何時間もの非効率的で有害な練習が，世界中の音楽学校の練習室で行われている。そうした時間は，基本的な組み立てを変更し，「セミ・スパイン」を含めることにより，容易に生産的な練習へと変容させていけるだろう。

脱水気味になっていないか

　誰もが，十分な水分補給の必要性を理解している。人の体内には大量の水分がある。私たちは毎日，約2.5リットルの水を飲み物や食べ物から取る必要がある。脳は，メッセージを中枢神経系へ送ったり，あるいは中枢神経系から受け取ったりし続けるために，大量の水を必要とする。練習室に水を持ち込み，練習の間，定期的に飲むようにするのはよい習慣である。

呼吸し続けよう

あなたのいる練習室に窓があるなら，開けるようにしよう！ 酸素は脳にとっての食糧である。酸素は，あなたが冴えた，生産的な状態でいられるようにしてくれるものだ。息苦しい部屋では，よい練習をするのはほぼ不可能である。上手に練習したり演奏したりするには，よい呼吸をする必要がある。著者が気づいたことは，解放された呼吸をしていない音楽家は，テンポを意識するのに苦労しているように見えることだ。よって，テンポを一貫して保つことがあなたにとっての問題である場合は，呼吸をチェックしてみよう。呼吸を止めることのある弦楽器奏者は，往々にしてポジション移動に問題があるものだ。そうした奏者は，大きな移動の直前で，呼吸を一時的に止めることがある（呼吸を止めるのは，不安や疑いの表れであることが多い）。私たちは，自分の（通常は潜在意識の）反射による呼吸を意識的にチェックしてみる必要がある。細部に集中している時や，複雑な難しいパッセージを演奏している時にも，呼吸が楽に淀みなく行われているか注意してみることだ。自分の演奏を録音，録画してみると，呼吸が妨げられているかに気づきやすくなるだろう。自分が演奏しているのを鏡で見てみて，目，鼻，口の周辺が引きつっている顔を目にしたとしたら，おそらく呼吸に解放感を失っていることだろう。酸素が足りないと，筋肉が精緻に働かなくなる。

練習するのを中断して少し歩いてみると，血液中に酸素が増えていく感じに気づけることが多い。こうすることで状況がよくなるとしたら，それは，冴えた状態を維持できるほどには，呼吸が解放されていなかったことを暗示している。そうした状態にあると，素晴らしい練習ができ，練習することを楽しめるのである（詳細は第10章「呼吸」を参照）。

- 練習の合間に随時，ちょっと歩いてみよう。
- 自分の呼吸をチェックしてみよう。

視覚にも配慮しよう

優れた音楽家は，一緒に演奏している同僚や楽譜や聴衆を，柔軟性のある目で

見ているものである。視線を集中しすぎると，大事な合図に対する気づきを遮断してしまうばかりか，自分のコーディネーションをも損ねることになる。あまりよく知らない楽曲を練習している時は，極度に視線を集中させて楽譜のページ上で動かないようにすると，上手く演奏できる可能性が高まるかのように，楽譜を凝視してしまいやすい。実際には，たとえ初見であっても，視線を楽譜に固定していると，上手く演奏できる可能性は減る。著者が王立音楽大学で見ていると，楽譜に釘づけになっていない学生というのは大抵の場合，より淀みなく読譜し演奏するものだ。先を見ていく方法は，自分の目の使い方を考慮しながら練習するとよい。いかに素早くページ上の情報を吸収できるかに気づくだろう。

　　自分の目の使い方に気がつくようになり，ピアノの前で演奏という作業をしている時，「パノラマ視」を保つようにしたら，曲を学ぶスピードが明らかに変わったのに気づくようになった。
　　　　　　　　　　　　　　　　　　　　　　　ニック・マッカーシー（ピアノ）

　練習という状況下で，自分の目の使い方を解放する自信が十分持てるよう訓練した場合でも，コンサートで同じことをするのはリスクが高すぎると感じるかもしれない。そう感じるのは，旧来の恐怖感に戻っているのである。コンサートの場で楽譜から「離れる」時，非常に重要な突破口が開けるものだ。**コーディネーションが肝要であるということを忘れないでいよう**（視覚に関する詳細は第12章を参照）。

- 楽譜上の自分の位置を見失うことにまつわる恐怖感を手放そう。

頭の中のお喋り

　あなたは時折，意識がうろうろしていることに気づいたことがあるだろうか。練習中，自分の注意をほかのことに向けようとして随時コメントをする声が，頭の中にあるかどうかに気づくのは，よいことである。頭の中の声というのは，否定的な指摘をすることが多い。「昨日はひどかったじゃないか」とか，「あまりよくなかった」とか，「この箇所は上手く弾けていない」といった具合である。こ

うしたコメントの類は，あなたの感情の状態によくない影響を及ぼす。そうしたコメントを無視しようとしても，無視しようとするその努力がかえって，リラックスしつつも集中した状態にある落ち着きや自信よりも，動揺を感じさせることになるのがわかるだろう。

頭の中の声に気づいたら，自分の練習を妨害する習慣として，それを受け入れるようにしてみよう。頭の中のお喋りに対処する方法の一つは，そうしたお喋りを，後日行われることになっている「まだ終わっていない用事」とみなし，今のところは自分の考えることを現在に引き戻す，というものである。そうした思考のことを，通り過ぎていく一台のバスのように捉える人もいる。そのバスに飛び乗る必要はないのである。根本的なことは，今，あなたがしていることに，真の意味でいることを選択することだ！

- 自分の注意を今起こっていることに向けるようにしよう。

思い出すことを思い出すために

感覚的な気づきに戻るための練習を上手く助けてくれるのは，楽譜に小さな赤い点を書き加えておくことである。赤い点の場所まで来ると，点が，自分の注意の範囲を広げ，視線を上げ，呼吸をし，バランスを取ることを思い出させてくれるというものだ。このような記憶を呼び起こす装置は，「只中にある」よう思い出させてくれるため，有益なものである。

特定の技術的なことを練習に適用する

楽器の持ち方を変える場合

例えばあなたが，今までとは異なる角度で楽器を持つことに決めたとしよう。自分の教師や同僚から受けてきた助言に集中し，手や腕の位置，あるいは自分に対しての楽器の角度を変化させることがすべてだと考えるのは，非常によくあることだ。だが，アレクサンダーの見地から見れば，このような場合には全体像を考慮するだろう。つまり，自分の「プライマリー・コントロール」の質や（楽器

を含めた）全体としてのバランスを考慮するのである。楽器を持つのに関わっているさまざまな関節の「ボディ・マップ」を作ることができると，自分が変化させたい場所を自由に動かしやすくなるだろう。身体の位置や動きについて自分が感じていることは間違っているかもしれない，というのを念頭に置きつつ（「誤った感覚認識」），身体が今ある場所や，身体がしていることを感じることに，注意を向けてみることもできる。自分がしていると思うことを実際にしているかどうか，鏡で見ることで確認することもできるだろう。楽器との新しい配置についての発想が，楽器とのバランスを取り続ける状態というよりむしろ，固定的な位置のことだったと気づくかもしれない。

　こうした変化についての発想に対する自分の感情の反応に気づいたり，また，できるだけ早急に変化させようとしているか，それともなるべく早く上手くいくよう自分にプレッシャーをかけたりせずにプロセスに従事しているか，に気づいたりするのも，有益なことである。なぜこのような変化を起こそうとしているのか，また，こうしたことに取り組んでいる時に何を感じているのかについて，十分に検討し直してみるのもよいだろう。

抑　　制（インヒビション）

　あなたと楽器の関係性は，何カ月あるいは何年もかけて培い，たたき込んだものだろう。それゆえこうした関係性は，習慣的で，大抵，潜在意識的なものになりやすい。あなたが自分の楽器を手に取る仕方を，たとえいつもと違った仕方でしようとしても，習慣が働きたがる。習慣はまた，あなたが起こしているあらゆる変化の認識にも影響を及ぼしている。なぜなら私たちは，旧来のパターンと比較することで，新しいパターンを知覚するからだ。あなたにとって，旧来の慣れ親しんだ感覚というのは，旧来の楽器の持ち方に関することの中でも強力な要素であるだろう。そうした感覚により，あなたがたとえ旧来の持ち方を変えようと決めたとしても，旧来の持ち方を「正しい」と感じるかもしれない。逆に，いつもとは違ったように感じることを意識的に期待したり意図したりすると，新しい仕方へ変化させやすくなるだろう。旧来の仕方で楽器を持つのをやめるという明確な意図を持つと，新しい技術への変化を加速させることができる。こうしたことは「抑制（インヒビション）」の一例である。この発想は，単に楽器を違った仕方で持とうと思

うこととは異なる。「抑制(インヒビション)」は，新しい設計図に取り組む前に，旧来の仕方を帳消しにするものである。

手段とその過程(ミーンズ・ウェアバイ)

いかなる問題も，それを作り上げた時と同じ意識によって解決することはできない。

アルバート・アインシュタイン

働きかけが上手くいっているなら，特定の期待を持たずに，新しい仕方で楽器を持ち演奏するという体験への好奇心に溢れていることだろう。次のような建設的な問いかけをしてみると，変化がどのように起こっているか見直してみることができる。

- 自分の野心を好奇心と入れ替えることができるだろうか？
- なぜこのような変化を起こしているのだろうか？
- 構想を練った通りに行っているだろうか？
- バランスを取っているだろうか？
- きちんと呼吸し，自分の周りにある部屋の中が見えているだろうか？

新しい仕方への潜在的可能性を感じてみたい，という好奇心が肝要だ。「このやり方はヘンだし，間違っている感じがする」と思うことがあるかもしれない。自分が旧来のパターンとは異なったことをしているというのを感じているからだ。こうしたことは，あなたが何かを変化させていることの証左であるので，こうした「ヘンな感じ」は前向きに捉えることができる。こうした新しい仕方で行うことに慣れていくにつれ，大抵の場合，新鮮さを楽しんだり，新しい感覚を面白く感じたりしながら，変化を受け入れていけるようになる。

解放されてバランスを取り続けることができていると，局所的な変化が全身に影響を与えていくだろう。小さな部分の調整が全身に波及するようにしておくことが大切である。そうなると変化が，私たちのコーディネーションをよくする，

反射によるバランスを取り続ける仕組みを通して，統合されていくことになる。

　演奏すればするほど，私たちは身体の地図（第9章参照）を，楽器まで含めたものに拡大していく。そして，楽器が自分の身体の一部であるかのようにその動きを感じるようになっていく。このようなことは，自分と楽器が触れることに端を発するわけだが，さらに自分が演奏している間に，楽器がどのように振動しているかについての感度を高めていくこともできる。自分の楽器の動きのパターンというのは，弓の動きであれ，バルブや鍵盤までの道筋であれ，リードの振動であれ，楽器本体であれ，私たち自身の神経が知覚するものに含まれる。楽器の位置や動き，振動へのこうした「チューニング」が自分にとって最もよい方法でなされると，私たちは例外なく，心身ともに最小限の緊張やストレスだけで済むことができるものだ。どのような活動においても，最小限の緊張のみ伴った，軽やかで方向づけられた動きこそ，私たちが求めているものである。

反　　復

　反復の中に技術がある限り，反復は技術の源である[1]。

　無意味な反復は有害であり，最も避けなければならないことである。とはいえ反復というのは重要な手段である。私たちは，楽譜の中のある動作やパッセージを繰り返す時，次に行う時はより滑らかになるよう再試行する。こうして技術は，より速く効率的になるべく，より自動的かつ潜在意識による領域に入っていく。危険なのは，技術というのは深まれば深まるほど，変化させにくくなりうることだ。音楽家として私たちは，アンサンブルの状況下で自分のパートを演奏できるという自信を持っている必要があるが，自分が学んだことを，大抵はほんのわずかに，だが時には著しく，一瞬で変えるような柔軟性も持っていなければならない。練習の際，技術的要素にしろ音楽的要素にしろ，反復する場合は心身ともに，可能なヴァリエーションへの感じ方を広げておくと，柔軟に高めていくことができるだろう。複数の言語において「反復」という言葉は，「リハーサル」という意味で用いられる。何かを「聞き直すこと」というのもまた，反復を意味するが，

---

[1] Paul, Chek, Scientific Back Training Correspondence Course, Vista CA 1993.

見直しをすることができる可能性を示唆するものだろう。

楽器を持たずに練習する

　楽器から離れて練習するのは，非常にためになりうることだ。もちろん，頭の中で練習するのに，移動の時間を活用することもできるだろう。こうした時，アレクサンダーのレッスンで行ったり，この本の中で発見したりしたアレクサンダー関連のことを含めるようにすると，「頭の中での練習」がより効果的になる。とりわけ移動の時間というのは，曲全体やプログラム全体を通して演奏するのを考えるのに適している。あなたが暗譜で演奏しようとしている場合には，特にそうである。楽譜なしで曲全体を通して頭の中で演奏するのが上手くいくなら，それを暗譜で演奏する準備ができていることだろう。実際に楽器で曲を通して演奏するのを想像してみると，今，現実に縮めていて，実際に演奏する時に長くする筋肉を活性化させることができる。曲を通すのを考える際，自分の内部の動きや楽器の動きが感じられるのはよいことである。頭の中で演奏する際，変化し続ける感覚に注意を向けることによって，できるだけ感覚的体験が鮮明になるようにしよう。迫っているコンサートのためのプログラムの場合は，自分の演奏だけでなく，舞台や一緒に演奏する同僚や聴衆も，できるだけ鮮明に想像してみよう。

　練習で，ある箇所に悪戦苦闘している場合には，演奏するのを中断し，そのパッセージを上手く演奏しているのを想像してみよう。その箇所を通して考えることによって，頭の中が明晰になり，コーディネーションが改善する。頭の中で演奏するのに使われるのとまさに同じ思考こそ，実際に演奏する際にも必要なものである。頭の中で演奏する際の利点は，頭の中で展開しようとしている間には，実際に楽器を演奏する時のような気を散らせる刺激がないことだ。あるパッセージを通して考えることができない，あるいは自分がそれを簡単に演奏するのを想像することができない場合には，実際に演奏できる見込みはほぼない。私たちは，あるパッセージを通して演奏できるようになるまで，何度もそれを繰り返すことにのめり込みかねないが，頭の明晰さが欠けていると，そしてそのような場合が多いものだが，頭の中での練習が，解決策を見出すことへの一歩を踏むための「手段とその過程」になりうるものだ。

「練習相手」を見つける

　「練習相手」の友人がいる前で練習するのは，非常に効果的なことである。互いに調整し合って上達していくことができるし，互いに支え合うことがいかに素晴らしいことかもわかるだろう。自分との時間を分かち合っている友人への責任感が生じるため，集中もしやすくなる。互いに影響し合うことは通常，ほぼあらゆる活動にとって非常に有益なものだが，誰かと一緒に演奏する際には，このことは言うまでもなく重要なことである。あなたは，自分の意図を練習相手と分かち合うことができる。あなたが自分で思っていた以上に，そうした意図に固執しているかどうかにも，彼らは当然，気づくだろう。数多くのよくないパターンを招いている「誤った感覚認識」の問題は，友人からの客観的観察を生かすことで対処できるかもしれない。こうしたことを活用するのに，練習の場が長時間である必要はない。自分が聴き役である場合，友人に建設的な質問をしてみると，直接的な助言をするよりも生産的になることが多い。例えば，「高音域のパッセージを演奏していた時，呼吸には何が生じていたのかな？」といった具合である。そうした質問に答えてみると，気づきを高めたり，自分がしていることを知覚する精度を向上させたりするのに役立つ。できれば多少のユーモアを交えた，客観的な立場からのサポート以上に，一緒に練習する場の雰囲気をよくするものはない。

ビデオカメラを用いる

　練習を録画するのにビデオカメラを用いるのは，非常に有益である。録音を聞き直したり，自分がしていたことを観察してみるのも練習になるものだ。このようにして自分が自分の教師になることができる。自分では上手く演奏できなかったと感じたパッセージが，実際には上手くいっていたことに驚く場合も多い。反対に，その時には上手くいったと感じたり，上手く弾けたように聞こえたパッセージが，不明瞭だったり音程やリズムが狂っていたかもしれない。たいていの人はビデオカメラを利用できるだろうし，中には携帯電話にそうした機能がついている人もいるだろう。ビデオカメラを練習に取り入れると，貴重な情報源になる。鏡と違ってビデオカメラの場合，映像を順を追って見ていくことができる。自分

がしていたことを聞いたり観察したりするために，パッセージを何度でも再生することができる。そうすることで，私たちはより客観的になれるのである。こうして再び演奏する際には，自分がしたことを観察したり聞いたりした経験が，意識的であれ，多かれ少なかれ潜在意識下であれ，次はどのように演奏すればいいかを教えてくれる。著者の友人のコントラバス奏者には，指の感覚の鋭敏さを保つため，弾くのは最小限にしたいと言っていた人がいる。彼は，自分の練習をすべて録画し，もう一度弾く前に何度かそれを観察していた。その成果は素晴らしいものだった。自分の身体の使い方は，画面上に現れているものだ。私たちは，「使い方は機能に影響する」のを，自分の演奏の中に聞きつけることだろう！

どのように聞こえるかを感じてみよう

演奏しながら同時に聞いている時，聴覚以外の感覚から得られる情報，例えば触覚，重さの感覚，押す感覚，バランス，動きといったものも感じていられると有益である。こうした感覚的反応は，非常に多くの情報をもたらしてくれるものだ。「自分の演奏がこのように聞こえる時は，身体がこう感じているんだ！」といったようなことである。感じることというのは，音よりも直接的なものである。私たちは，自分が何をしているかを感じ取ることができるし，また音を生み出す前や生み出している最中には，どのように弾いていくつもりかも感じ取ることができる。あなたがもし，音が聞こえるのを待っているとすれば，自分が演奏したものを変えるのには遅すぎる。この点を明確にすると，あなたが短い音を出し，その音が合っているかどうか聞こうとするならば，それでは遅すぎるということである。自分がしていることや，自分が楽器に触れたり動かしたりする時の楽器の反応の仕方について，感覚から得られる情報の質が高まっていくと，出そうとしている音をより適切に出しやすくなる。こうしたことはアタックや共鳴などにも言えることだ。したがって，精緻な感覚的知覚，とりわけ筋感覚に生き生きとした注意を向けることは，よい練習に必要な特質である。

心と身体は一体として機能する

前述したことは，アレクサンダーの「心身は一体である」という発想を思い出

させる。心と身体は，私たちの状態について考えたり議論したりする際に便宜上，分析的な立場からは分けて考えることができるだろうが，生活においては両者は不可分な一体として機能している。フランス革命は，頭が身体のそれ以外の部分に上手く結びついていなければ，頭もそれ以外の身体の部分も共に機能しなくなってしまうことを証明したわけである。もし私たちの心と身体が完璧に機能しているなら，中枢神経が，正確に知覚されたメッセージを一方から他方へ受け取ったり与えたりしているだろう。おそらくほとんどの人にとって普通の状態であるように，もし心と身体が最適に機能していないなら，アレクサンダーの原則を適用することで自分の演奏を常に向上させていけるようになるだろう。私たちは空間的に広がっていき，またバランスを取るように設計されている。実際，私たちが広がってバランスを取っていると，その演奏は簡単によくなっていく。「方向性」を活用すると，空間的に広がっていき，身体のバランスを取ろうとする傾向を促進することができる。練習中，心と身体が広がっていくという発想を含めると，練習を楽しむことができ，そうした場合は「よい練習」になるだろう。

　例えば，頭が1秒間に何度もそれ自体でバランスを取り続けるようにしておかないとしたら，あなたは非常に頑張っているかもしれないが，結果を得ることはできないだろう。あなた自身の「プライマリー・コントロール」がバランスを取り戻すのに注意を向けると，はるかに楽に結果が得られる。多大な努力を伴う反復練習によって結果を得ようとすることに時間をかければかけるほど，それに要する時間が長くなる。練習において問題を解決するためのアプローチを見直すことは，「よい練習」には欠かせないものだ。

練習日誌をつけよう

　私たちの学生の多くが，アレクサンダー練習日誌をつけることが役に立ったと言っている。次の練習で到達したいことや最後に行った練習中に取り組もうとしたことを書いておくと，練習へのやる気や一貫性を維持することができるだろう。

まとめ

- 十分に意識的な練習をしよう。

- 練習を計画的に組み立てよう。
- 心地よさを感じる状態で練習するようにしよう。
- 練習中,「プライマリー・コントロール」に対する気づきを含めておこう。フランス革命のことを忘れずに。
- 反射が身体全体のバランスを取り続けるのにも配慮しよう。
- 長時間,演奏しすぎないようにしよう。
- 「セミ・スパイン」を用いて,「詳細な構想」を「見直す」ようにしよう。
- 「使い方は機能に影響を与える」ことを忘れないようにしよう。
- 何かをしている間,何をしているかに気づきを保っていよう。
- 自分の感覚が判断を誤らせるかもしれない,ということを知っておこう。
- 鏡やビデオカメラ,友人の観察を活用しよう。
- 練習中,呼吸を解放しておこう。
- 視覚を上手く使うようにしよう。
- 想像力を上手く活用し,楽器を持たずに練習してみよう。
- 細部に取り組んでいる時も全体像を意識していよう。
- どのように聞こえるかを感じてみよう。
- 心地よくない場合は,よい練習ではない。
- 楽しもう!

学生のコメント

　私は長年,練習後に痛みがあるのは,しっかり練習した結果で当たり前だと信じていました。アレクサンダーのレッスンを受けることによって,自分の誤った使い方を以前よりも意識するようになりました。結果として,悪い習慣を含んだ反復的練習を強化する方法で弾くかわりに,真の問題の解決にはならない,あらゆる種類の不必要なこわばりを手放す選択をすることに決めたのです。こうして私は,「抑制」(インヒビション)がなければ,間違いを繰り返し続けるだけだということを理解するようになりました。

クレール・ティリオン(チェロ)

　変化が起こるようにしておくという考え方に嬉しくなりました。ここでは,何かが「よくできる」必要がないのです。

ミランダ・バリット(チェロ)

第VI部

本　番

第22章

本番にまつわる不安

　私たちの感情の状態は，膨大な練習量よりもはるかに本番への影響力があるものだ。ひと昔前には，自分が与えるのと同じくらい大きな喜びを本番での演奏から得ることができ，いつでも楽に上手く演奏ができ，自分自身を非常に効率的に使っているため，職業生活と日常生活が重なっているような音楽家が，今より多くいたと言われることがある。だが一方，同じように才能を有し訓練も行いながらも，本番のみならず練習ですら疲労を感じたり，身につけた熟練した技巧を失い職業生活が短命に終わる音楽家もいる。そうした音楽家は，このような結果になってしまう理由よりも，技術的な問題を解決することにさらなる努力を重ね，最終的には精根尽き果てたと感じるに至る。そうした音楽家が，自分の楽器の使い方同様，自分自身の使い方についても理解していたとしたら，こうした消耗ははるかに生じにくくなっていたことだろう。

F. P. ジョーンズ[*1]

　アレクサンダーは，私たちの感情の状態は，個々人の人全体，心と身体，「完全な心身一体としての自分」を通して表現されているという見方をしていた。

[*1]　Jones, *Awareness, Freedom and Muscular Control*.

本番に関連する恐怖とはどのようなものか

　私たちの誰もが，独自の入り混じった恐怖感を持っている。例えば以下のように，恐怖にはさまざまなものがある。

- 対面を失うため，失敗するのが怖い。
- ほかの音楽家ほど上手くないことが怖い。
- 暗譜が飛んでしまうことが怖い。

　こうしたことは，枚挙にいとまがない。あることに対する恐怖感，あるいは入り混じった恐怖感は，自分の楽器を見事に演奏する能力や，自分のパートを正確に演奏する能力，一緒に演奏している人や聴衆に伝える能力を弱めかねないものだ。これが，「実力を発揮できない」と言われる事態だろう。
　私たちは，そうした状況に対する自分の反応が，自分の存在全体を通して，感情の状態として現れていることを認める必要がある。私たちは，筋肉を固くし，呼吸やバランス，目の使い方を妨げてしまう。そして，それはほんの序の口にすぎない。問題は，コンサートやコンチェルト，あるいは厄介な実技試験といった外的状況ではない。自分自身が，自分の中にそうした状態を作り出しているのを受け入れることが役に立つ。不安になったり神経質になったりしていて自分の演奏によくない影響が出る時，私たちは結果的には「自分自身を台無しにしている！」。
　自分自身が何を感じているかわからなくても，建設的に思ってみることを適切なタイミングで差し挟むことができるだろう。自分の思うことを組み立て直し，神経質になっているエネルギーを，本番へのさらなるエネルギーと捉えることができるようになった人もいる。したがって，神経質になったエネルギーを自分の中に感じた場合は，本番へのさらなる可能性と捉え，それを方向づけし直すことを試してみよう。私たちはアレクサンダー・テクニークを用いることによって，本番や生活の中で何が起ころうとも対処できると思える状態を，適切なタイミングで作り出すことを選択しているのである。たとえ体内にアドレナリンが出ていても，自分は演奏できると信じることができる。つまり，恐怖を感じていること

を恐怖に感じるのを，手放すことができるのである。

コンサート中，どう感じているか

　コンサートという状況への感情的反応を習慣と捉え，省察してみるのはよいことである。そうした反応は，自動的な，自分で選択していない反応であるが，特定し，取り組むことができる。本番の際，理解し，自分でコントロールしているべきもののうち，最も重要な要素は，**自分の感情の状態**である。本番への不安が本番の演奏をぶち壊してしまう場合というのは，今までどれだけ練習したかが問題ではない。よい師に恵まれ，十分に練習し，ほかの音楽家と演奏する経験を積んでいるなら，楽器やアンサンブルにまつわる素晴らしい技術を培ってきたことだろう。だが，演奏する曲目について詳細に理解したにもかかわらず，本番において精神的な明晰さに欠けていたと気づくことは容易にあることだ。またおそらく，練習の際には十分あてになると思えた自分の技術が，コンサートホールではあてにならないと感じることもあるだろう。不安を感じたり緊張したりしている時は，それまでに培った技術の蓄積を引き出すことができないのである！

コンサートの後，どう感じているか

　もしかすると，コンサートの後，自分の実力を発揮できなかったと感じることがあるかもしれない。このような時は，自分はもっと上手く演奏できたはずだと**わかっている**。このようなコンサートの後は，どうすべきだろうか。
　この問題における真実は，そのコンサートにおいては，自分が実際に演奏した以上には上手く演奏できなかったということだ。私たちの演奏は，コンサートで自分が演奏できるものと同程度だということは，まったくもって事実である。私たちは，**その時の自分が使えるものをすべて持ち込み**，どのような演奏であれ，演奏する。もしそうでなければ，何か別のことをする状況にあったはずだし，何か別のことをする準備ができた状態にあったはずである。次回はもっと上手くできると言うのはきっとその通りだろうが，今回は，自分のできたであろう演奏と同じくらいの出来だったのであり，次のコンサートの後に関しても，同じことがあてはまるだろう。こうした耳の痛い真実が理解できると，コンサートでどのよ

うに演奏するかは運命が決定づけるとか，気紛れな運次第であるといったことから解放され，偶然的な演奏を改善できることを受け入れられるようになるだろう。

- 自分の全般的な状態や考え方，感情の状態，自分の内側および外側への気づきといったものの質や，とりわけコンサート中，何であれ，自分がコントロールできないところで起こることへいかに自在に反応するかが，違いを生むものである。私たちは，プログラムを床に落とした人にではなく自分自身に対して，「意識的コントロール」を保っていることができる。何かしら起こるものだ！

演奏が落胆に終わると，激しい練習をたくさんしなければ，という考えが出てくるものだが，まったくもって準備不足だったのでない限り，楽器の技術的なことを練習したり，演奏した曲目についての理解を見直したりするのは，あまり重要なことではない（落胆したということは，自分が準備したことを物語っている）。それより，本番への不安をどのように変容させるかを優先させるべきである。

「プライマリー・コントロール」がどうなっているか

本番への不安に対処する際には，例外なく「プライマリー・コントロール」（第5章）が決定的に重要である。「プライマリー・コントロール」に何が起こっているかに気づくためには，次のような問いかけをしてみるとよい。

質問
- 頭を特定の位置に置いたり固定したりしているだろうか。
- 頭を空間的に前へ押し出しているだろうか。
- 顎を持ち上げているだろうか。
- 脊柱の一番上で，頭が自由に動き，バランスを取り続けているだろうか。
- 頭を後ろへ引いているだろうか，それとも前へ上へ解放しているだろうか。
- 頭が前へ行く時，胸鎖乳突筋が身体の前側に楽な軽さをもたらす傾向に気づくことができるだろうか。
- 背中が長くなって広くなるよう，頭を前へ上へ方向づけているだろうか。

徐々に起こるびっくり反射のパターン

　びっくり反射のパターン（33ページ参照）は，私たちの誰もの内に形成されている自動的な反応である。化学部質が体内に広がって脈拍が上がると，呼吸を取り戻したところで，その呼吸は浅く速いものになる。こうなると私たちは，より強靱で用心深い状態になる。こうした状態は，火事で燃えている建物から逃げなければならないといった場合には非常に役立つものだが，コンサートで演奏する場合には，あまり好ましい状態ではない。本番への不安も，私たちの内に同じような反応を引き起こすが，こうした反応はゆっくりと現れる。強靱さも度を超すと，繊細なコントロールを失わせうるし，用心深すぎるのは，必要以上に危機，すなわちコンサートにまつわる心配事に焦点を合わせることになりやすい。コンサートの当日，このような徴候が出てきているのに気づいた時は，この一連の成り行きを断ち切る絶好のチャンスである。そのような時，自己観察によって，刺激に対する反応に意識的に介入することができるものだ。自分の首を解放することから始めてみると，自分自身を落ち着きや自信，状況に対するコントロールを伴った状態にもっていくことができ，一連の反応を断ち切ることができるだろう。

バランスを取っているか

　本番への不安を抱いている場合，あなたはほぼ確実に，身体がバランスを取る反射反応（第15章）の解放を失っているだろう。怯えている人がいると想像してみよう。その人は大抵，「車のヘッドライトに照らされて立ちすくむ兎」のごとく，その場に固まって動けなくなったように見える。あなたが練習する際，自分の楽器の技術に，自分と楽器とがバランスを取ることを含めているなら，自由にバランスを取るというのを，本番にも持ち込めるようにするのが不可欠だ。解放されてバランスを取り続けていないと，馴染みのない感じがして，そのことが本番への不安を増幅させるだろう。だから，バランスを取り続けられないことに気づいたら，**このことこそ**，注意を向けるに値するものだ。頭を「方向づける」ようにし，両足にかかっている体重に気づいてみよう。身体の至るところにある動きを探してみよう。バランスを取る感覚が向上すると，本番への不安も減って

いくだろう。「よい姿勢」に自分自身を固定しておくことは，解放されてバランスを取り続けることではない。

> **実　験**
> - 不安な時は，解放されてバランスを取り続けることができているか確かめてみよう。
> - 立っている場合，「プライマリー・コントロール」を検討した後，次に考えるべき場所は足首である。
> - 足首にある関節は，脚が足と繋がるところであり，それは足の後方にあるのではない（第9章「ボディ・マッピング」参照）。
> - 座っている場合，「プライマリー・コントロール」を検討した後，次に考えるべき場所は坐骨と股関節である。

きちんと呼吸しているか

いつも通りの呼吸をしている時は神経質になりえないことは，疑いの余地がない。実際，そんな時は，自分をいつも通りだと感じるだろう！　不要な緊張には，胸部における呼吸の動きを高い位置へ追いやる作用があるため，呼吸がより間隔が狭く，浅くなる。神経質になっている時に典型的な呼吸である（第10章「呼吸」を参照）。

次のような建設的な問いかけをしてみよう。

> **質　問**
> - 肺の中に空気が入ってくる時，腹壁を必要以上に緊張させているだろうか。
> - 肋骨が，バケツの持ち手のように脊柱と胸骨のところで繋がり，解放されて動いているだろうか。
> - 解放された呼吸ができるよう，鼻の後ろ側と咽喉を開いているだろうか。
> - 咽喉を緊張させているだろうか。

自分の声がどう聞こえるか

　不安があると，それがあなたの声にも影響を与えることになる。友人が不安がっている場合，あなたもその不安に気づくだろう。不安がない時に，自分の声の響きの豊かさを楽しむというワークをしてみると，そこで得たことがコンサートの当日にも役立つだろう。コンサートで曲目の紹介をする時は，自分の声の響きを楽しむ絶好の機会である。また，話すことで演奏への不安も減るものだ。ホールの後方や両端にいる人たちに向かって話していると想像し，自分の声がいかに壁に反射しているかに気づいてみよう。聴衆に向かって話している時，自分の身体全体の振動の仕方を感じてみよう。聴衆を楽しく笑わせることができると，ほぼ確実に，さらに落ち着きを得ることができるだろう（第11章「声」を参照）。

- 自分の声がよく響いていると，さらなる自信を感じられるだろう。
- 歌手にとっては，声の響きは自信の大事な拠り所である。

コンサート中，瞬きをしているか

　もう一つの典型的な不安の表れは，目つきを険しくすることである。コンサート前に一緒に演奏する同僚が神経質になっているとしたら，視線が一点を凝視していたり，あるいはどんよりしていたりするかもしれない。凝視することで，周辺への気づきを失っていると思ったら，周辺を見るよう自分の注意を仕向けることにより，状況を変えることができる。こうすると，不安感を減らしていけるものだ。奥行き知覚を用いて，目の動き，例えば瞬きをしているか，といったことに気づいてみよう。私たちは，自分の演奏をよくするために，視覚システムを方向づけることができるのである（詳しくは第12章「視覚」を参照）。

- 身体のほかの部分同様，目に柔軟性を保っておくことに関心を持つようにしよう。目も身体のほかの部分も，解放されて動くよう設計されている。

横になってみる

　本番への不安を感じていて，しかるべき心の平穏を保つのが難しいような場合は，セミ・スパイン（第13章）を用いると，非常に有益であることが多い。セミ・スパインの体勢で横になり，自分がそこにいることが幸せに思える場所や，楽に自分らしくいられる場所を思い浮かべてみるのも効果的かもしれない。こうした練習は，庭や公園，丘などの芝生の上で，あるいはビーチでも行うことができるだろう。この練習がいかに，身体を解放し，呼吸を楽にできるよう助けてくれるものかに気づいてみよう。

実　験
- 重力が，不安を表出している筋肉に対して徐々に作用していくようにしてみよう。
- 身体にある緊張を注意深く調べていってみよう。身体をひと回りしてみると，おそらく，前より安心感や自信が感じられるようになっているだろう。
- 横になったまま頭の中で，セミ・スパインの体勢をやめ，楽器でウォーミングアップをし，それから舞台上に歩いていき，演奏し始めるのを想像してみよう。そこで演奏している時，頭と脊柱が楽な関係にあることをきちんと味わってみよう。
- セミ・スパインの体勢で，心身一体である自分が解放され，自信に溢れているのを感じながら，来る本番を想像してみると，実際の本番の時も，解放や自信を得やすくなるだろう。こうしたことは，練習すればするほど，本番にも浸透しやすくなる。

想像力を活用しているか

　フリッツ・クライスラーに関するエピソードの数々は，インスピレーションに富んでいる。彼は，想像力を並外れに駆使することができた。著者の気に入っているのは，ロンドンからマンチェスターまでの電車の旅のエピソードだ。クライ

スラーは，その日にオーケストラと演奏することになっていたコンチェルトを覚えていなかったため，旅の間，楽譜を見て勉強した。そして午後のリハーサルの時には，暗譜で演奏したのである‼　本番での彼は，自信に溢れていた。腹が据わっていたのだ。私たちは，そこまでの記憶力には及ばないかもしれないが，自信を持っていられるために，心の準備を活用することができる。

実　験

- 自分が演奏することになる場所で，自分が美しく正確に，解放されてバランスを取った「使い方」をしながら，楽しんで演奏しているのを想像してみよう。つまり，そうしたことが起こる可能性を増強していくのである。
- 好ましくない筋書きを想像しているなら，そうした可能性を増強しているのである。
- 想像力を活用する時には，自分のあらゆる感覚を演奏に持ち込むようにしよう。
- 一緒に演奏する同僚や楽器，聴衆を含めた自分の周辺にある空間に目を向けてみよう。
- 舞台の床のワックスの匂いに気づいてみよう。
- （前にもそこで演奏したことがある場合，より楽だが）音楽に耳を澄ませてみて，その場所の音響に気づいてみよう。
- 舞台に出て行く直前に，チョコレートを一粒，味わってみよう。
- 自分の足の下にある舞台や，足の上でバランスを取り続けている身体の残りの部分を感じてみよう。
- 「プライマリー・コントロール」における解放を感じてみよう。
- 楽器の抵抗を感じてみよう。
- 一緒に演奏する同僚の演奏にまつわる予測できないことや，聴衆やコンサートホールの外部から来る物音にも，ゆとりを持って対処することを想像してみよう。
- 自分がバランスを取った状態で，落ち着いて自信に溢れているのを想像してみよう。
- 要するに，自分が楽しめる本番を想像してみよう。

緊張の手放し方

　神経質になっている時，私たちはそれを緊張として表す。そうした緊張は往々にして，繊細な動きのコントロールが求められる，演奏にとって要の筋肉の緊張であるものだ。トランペット奏者なら，唇の緊張や震えかもしれないし，ヴァイオリン奏者なら，肩を持ち上げ，腕や手の筋肉を固くすることかもしれないし，オルガン奏者なら，股関節の自由を失うことかもしれない。何よりもまず，自分のパターンを知っておく必要がある。今までに緊張があることに気づいた場所の周辺は特に，不要な緊張がないか自問してみよう。また，神経質になっている徴候へ注意を向けてみよう。こうした徴候を受け入れることが，状況を変えるための出発点だ。こうした徴候を気づかなかったことにしようとしたり，なくなってくれることを期待したりするだけでは，状況を上手くコントロールしていくことはできない。何らかの問題を気づかなかったことにすると，それは往々にして，裏に押しやられて悪化し，最悪の瞬間に出てくるものだ。否定的な感情も自分の習慣であることを受け入れつつ，それを変えていけることを理解しよう。否定的なパターンに気づいたら，それに対抗する肯定的な「方向性」を思ってみよう。

- 否定的なパターンを打ち消すために，「方向性」を用いてみよう。
- コンサートの前やその最中には，演奏への不安が表れることもありうる。どのような状況においても，こうした不安を変容させていくよう働きかけるべきである。

自分自身に対してしていることに気づくことができるか

　アレクサンダー自身も初めは，彼自身の声の問題の原因となっていた，本番の時に自分自身に対してしていたことに気づくことができなかった。これは，私たちによくある状態だ。本番への不安（あるいは日常生活における緊張）が表れた場合は，自分自身に対してしていることに興味を持って気づくようにしよう。アレクサンダーは，自分自身に対してしていたことを甘受するのに，長年ではないにしろ，何カ月もかかった。アレクサンダー教師に手伝ってもらうと，急速な進歩

が望めるだろう。試しに今，何が起こっているか，自分に問いかけてみよう。好奇心を高く保っていることが大切である。自分がしていることに気づけば，それを変えることができる可能性がある。私たちは，自分の感覚からのフィードバックを向上させることに対して働きかけていくのである。

唇が震える時には

- まず，自分の「プライマリー・コントロール」と呼吸に注意を向けよう。
- 演奏に関わってこない時は，舌を解放しておこう。
- 重力が頬にも作用するようにしておこう。
- 顔の中に緊張がほかにもないか，気づいてみよう。そうした緊張は必要だろうか。
- 自分が咽喉のところでしていることに気づいてみよう。咽喉が柔らかくなるよう方向づけよう。
- 演奏している最中，唇の感覚を楽しんでみよう。

肩を不必要に持ち上げている時には

- まず，自分の「プライマリー・コントロール」と呼吸に働きかけよう。
- 両肩が互いに離れて広がっていくようにしよう。
- 腕が胸鎖関節のところで解放されているようにしておこう。
- 肩が解放されやすくなるよう，肘が肩から離れていくよう方向づけよう。

腕と手が緊張していないだろうか

「手を緊張させていないだろうか？」と自分に問いかけてみる価値はあるものだ。音楽家の中には，あたかも何かを運んでいるかのように，腕を曲げ，実際には空っぽな手を閉じて歩いている人もいる。本番での演奏の前にこのようなことが起きているのに気づいたとしたら，ただちに状況を改善することができる。コンサート中に腕と手がコーディネーションの整った仕方で機能していないのに気づいたとしたら，どうにかして上手に演奏できるよう，あれこれ試みたくなるだ

ろう。だが、こういったことはおそらく、状況を悪化させるものである。かわりに、「プライマリー・コントロール」や呼吸、バランス、手が腕を先導することといった、鍵となる重要な「方向性」を思う方がよい。このような間接的なアプローチを取ることで、不安に対処したり、腕を解放したり、練習を通して培ったことを使えるようにすることができる。

心地よく感じるのは、どんな時？

通じ合うことがコンサートにおける音楽家の目的であるがゆえ、私たちの多くにとって、**上手く通じ合っている時**、心地よさが最大になり、不安が最小になるものだ。パーティに行ったものの、その場に一人も知っている人がいないとわかった時のことを想像してみよう。おそらく、居心地悪く感じるだろう。では、どのような瞬間から心地よく感じるようになるだろうか。大抵の場合、誰かと話し始めて、互いに通じ合っていると感じられた時だ！ コンサート前に、神経質になっていることに自分の関心が集中してしまうくらいなら、友人や同僚、それだけでなく実は誰であれ、話しかけてみる方が、マシな戦略である！ 一人静かにしている方が居心地がよいという感じる人も実際、いるものだ。自分がどちらのタイプかを知っておくことである。コンサート中は、一緒に演奏している同僚への気づきを保っておくようにしよう。互いに影響し合うことで、自分も彼らも心地よさが増していくだろう。できるだけ上手く演奏しようと、自分のパートに必死になってしがみついているのは、逆効果である。

- 自分の意識の中に聴衆を含めておくと、きちんと通じ合うことができる。
- あなたのボディ・ランゲージは、あなたが聴衆の視野に入った瞬間から何かを伝えているものだ。
- 自分自身の「使い方」に働きかけると、間接的に自分のボディ・ランゲージに働きかけることになる。
- 可能な時はいつでも、聴衆に言葉で作品を紹介するようにしよう。こうすると、演奏への不安を軽減させることができる。
- 自分が演奏している時、聴衆があなたに耳を傾けてくれているのが感じられるかもしれない。このようなことは、聴衆が伝えてくれることの一部である。

コンサート中,今ここにいるだろうか

　舞台に出て行く直前に,これから演奏する曲を練習していると,コンサートへの準備ができていないという考えを植えつけてしまう。こうした考えは,自信を失わせるだけだ。コンサートに集中すべき時というのは,コンサートの前ではなく,その最中である。今ここにいることは,優れた演奏者に必要なことであり,また本番への不安を解消することにもなる。次のパッセージを最後に演奏した時はどうだったかと考えるのは,今ここにいることに反する。もうすぐ「難しい」箇所がやって来ると懸念しているならば,あなたは今ここにいないのである。著者が見る限り,学生の多くは互いに演奏し合うのを嫌がる。だが,友人や身内の人などに向けて演奏する練習をしてみることだ。たった一人の存在がすべてを変えるもので,そうした人たちに向けて演奏している間,今ここにいるという練習をすることができるだろう。演奏を聴いてくれる友人や身内の人が見つからない時は,録音してみるのも十分,代役を果たしてくれるだろう。

練習
- 聴衆に向かって話してみよう。彼らとの関係を築き,その存在を感じることができるだろう。
- 演奏する曲は,コンサートの当日より前までに学んでおこう。
- 問題を懸念しない。自分は準備をしたのだから。
- 今,自分がしていることに全力を注ぐようにしよう。
- 自分の周辺で何が起こっているか,見てみよう。
- 自分と重力との関係や,楽器との関係を感じてみよう。
- 友人や身内の人に向けて演奏してみよう。

ほかの音楽家に対して批判的ではないだろうか

　あなたが,ほかの音楽家のコンサートに行くのに批判的な気持ちで行くことはないなら,聴衆が自分のあら探しをする目的でそこにいるのではないということ

を，確信しやすくなるだろう。誰かのコンサートを聴いている時，自分が聴衆に望むであろう通りに，聴衆として，能動的に参加してみよう。つまり，通じ合うことに関心を向けてみるのである。一聴に値する世界一の音楽家はおろか，その場にいる自分と同じ楽器の音楽家の中で，一番になる必要すらないということを忘れないようにしよう。コンサートで演奏するのは，競争をすることではない。ほかの音楽家のコンサートでの最高の体験とは，その演奏家が作曲家や演奏家自身の音楽的意図をあなたに伝えてくれる時だ，ということを忘れないことだ。

- ほかの音楽家のコンサートで，批判的にならないこと。
- 自分が演奏するにせよ，聴くにせよ，コンサートを競争の場に変えてしまわないこと。
- 音楽は勝つためのゲームではなく，プレイするためのゲームである。

どんな本番を準備しているのか

　本番に向けて準備している時は，いかなる不測の事態に向けても準備しているのである。あなたがもし，「完璧な演奏」を準備したとすれば，何かしらの外的要因や内的要因によって，ほぼ確実に自分のペースを崩し，思い通りにいかなくなるだろう。本番では，柔軟性が非常に求められる。だが，本番への不安があると，あなたの柔軟性は食い潰されてしまうだろう。理想の公演を準備しようとすると，自分自身に限界を設定することになるものだ。演奏が自分の理想から離れていることに気づくと，不安に苛まれる。こうした問題は，リハーサルや練習で行った仕方で演奏しようという，いわば過去にいようとしていることから生じるように思われる。その演奏の仕方が理想であったかもしれないが，ここにあるのは今である。あらかじめ計画された演奏という束縛を取り去り，今ここにしか存在しない演奏を生み出そう。本番への不安が減れば減るほど，柔軟に対応する準備ができているものだ。競技スポーツやゲームをするという人なら，自分の目の前に投じられたものが何であれ，対処する能力の大切さが理解できるだろう。幸いなことにコンサートの場合，一緒に演奏する同僚が，あなたの状況を難しくするということはない。もっとも，同僚の音楽家が，理由はともかく，音楽的メタファーを使って，いきなり意外なことを仕掛けてくることはあるだろう。彼らに

対して同じことをする場合，自分がいかなる瞬間，いかなる「方向性」にも，音楽的かつ心身一体的に動けるような状態でバランスと落ち着きを保っていると，不安を大きくせずに，それができるだろう。

- 完璧な演奏を準備しないようにしよう。
- 音楽的にも心身一体的にも，柔軟に対応する準備をしておこう。
- あらゆることが起こりうるし，あるいは逆に起こらないかもしれない。

ま と め

- 恐れていることは何か。
- いつでも自分の最善をつくして演奏しよう！
- いつも通りの呼吸ができれば，いつも通りだと思えるだろう。
- 腹筋を解放しよう。
- コンサートの前には，セミ・スパインを活用しよう。
- 自分の声の質をよく聴いてみよう。
- どんな時も，「プライマリー・コントロール」が最も重要である。
- 緊張があるのはどこか。
- 自分の周辺にある部屋の中を見わたしてみよう。
- 自分のあらゆる感覚を活用しよう。
- 想像力を活用しよう。
- 「手段とその過程（ミーンズ・ウェアバイ）」により，自分の特定の不安に対処しよう。
- 一緒に演奏する同僚や聴衆と伝え合うようにしよう。
- 演奏する曲は，コンサートの当日より前までに学んでおこう！
- 今ここにいることを楽しもう。
- 批判的にならないようにしよう。
- 解放されてバランスを取ることに関心を向けてみよう。
- あらゆることが起こりうるし，あるいは逆に起こらないかもしれない。

学生のコメント

　ファイナルでのリサイタルの時，いつもの自分の習慣にはまっていることに気づいたので，演奏前，自分にストップをかけ，呼吸をし，舞台で神経質になるという刺激にどう反応するか，を意識的に選択するためのひと時を持つようにしました。脊柱が私のプライマリー・コントロールから離れて下へ落ちるよう，頭を前へ上へ方向づけると，背中が長くなり広くなりました。神経質になりがちな状況にどう反応するかを選択することで，自分の身体の中にいることを感じ，舞台で自分を保ち続ける感覚を得ることができたのです。　　　　　　　　**フェリシティ・マシューズ**（ヴィオラ）

　舞台で落ち着いているために，普段通りの呼吸を心がけることが大切であるという，レッスンで学んだ秘訣を，たっぷり堪能しました。自ら選択したほかのこと（例えば，友達に会ったり買い物に行ったりする必要があったこと）も考慮に入れるなら，私たちはいつだって本番のために自分のできる限りの準備をしているものだという発想は，本当に心にぐっときました。日常生活の中で，学位を取るのに必要なこと以外は何もしないよう期待されているかのように感じることも，ままあったからです。

　　　　　　　　　　　　　　　　　　　　　　　　　　ジョージア・スコット（作曲）

第23章

迫力ある本番のための準備

迫力ある本番のための準備

　原則というのは,それを適用する際の一般論であるため,音楽家がそれを学ぶ場合,自分が何をしている時にも役立てて使えるものについて学んでいるのである。逆に,日々の生活において,音楽家自身の「使い方」が向上すると,そうした「使い方」は,その人の音楽にも反映されるだろう[*1]。

---

*1　Jones, *Awareness, Freedom and Muscular Control*.

作品を学ぶ

　コンサート前までに作品を学んでおくのはよいことである。このことは，作品を徹底的に学んでおく習慣がある人には，当たり前に聞こえるかもしれない。それなら，自分にそうした習慣があると認めることが，本番をよりよいものにしてくれるだろう。だが，どれだけたくさん準備したとしても準備が足りなかったと思うのが習慣になっている場合は（これは，非常に多くの人に共通する習慣であるようだが），この習慣が本番での演奏を損ねることになる。学生の中には，作品の中で問題があるとわかっている箇所より，簡単だと思っている箇所の方を練習する傾向がある人もいる。本番への準備に関していえば，こうしたことは明らかによくない習慣である。

もっと練習するべきか

　人生は選択に満ちている。自分のすべての時間を練習に費やすことはできない。事実，そのようなことをすれば，コンサートで演奏するための準備としてはよくないものになるだろう。なぜならそうした場合の演奏は，あなたの演奏を特徴づける本質的な生活体験を欠いたものになるだろうからである。私たちは，絶えず選択をしているのだということをはっきりとわかっていなければならない。コンサートに向けて自分自身を準備するという選択をすれば，準備ができた状態にもっていけるだろう。コンサートのための準備にもっと時間を費やしたいなら，楽譜を見るのに移動時間を活用したり，練習を録音して移動中にそれを聴いたりすることを選ぶ場合もあるかもしれない。
　王立音楽大学には，「仮想コンサートホール」として設計された部屋がある。ここには，（映写による）仮想の聴衆が，あなたが舞台に入ってくるのを待ちかまえているのが聞こえる楽屋がある。あなたは聴衆の拍手に迎えられて演奏する場所に歩いていく。そして仮想の聴衆は，実際の聴衆が取りうるあらゆる方法で，あなたの演奏に反応を示す。この装置は，王立音楽大学の学生にとって，本番で演奏する練習をするのに大変貴重なものになっている。準備している直近のコンサートで自分が演奏しているのを想像するスキルを高めていくと，同じような「仮

想」体験をしてみることができるだろう．その場合，できるだけ具体的に感覚的なことも詳細に含めるようにすると有益である．現実のコンサートの時，そのコンサートで演奏するのは2回目だ，と感じられるような手はずを整えられるかもしれない．仮想現実コンサートで演奏している間，「プライマリー・コントロール」を解放し，バランスを取り，柔軟性のある呼吸をし，奥行きをもってものを見る，といったことを取り入れるようにしよう．こうしてみると，実際のコンサートの最中に，このようなことを適所に差し挟む練習をしていることになる．この仮想現実コンサートは，自分が十分に準備できていない箇所をわからせてくれるだろう．このことは，次回，通しで演奏する練習をする時，役に立つものだ．

　（靴を含め）自分がコンサートで着る予定の衣装で練習するのも，賢明なことである．まず，それを着ていても自由に動けるか確かめよう．その後は，「コンサート衣装」のお陰で，コンサートで演奏するのをより容易に想像することができるだろう．

階段の上り下り

　大きな注目が集まるコンサートを間近に控えた友人が，面白い戦略について語ってくれたことがある．彼女はフルート奏者で，長いオブリガートがやって来ると，呼吸も脈もより速くなるのに気づいていた．そこで彼女は，息が切れるまで階段の上り下りをすることにより，それに備えた練習をし，問題の楽章を通して演奏してみた．これは非常によい練習になったそうだ．なぜなら，呼吸や心拍数に問題がある時でさえも乗り切ることができるとわかったら，当日，どんなこともOKなのだという自信が前にも増して持てるようになったからだという．疑うまでもなく，ここでの自信とは，問題の瞬間がやってきた時，さほど調子を崩さないことを意味する．そのコンサートでの演奏を聴いたが，それは自信に溢れ，美しく，あらゆるコントロールを伴ったものだった．このように私たちは，やろうと思えばかなりの程度まで，神経質になった状態を練習することができるのだ！

リハーサルの時も，今ここにいるようにしよう

　音楽家の中には，リハーサルの時，身体はそこにあっても，明らかに注意がどこかほかの場所にいってしまっている人がいる。私たちは，どのように演奏しているかだけでなく，自分の「プライマリー・コントロール」や呼吸に注意を向けることにより，リハーサルの時も今ここにい続けることができる。
　「今ここにいる」というのは，ほかの演奏者たちと互いに作用し合うことを含んでいる。私たちは，日常のどのような時でも，今ここにいる状態を練習することができるし，それは，本番への優れた練習にもなる。

難しい箇所

　リハーサルの時，演奏している作品の中で，自分にとって明確になっていない箇所があるとすれば，コンサートにおいてもその箇所は，不安な瞬間となるだろう。あなたには，状況を明確にする習慣があるだろうか，それとも明確にしない習慣があるだろうか。著者が見ていると，リハーサルの時，ある箇所が明確になっていないと気づいたことを指摘せず，むしろ身をひそめて黙っているような学生がいる。やむを得ず，どこかが明確でないままコンサートでの演奏に向かうことになってしまった場合は，そうした難所が近づいてきたら，首を解放するよう方向づけ，きちんと呼吸をし，空間全体に目をやるようにしよう。あらかじめ，このような対処法を練っておくと，本番でその瞬間が来た時も，実際にこうしたことを実現しやすくなる。

誠実でいよう

　私たちの誰もが，「優れた演奏者」だと思われたいと思っている。優れた演奏者というのは，ほかの演奏者や聴衆と上手に伝え合うことができる人のことだ。優れた演奏というのは，わざとらしさや見せかけといったものを含まず，むしろ演奏者自身と音楽との関係を明かすものである。あなたの演奏が，一聴に値する，「その作品の最も優れた解釈」である必要はない。あなたが本当に誠実でいるなら，

聴衆がそれに応えてくれるだろう。思うに，どんな音楽家の内にも演奏者がいるものだ。このように，あなたの内にある，演奏したいと思っている部分を認めるのはよいものである。誰もが，自分の内なる「プリマ・ドンナ」を見つけなければならない！「この音楽に関して自分が感じたり思ったりすることを明かすのに，邪魔になることをしていないか？」と自分に問いかけてみるとよいだろう。

柔軟性によって得られる迫力

　音楽家というのは，柔軟性を持っていられる時，迫力を伴った演奏者になる。そうした演奏者の迫力とは，強固な緊張からわき起こってくるのではない。絶対的に必要になる強度というものは，ほんのわずかにすぎない。

　心身一体的な気づきを保っていることで，気づかないうちに忍び込んでくる不安を回避することができる。そうすれば，柔軟さや自信，コーディネーションを保っていることができる。このような場合は，本番での演奏というものに対する反応でありうる「びっくり反射のパターン」を行わないで済むだろう。

　聴衆があなたを一目見た瞬間から，演奏が始まっていることを自覚しておこう。お辞儀をするという形式の裏に隠れているだろうか，それとも聴衆と繋がりを持てるだろうか。演奏中のみならず，演奏し始める前にも聴衆と繋がることができるよう，舞台に出て行く直前や舞台に歩いていく時には，空間全体に目を向けてみたり，呼吸やバランスを解放するようにしたりするとよい。

日常の生活スタイル

　十分な睡眠を取り，身体によい食事をしていると，上手く演奏できる可能性が高まる。食べたり飲んだりするものに何を選ぶかは長年の習慣になっている，ということを見直すのは損にはならない。あなたのそうした習慣が健康的なものだとしたら，本番への準備を助けてくれるようなよい選択をしているのである。演奏科学センターが行った王立音楽大学の研究によれば，ある一定の水準で体調がよい場合，本番への不安を減らしたり，コンサートで演奏するための気力を向上したりすることができるのが証明されている。

ウォームアップ

　本番が始まる前，ほとんどの音楽家にとっては，数分間，直立した状態で集中するのが有益だろうが，本番のために自分自身を調整するのによい方法は，セミ・スパインだという人もいる。

- 疲れを感じる時は，10分間，セミ・スパインの体勢で横になると，疲労困憊しているのでない限り，元気を回復させることができるだろう。

　楽器から離れて一連のゆったりとした動きをしてみるのが，本番のための理想的なウォームアップだという音楽家もいる。太極拳や気功はまさに，そうした時に活用できるものだ。そうした動きが有効であるのは，動きの質ゆえである。
　「ウォームアップで何を得たいか？」と自分に問いかけてみて，自分に合うよう調整していこう。

コンサートの直前

　私たちはそれぞれ，コンサート直前の準備に最適な方法を見つけなければならないが，以下のことは，心に留めておくとよい。

- コンサート中，互いに作用し合うのは有益なことである。では，「コンサートの前に互いに作用し合うのは，有益だろうか？」ということも自問してみよう。
- 細かい分析や頭の中のお喋りに没頭するより，今ここにいるようにしよう。
- 批判的でない方が，気づきが高まる。
- バランスを取っているか？　きちんと呼吸しているか？　自分の周りに広がる室内に目をやっているか？
- ウォームアップでは，反射の促進作用によって，演奏への取り組み方をリフレッシュしよう。
- 「方向性」を用いてみよう。

- 自分の身体を縮めているのに気づいてみよう。そして，それを手放し，広がろう！
- 一連のゆったりした動きは，よいウォームアップになりうる。
- 本番前は静かにしているのが一番よいという人もいる。
- 同僚と喋ったり，あるいは舞台に出て行く前に冗談を飛ばしたりさえできるなら，自信に満ちた，通じ合う演奏への準備をしていることになる。

学生のコメント

　オペラの演技に関して私が学んだことの一つは，ある人物になろうとするより，自分自身をその人物のままにしておく方が迫力がある，ということだ。こうしたことができるようにするための重要な出発点となるのは，できるだけニュートラルな状態を見出すことだ。ニュートラルな状態とは，私があえてそうする時の，肉体も感情の反映としての身体も静かで楽な状態である。アレクサンダー・テクニークのワークで，身体的緊張や感情的緊張，心理的緊張，捕らわれといったものに，より繊細に気づけるようになり，手放せるようになってきた。　　　　　クリス・エインズリー（声楽）

　（ポピー自身が，本番のための準備として用いている一連の動きについて書いたもの）効果的にこのような動きをするには，視覚的に「ボーッとした」状態になったり，連想されることに気を取られたりしないよう，「方向性」を用いて，本当に明確に思ってみなければならない。こうした動きを行っている間，今の瞬間によりしっかりといることができるのがわかった。私は，本番の状況によっては神経質になる。例えば，生放送のラジオ番組などだ。そうした時，上述したように，今ここにいることができると，あがらないでいられる。あがるのは，びっくり反射のパターンだ。このように準備した後は，すでにオープン・マインドで，コーディネーションも整い，オーケストラで演奏する際には必須である注意の範囲が広がった状態で，舞台上を歩いていることに気づく。そうした時の腕は「軽く」，活発かつ繊細で，楽器への経路となる準備ができている。このような時は，応じたり，リスクを取ったり，音楽的に鮮明な状態でいたりすることが，より容易になる。

　　　　　　　　　　　ポピー・ワルショウ（チェロ／アレクサンダー教師）

第 24 章

アンサンブルの能力を高める

> 私が知る限り，アレクサンダー・テクニークを，自己を向上させるためのさまざまなメソッドから区別するものは，思うことを含めるという特性である。私にとってこのことは，空間的にも時間的にも注意の領域を広げることを意味する。こうして，自分自身だけでなく自分の周辺も，そして今この瞬間だけでなくそれに続く瞬間も，取り込んでいることができるのだ。それは，自己という中心の周りに形成組織された，ひとまとまりの領域である[*1]。
>
> F. P. ジョーンズ

アンサンブルでの演奏というのは，実にさまざまな挑戦を含んでいる。アレクサンダー・テクニークのワークは，音楽家のアンサンブルの能力を高めることになる広範な気づきを培うものだ。

ロンドンのキングス・プレイスでのシューベルト・アンサンブル

[*1] Jones, *Learning How to Learn*.

自分の内側の気づき

　私たちは，自分の内側の気づきを培っているか，あるいはそれを欠いている。私たち自身の「プライマリー・コントロール」や，座っている椅子の上でのバランス，自分の楽器との繋がりや楽器とのバランスといったことは，それらへの気づきがある場合，よくなるものだ。私たちは，神経系を通じて得られる感覚からのフィードバックによって，自分が楽器をどのようにコントロールしているかについての連絡を受け続けている。つまり，どのように演奏しているか感じているということだ。私たちはまた，自分の感情的な反応や，そうした感情が演奏にどのように影響しうるかについても，気づきを持つことができる。

自分の外側の気づき

　言うまでもなく，自分が一緒に演奏している音楽家たちへの気づきを保っていることは欠かせないことだ。したがって，自分の内側と外側とが合わさった気づきが，アンサンブルでの演奏には求められる。自分の注意をある特定の細かいことに集中させてしまいやすいことは，誰もが納得するところだろう。こうしたことは，アンサンブルの練習やリハーサルの場で，一人がある特定の問題について指摘したような時，私たち音楽家がやってしまうことである。自分の注意を狭めることで一点に集中し，その他諸々のことへの気づきを減らしてしまうのは，よくあることだ。それはまるで，頭の中で，ある点に向けて，眩しいスポットライトをつけっ放しにしているような状態である。アンサンブルで練習したり本番で演奏したりする際には，こうした状態とはまったく異なる心と身体の状態が必要である。つまり，より多くのことを含められるような広範な注意力がいるのである。私たちの注意が広がると通常，外側の気づきも広がるものだ。

注意を向ける領域を広げる

　私たち音楽家は，内側と外側という，分割的な注意の領域を求めていくのではない。自分の気づきを，適度に内側と外側を含めた，より包括的な状態に広げて

おくことで、自分が注意を払うべきものを選択できるのである。自分が特に関心を向けるべきものを一つ、あるいは二つでも三つでも選び、それぞれに、自分の注意のうちの大体10パーセントずつを配分することに決める場合、私たちにはまだ少なくとも70パーセントは、全体像や、新たな優先事項になりうるような関心事のために使える気づきがあることになる。楽器を演奏すること自体に集中しすぎるのは、一緒に演奏しているグループの外に自分を連れ出すことになるので、問題である。私たちが、アンサンブルというものを排除して自分の楽器の技術的なことを考えていると、上手にほかの人と演奏できることは期待できない。楽器の技術というのは、その時に焦点を合わせるべきものではなく、全般的な気づきに含められうるものである。

物理的にも精神的にも、内側と外側という境目はない。そうした境目があると思っているなら、それは、自らが課した制限にすぎない。自分の注意を向ける領域を広げていく方法は、訓練することができるものだ。

> **実 験**
> 本書を読んでいる時も、内側と外側への気づきを合わせることを訓練してみよう。足が地面と接触しているのを感じてみよう。また、自分が本を読んでいることに気づきを保ちながら、自分の周りにある部屋の内部に気づいてみよう。

身体の状態についての情報も、自分の周辺の状態についての情報も、脳の中では一つに、そして同時に記録されているのである[*2]。

実際に適用する

一緒に演奏を始める

二人以上の音楽家が一緒に演奏を始めなければならない場合、アレクサンダーのアプローチが助けてくれるだろう。一緒に演奏しようと必死になって試みるの

[*2] Jones, *Organisation of Awareness*, p.7.

第 24 章　アンサンブルの能力を高める　269

一緒に演奏を始める

はやめよう。それより,「プライマリー・コントロール」やバランス,呼吸,目の使い方,求められる様式に適った楽器の演奏法,リハーサルで示し合わせたテンポに関する記憶,一緒に動いている感覚を保ちながら,自分を今ここにいられるようにしておこう。今,列挙したことは,長くて読むのに少々,手間取っただろうが,こうした気づきはすべて,一瞬にして起こりうるものだ。私たちは,身体と楽器との接触や,出だしのパッセージを演奏し始めるための心身の状態の準備を感じることができる。そして,グループのほかのメンバー,特に「リードする」人の動きを観察し,リーダーの出だしの身振りからも確認できるような示し合わせたテンポで演奏を始められるよう,全員で作り出す動きに加わっていくのである。

　じっとしている状態でいた後,正確に動き出すのは簡単なことではない。こうした状態から演奏を始めると,アンサンブルの正確さを欠くことになるだろう。こうしたことゆえ,アンサンブルを首尾よく始めるためには,音を出す前にグループの全員が一緒に動くのである。するとメンバーの誰もが,自分が出だしの身振り,つまり自分が「リーダー」に指名されていようとなかろうと,出だしの動きの一部になっていると感じることができる。理想的には,演奏者全員が,各自の全体的な視野の中に,一緒に動いている感覚を取り込んでいることである。

- 望ましくないのは，リーダー以外の全員が緊張し，呼吸もせず，視線をリーダーに張りつけ，リーダーが弾き始める瞬間をよく見て，同時に演奏し始めようと躍起になっていることである。
- 人のあらゆる身振りは，頭と脊柱との関係，すなわち「プライマリー・コントロール」における緊張の変化から起こる。したがって演奏者全員が，反射の促進によってバランスを取り，呼吸を解放し，「プライマリー・コントロール」に柔軟性があると，伝え合って一緒に演奏を始めるのが簡単にできるだろう。

素晴らしいタイミング

さまざまな分野で評価されている資質というものがある。それは，活動における落ち着き，優美であること，コーディネーションである。クリケット選手のことを考えてみた場合，最初に思いつく例は，デイヴィッド・ガワーの打撃である。解説者がよく口にするのは，「ガワーには，打つまでの時間がほかの打者よりたくさんあるように見える」というものだ。ガワーが自分の「プライマリー・コントロール」に気づいていようとなかろうと，彼は素晴らしくコーディネーションの取れた「プライマリー・コントロール」を証明していた。このことによってガワーは，時速 90 マイルを超えることもあるクリケットの球が，自分に近づいて来る時に展開している状況を判断できたのである。ゆったりした身振りで，完璧なタイミングかつ最小限の労力で，球をバウンダリー（フィールドの境界線）まで飛ばす。こうしたことは，あらゆる楽器における名手たちにも言えることである。そうした音楽家はつまり，急ぐことなく，最小限の労力で，非常に速く，あるいは非常にゆっくり演奏することができる。彼らは，次の音楽的身振りに完璧なタイミングで到達し，状況を完全にコントロールしているように見える。名手と呼ばれる人の演奏の後，聴衆が「どうして彼女が弾くと，あんなに簡単そうに見えるの！」と言うのを私たちは何度，耳にしたことだろう。ある音楽家の「プライマリー・コントロール」と全般的なバランスが上手く働いている時というのは，訓練されていない目から見ても，視覚的に明らかにわかるものである。熟練や容易さが見て取れるからだ。視覚的な合図も明瞭な，「デイヴィッド・ガワーの」タイミングとバランスを備えた音楽家と一緒に演奏するのは，とても演奏しやす

いものである。

三つの質問

　自分のアンサンブルの能力を低下させていないだろうか。自分の気づきを新しくするために，活動の中でいつでも思ってみることができるだろう。

> **質　問**
> 　次の三つの質問は，あらゆる活動の役に立つものだ。アンサンブルでの演奏も例外ではない。
> 1．バランスを取っているか？
> 2．きちんと呼吸しているか？
> 3．自分の周りにある部屋の内部に目をやっているか？

聴覚をどう使うか

　聴覚というのは，一緒に演奏を始めるのに役立つものではないが，演奏の中で進行中のテンポやデュナーミク，全体的な特質や様式を判断するのには非常に役に立つ。聴覚はまた，みんなで演奏を始めたものの，もちろん今や変更するには遅すぎるということを，回想する形で私たちに伝える。私たちは演奏している時，聴くことによって，多くの判断を下すことができる。だが，そうしたこととは別に，今ここで演奏できるよう，自分の楽器やその振動，自分の動きを感じるとよい。
　楽器のバランスを検討してみる場合，自分が耳にするものこそ，あてにすべき根拠だと考えるのは簡単だが，本当の意味においては，楽器から離れたところにいる人だけが，バランスを聞くことができるのである。アンサンブルのグループの中で演奏していない人がいるなら，彼らの意見の方が真っ当であるものだ。客席に誰かがいれば，バランスは容易に聞き取れるものだろう。そうした人たちによるグループ全体の聞こえ方は，信頼できるものである。さらに，自分が信頼している人がリハーサルの最中に客席にいて，バランスに必要な調整について意見

を言ってくれる場合なら，アンサンブルの響きの中での自分の楽器からの振動を感じることにより，演奏の仕方を判断することができるだろう。そうした固有受容感覚による情報は，その後もずっと，バランスを調整するのに最も信頼できるものになる。「知覚」というのは，自分の周辺を伴った行為である。このことは「固有受容感覚」や身体にもあてはまる。固有受容感覚は，ほぼ同様にイントネーションに関しても非常に役立つものだ。パッセージや楽器によっては，自分が演奏しているものを聞くことが不可能な場合がある。そうした時でも，何が起こっているかを感じ続けることはできるし，感じたことというのは，その技術を高めるのに時間を割いてきた場合には，非常にあてになるものである。

- 固有受容感覚は，アンサンブルでの演奏に欠かせないものである。

対話的な関係

起こったことも起こらなかったことも，受け入れるようにしよう。自分のパートを「完璧に」演奏している場合でさえ，対処すべき問題があるかもしれない。アンサンブルでの演奏は対話である。私たちが，自分のパートを完璧に演奏することを考えていて，自分のパートはグループとしての演奏の残りの部分とは関係ないと思っているならば，根本的な真実を理解していない。あなたは「正しいタイミング」で演奏していて，ほかの人たちがそれとは異なったタイミングで演奏している場合，あなたが本当に正しいタイミングにいるかどうかは疑問である。こうしたことは言うまでもなく，音量，様式，アタック，イントネーションといったことについてもあてはまる。実際，自分が完璧に演奏していると思うような場合でも，見当違いのことはあるものだ。このような発想は，私たちを拘束するだけで，決して心地よいものではない。したがって，何が起ころうとそれを受け入れ，自分に秘められた可能性をすべて駆使して応じるようにしよう。自分の可能性を増やすため，首を解放し，絶えずバランスを取り続けられるようにし，自分が気づくことに関心を持ち，共演者や自分の周辺と対話的な関係でいるのを楽しむようにしよう。

学生のコメント

　室内楽のパートナーたちが，身体の支え方をどのように感じているかがわかるようなりました。以前はこうしたことにまったく気づかなかったことに，むしろ驚きます。アレクサンダー・テクニークを学ぶようになってから，自分が演奏している時，前よりずっと，「状況をコントロールしている」と感じられるようになりました。今は，フレージングや性格づけ，演奏におけるタイミングなどの点で自発的でいられるし，難しいパッセージもあまり恐れなくなりました。また，前よりも批評を受け入れる心づもりができているし，批評を建設的に活用できるようになっています。

ミランダ・バリット（チェロ）

　私が気づいたもう一つの習慣は，演奏の時，しかめっ面をしているか，あるいは不安そうに見える傾向があることです。こうしたことは，顔，さらには身体全体に緊張を作り出すだけではありません。そればかりか，自分自身に，状況に対して不安で居心地悪く感じていることを知らせていると同時に，ほかの人たちにも演奏が心配で不安だというメッセージを伝えているに違いないのです。

ハンナ・マッソン＝スミス（チェロ）

おわりに

　本書を著すことにしたのは，長年，アレクサンダーの発想が，音楽家の自己の開発にいかに有益であるかを目の当たりにしてきたからだ。このテクニークが，音楽家たちの学ぶプロセスにおいて大きな変化のきっかけとなっていることが，明らかに見て取れたのである。実際，アレクサンダー・テクニークは，「学び方を学ぶ」方法と説明することもできるだろう。もともと私たちに備わっている信頼できるコーディネーションが出現するよう，心と身体のよくない習慣や好ましくない感情的態度の層を剥がしていくと，自分が行うどんな活動にも，刷新された信頼できるコーディネーションを取り入れられるようになる。

　私たち音楽家は，技術と習慣の関係を理解することで，技術的にも音楽的にも，自分の能力を絶えず磨いていくことができるものだ。生活の中で，自分の習慣の中核を成す性質が理解できるようになると，自分が誰であるかを受け入れ，変化にどう対処するかを選べるようになるだろう。そして，よりしっかりと，今ここにいられるようになり，楽器を演奏することや，ほかの人たちと一緒に演奏することとはどういうことなのか，意識的に理解できるようになっていく。著者は，いかなる音楽的挑戦にも対処できるよう，練習や本番で演奏する能力を向上させるためのアイディアを多数，開発してきた。こうしたアイディアを用いると，演奏する際，さらに創造的で，誠実で，自発的でいられることがわかるだろう。

　このような実践的な考え方によって私たちは，しっかりとした気づきを持ち，音楽を演奏するという素晴らしい活動に関わっている喜びがさらに感じられるような，好奇心が開かれた状態でいられるようになるのである。

♪ F. M. アレクサンダー，F. P. ジョーンズ，W. バーロウ博士経歴

F. M. アレクサンダー 1869-1955

　フレデリック・マサイアス・アレクサンダー（Frederick Matthias Alexander）は，タスマニア生まれの役者だった。彼が発展させた「アレクサンダーの原則」は，俳優としての自らの実践上の経験や問題から考案された。アレクサンダーは終生，演劇，なかでもシェイクスピアを愛好していた。彼は，メルボルンで当代きっての著名な師に師事し，演劇や文化的生活に没頭していた。

　22歳の頃にはすでに，舞台に立っていたものの，声が枯れたり出なくなったりすることに悩まされていた。アレクサンダーが単独でシェイクスピアの朗読を行っている最中，息をのむ音が聞き取れるほどであることを，友人たちが指摘した。医師の勧めで休息を取っても，一時的に症状が軽減するだけだった。そこで声枯れの問題の解決を求めて，アレクサンダーは，自分がどのように朗読しているかを観察し，分析することにした。

　自己観察の結果，彼は声枯れの問題を克服し，そのプロセスの中で，人のどんな活動にも適用しうる原則を発展させることに成功した。アレクサンダーは，俳優としてだけでなく，さまざまな問題を抱えるほかの俳優たちを助けることができる教師としても，名を馳せるようになった。彼は，自分の生徒たちを出演者に起用して，ハムレットやヴェニスの商人などを監督となって上演し，また自ら出演もした。

　1904年，アレクサンダーは，近親と共にロンドンに移住し，自身の教師としての発見をより多くの人たちにもたらすことにした。この移住は，非常に上手くいった。ロンドンは，人々が新しい発想を支持する環境にあったのである。アレクサンダーは，ロンドンの社交界でよく知られるようになり，彼のクライアントは，俳優や作家，政治家，科学者，医師など，あらゆる職業から構成されるようになった。ほんの数例を挙げれば，ヘンリー・アーヴァイン卿やエイドリアン・ボールト卿，ジョージ・バーナード・ショー，オルダス・ハクスリー，スタッフォード・クリップス卿，ウィルフレッド・バーロウ博士などである。

　第一次世界大戦の勃発により生徒が減少したため，アレクサンダーはニューヨークに移転した。教えることで自分の考えを発展させていくことが，とても重要であると感じ

ていたからだ。アレクサンダーの実践は，この新しい環境でも，ほどなくして開花し，その後10年間は，1年のうちの約8カ月間はニューヨークに住み，夏の間は弟のＡＲがアレクサンダーが留守の間も指導を続けていたロンドンに戻る，という生活をしていた。アレクサンダーの新しい生徒，ジョン・デューイは，米国教育界の思想家で，その第一人者でもあった。彼はアレクサンダー・テクニークを，教育分野へ多大な貢献をするものとみなした。「アレクサンダー・テクニークは，教育が人間のあらゆる活動を支えるのと同じ関係性を，教育に対して持っている」とデューイは述べている。

1924年，3歳から8歳までの子どものための学校が，ロンドンのヴィクトリアにあるアレクサンダーのスタジオに開設された。1934年，この「リトル・スクール」は，ケントのペンヒルにあるアレクサンダーの別荘に移転した。この学校は，伝統的なカリキュラムではあるものの，アレクサンダーの原則にのっとった教授活動を基盤とし，イレーネ・タスカーにより運営された。第二次世界大戦が始まると，学校は子どもたちの安全のため，米国に移転することになった。その後，この学校がイギリスに再建されることはなかったが，今日においてもアレクサンダーの考えを，学校生活の中に組み入れている学校もある。例えばイギリスのサリー州のキングストン・アポン・テムズにあるエデュケアなどである。

アレクサンダーは，自分の考えや，彼自身が人類の現状をどのように捉えているかを発信するために4冊の本を著した。最初の著作は1910年に，最後のものは1941年に出版されている。今日，アレクサンダー・テクニークについて書かれた書物には優れたものが多々ある。そうした書物においては，その著者が現代的な様式の中で「原則」を解釈し，著者が特に関心を持っている分野と結びつけることに着目しているものもある（例えば本書がそうである）。また，アレクサンダーの長く魅力ある人生についての伝記の類もある。

アレクサンダーは，弟のアルバート・レッデンと妹のエイミーが自分のテクニークを教えられるようになるよう訓練した。

アレクサンダーの生徒の多くが，彼のテクニークを教えられるようになるための訓練に関心を示した。こうして彼は1930年，最初のグループを養成し始めた。アレクサンダーが残した偉業を考えると，彼のワークを存続させ，広めていくために，新しい教師の養成が不可欠であると，とりわけ訓練を受けた人たちは考えていた。その後，アレクサンダーの弟子の多くが，自らの教師養成コースを開設していった。

アレクサンダーは，70代後半に脳卒中を起こしたが，療養中も自分の原則を適用す

ることで，回復を果たした。肉体的な身体が弱った状態にあったため，力強さのもとである「方向性」が絶対に必要であったことによって，彼の教授活動はさらに力強さを増した。この頃から1955年に亡くなるまでの間にレッスンを受けた人たちによれば，アレクサンダーの教授活動は，この晩年の時期に最高のレベルにあったという。

　アレクサンダーの偉業には，世界中の数多くのアレクサンダー教師や教師養成学校も含まれる。彼のテクニークは今日，イギリスやヨーロッパ，アメリカ，日本，オーストラリアの音楽学校で教えられているのみならず，大学の学部や，より年齢の若い生徒のための音楽学校などでも教えられている。音楽と関連づけて，このテクニークを扱っている本も多数ある。そして，多数の著名な音楽家が，自分を大いに助けてくれたと証言し，このワークに絶大な信頼を寄せている。

　アレクサンダーは，ひたすら無垢な人だったわけではなく，愛すべき毒っ気のある人であったと言われている。著者は，彼のそうした面をむしろ好ましく思う。アレクサンダーは，カリスマ性のある人だったと言われる。彼は，数多くの偉人に，生き方に対する新しいアプローチを適用できるようインスピレーションを与えられる人だった。そうした人たちの多くが，アレクサンダーの考え方について著述したり，彼のワークを支持するために尽力したりしている。アレクサンダーは生涯にわたり，馬と競馬をやるのが好きだった。また，ワインをグラスで1，2杯，楽しんでいたことも知られている。こうしたこともあって，彼はプロの音楽家からも，とても慕われたのだろう。

　F. M. アレクサンダーは，並々ならぬ先見の明のある人物かつ教育者であった。今日，多くの人がアレクサンダーを，20世紀における天才の一人とみなしている。彼は，人類の状況に目を向け，それを不変のものとは捉えなかった。アレクサンダーが自らの洞察を伝えたことで，また彼自身やその考えのお陰で，多くの人の人生が，アレクサンダーの原則を用いることにより向上している。アレクサンダーのテクニークは，人間の潜在的可能性や動き，教育，健康，そして私たちが特に関心を向けている上演芸術に対する理解に，重大な貢献をするものであった。

フランク・ピアス・ジョーンズ 1905–75

　テッド・ダイモン（アレクサンダー教師で，フランク・ピアス・ジョーンズ［Frank Pierce Jones］に関する共著の著者兼編纂者）は，フランク・ピアス・ジョーンズのことを，優れた探究心と高い水準を伴った創意に満ちた，「真の意味で再生復興させた人物」と評した。著者は，ジョーンズの伝記や彼自身の論文に散見される名言から，多くのイ

ンスピレーションを受けてきた。音楽家や音楽創造に関連する，彼のアレクサンダー・テクニークについての素晴らしい著作は，著者自身の考え方や教え方に影響を与えるものであった。

　F. P. ジョーンズは，米国ウィスコンシン州のアップルトンで生まれた。幼少の頃は，喘息やアレルギーに，20代には結核に苦しんだ。彼は古典文学を研究し，その後，タフツ大学で心理学の教授になった。オルダス・ハクスリーの『目的と手段（*Ends and Means*）』の中でアレクサンダーのワークについての記述を読んだことから，ジョーンズは，アレクサンダーの弟，A. R. アレクサンダーのレッスンを受けるようになった。1937年には，F. M. アレクサンダーから一連のレッスンを受けている。ジョーンズの健康は大幅に向上し，アレクサンダー教師になる訓練を受ける意志を固めた。

　ジョーンズは，最初のレッスンの一部を次のように描写している。

それまではずっと，非常に難儀して行っていた，椅子から立ち上がるという行為が，私にとっては，一連の反射の仕組みによってなされた。私は，その働きについては何もわからなかったが，すべてが前より容易になったのである。

　アレクサンダーのレッスンで受けた体験への理解が，ジョーンズに，オープンマインドを持った「専門家」としての在り方を示したのである。こうして彼は，とりわけ「心身は一体である」というアレクサンダーの原則や，この原則が注意と気づきに及ぼす影響に関心を抱くようになっていった。

　ジョーンズは，アレクサンダーのワークが科学的真価を持つものであると考えるようになり，アレクサンダー自身が望んだように，このワークが普遍的に受け入れられ，その結果，広くそれを必要とする人が使えるようになるのを切望した。1949年，ジョーンズは，明晰かつ包括的な方法で，アレクサンダーが発見したことの科学的妥当性を，調査と著作を通じて証明するという探究に着手した。タフツ大学の心理学教授であった頃，彼にはたくさんの音楽家とワークをする機会があった。彼は，（アレクサンダー・テクニークの発展およびその体系的な知に関する）"*Freedom to Change*"と題された著作や，このテクニークに関するさまざまな小論文を著した。彼の音楽家に向けての著作では，自由意志（もしくは自発性）や，演奏における意識的な気づきと注意の関係性が重点的に扱われている。

ウィルフレッド・バーロウ博士 1915-91

　ウィルフレッド・バーロウ（Wilfred Barlow）は，イギリス北部で生まれ，ノース・ウェールズで育った。かなりのスポーツマンで，テニスは州大会に出場し，その後オックスフォード大学の代表にもなったほどだった。

　スキーで怪我をした後，アレクサンダー本人のレッスンを受け，その後，アレクサンダー教師になる訓練を受けた。バーロウは，F. M. アレクサンダーの姪でアレクサンダー教師でもあったマージョリーと結婚している。彼は，医療の分野においてアレクサンダー・テクニークを大いに促進したほか，セントラル・スクール・オブ・スピーチ（現在の王立演劇学校）および王立音楽大学において，画期的な調査にも着手した。また，"*The Alexander Principle*"（1973），"*More Talk of Alexander*"（1978）と題された著書の執筆も行った。この2冊は，医療を含め，アレクサンダー・テクニークが大きな効果を発するさまざまな領域への，バーロウの広い関心を物語っている。とりわけ彼は，私たち自身の「使い方」において感情的状態が及ぼす影響に関心を持っていた。

　バーロウは終生，アレクサンダーの業績を擁護し，アレクサンダー・インスティテュートを設立し，その医療顧問になった。

　バーロウの調査の功績と，アレクサンダー・テクニークの理解への多大なる貢献，そして彼と王立音楽大学との強い繋がり，さらにその絆を通じて音楽界にまで及ぶ繋がりを考慮し，彼とその業績もここに含めることにした。

🎵 王立音楽大学における アレクサンダー・テクニークの発展

私たちの考えでは、このアプローチは、音楽家にとっての伝達にまつわる問題を解決することにかけて、今まで出会ったものの中で最もよい手段であり、音楽家の訓練の基盤を成すべきだ[*1]。

王立音楽大学声楽科教授陣

著者。ロンドンの王立音楽大学前で

話は1950年代前半に遡る。ウィルフレッド・バーロウ博士と妻のマージョリー（共にアレクサンダー教師）が、ロンドンの王立音楽大学の声楽科に、新しい手法を実施するため招聘された。バーロウ夫妻は、学生50人に、3カ月間で37回程度のアレクサンダーのレッスンを行った。その結果は非常に目を見張るもので、セントラル・スクール・オブ・スピーチの対象グループとの科学的な比較検証が行われた[*2]。その結果、王立音楽大学の声楽科の教授陣は、以下のような結論を発表した。

[*1] Wilfred Barlow, *More Talk of Alexander*, Gollancz, London, 1978, p.192.
[*2] この比較のデータは、バーロウの *More Talk of Alexander* の p. 98-9 に発表されている。

どの学生の場合も，目立った身体的な向上がみられ，向上したことが，声楽の面でも演技の面でも反映されていた。学生たちがひとたび，頭から首にかけての部位から緊張のバランスをコントロールしていくのを学ぶと，振る舞いの癖が比較的短期間で取り除かれるという発見は，驚くべきことだった。

この再教育以来，例外なくすべての学生が教えやすくなり，以前より楽に舞台のための「方向づけ」を取捨選択し，行うことができるようになっている。学生たちは，新しい方法で自分自身を知ることができるようになったようだ。どの学生も，それぞれ異なる独特のやり方で反応するようになった。例えば，権威に気に入られることを過度に気にしていた学生たちは，そのような模範的学生になろうとするのをやめ，よりよい演奏家になることで，自分を損なわなくても自分自身でいられることを見出した。ある女学生は，ぎこちないとつとつとした型にはまった動きが自分の妨げになっていて，彼女の個性とは不思議なくらい「マッチしない」性質のものだったが，今ではかなり，優しさや優雅さといったものを身につけている。また別の女学生は，最初は非常に平凡な「堅苦しい」声だったが，今や彼女の指導教授からも批評家からも，真の意味で素晴らしい歌手になっていけるような声質と個性を培ったとみなされるようになった。

結果に表れるようになるまでの時間は，学生によってさまざまだ。このアプローチを活用できるかは，ほぼ本人にかかっているからだ。

昨年は，再教育を受けた学生50人のうち8人が，女性歌手を対象に4年に1回，競われる賞に入賞した。これは，イギリス諸島の30歳以下の歌手をプロ・アマ問わず，対象とするもので，この賞を獲得することは，学生にとっては考えられる限り，最も栄誉あるものとみなされている。応募者は100人以上にのぼった。8人の学生のうち6人が，15人残ったセミ・ファイナルまでいくことができた。これは，予想を大幅に上回る割合である。

私たちの考えでは，このアプローチは，音楽家にとっての伝達にまつわる問題を解決することにかけては，今まで出会ったものの中で最もよい手段であり，音楽家の訓練の基盤を成すべきだ。

王立音楽大学でのアレクサンダー・テクニークのレッスンを導入することに対し，このような示唆に富む結論が出された。このテクニークを，音楽教育の「基盤」としてのみならず，国際的に名の通った音楽大学の学生が，曲がりなりにも活用できるようになっ

たのである．この折，こうした新機軸を開くレッスンを行った教師は，ジョイス・ウッドマン，ジョーン・ワラック，アダム・ナットであった．彼らによるレッスンは，「必要とみなされた」学生たちのために，課外活動として提供されたのである．

アレクサンダーのレッスンは今も，1989年に著者が王立音楽大学で教え始めた時と同じ原理のもとで運営されている．アレクサンダーのレッスンがカリキュラムの必修科目に導入されるよう私たちが働きかけてみると，ほとんどの教授がこのテクニークを強く支持していることがわかった．私たちは，独自に試行錯誤を重ね，「必要とみなされ」**なかった**学生も，アレクサンダーのレッスンに非常に強い興味を示すのを目にしてきた．やがて入門講座を1年生全員の必須科目（現行のレベル4に相当）にすることが承認され，こうしてこの講座は，今日に至るまで20年以上，カリキュラムの一部になっている．

現行の講座

音楽学士課程においては現在，レベル4，5，6が開講されている．こうした講座はすべて，必修科目として，学部予算で賄われている．レベル5，6は，3，4年次の学生が取ることができるようになっている．大学院生に関しては，レベル6を取ることを選択できた学生のみが，レベル7を取ることができる．学生からの反応に応える形で，私たちは長年に渡って絶えず，こうした講座を向上させてきた．

学士課程に組み込まれているアレクサンダー・テクニークによって，学士課程は，音楽的に優れた結果を得る以上のことを目指すものになる．アレクサンダーのレッスンが含まれることで，学士課程は，音楽家としての「自分」全体にまで，その教育的見地を広げることになる．このことは，王立音楽大学が非常に高いレベルで音楽を演奏する方法を学ぶことができる課程を有するだけでなく，自分自身の面倒をみれるようになり，自分の最高レベルで演奏を続けていける能力を培うのに必要な，一体としての心身の健康に対する理解を高めていく方法をも学べる課程を有しているということを示している．

授　業

アレクサンダーの授業は，5人ないし6人の学生から成るグループで行われている．この人数だと，「ハンズオンのワーク」をすることができ，アレクサンダーの原則や考え方についての議論も行うことができる．学生たちは自分を省みることで，自分の潜在能力をフルに発揮して音楽界の中で自分だけの居場所を見出すための方法は，自分自身を妨げているよくないパターンを持たずに自分の心と身体を使うことだ，と理解するよ

うになっていく。

　どの講座にも，自己観察のための日誌やレポートが課される。日誌を書き始めると，学生たちのアレクサンダーに対する考えが発展していき，ワークに対する彼らの熱意も高まっていきやすいのが，私たちの目にはすぐに見て取れる。

レベル 4

　1年次の講座は，このテクニックの基本を扱う入門講座で，10週間に渡る。授業は通常，5人の学生から成り，30分である。これは，学生たちにアレクサンダー・テクニークを学ぶことに対する潜在的可能性を感じさせ，時期が来たら，明確な理解のもと，さらに上の講座を選択できるようになることを目指した，広範な講座である。

レベル 5

　この講座を選択できるのは，3，4年次の学生である。定員は最大6人である。レッスンは1年間（22週），毎週75分間，行われる。ここでの趣旨は，学生がアレクサンダーの原則をいつでも自分の楽器の演奏に適用できるようになることに集中している。学生たちは，互いに演奏を観察し合ったり，練習や本番のための方針を話し合ったりする。練習日誌をつけるほか，アレクサンダー・テクニークについての発表，レポートが求められる。

レベル 6

　レベル5を修めた4年次の学生は，レベル6を取ることができる。大学院生の場合，それまでにこのテクニークのしかるべき経験のある学生が，この講座を取ることができる。定員は最大6人である。レッスンは1年間（22週），毎週75分間，行われる。この講座においては，特に舞台での在り方や，同僚や聴衆との繋がり方を向上させることにまつわる，演奏におけるコミュニケーションに焦点が置かれている。提出物として，音楽家であることに関する何らかの側面に着目する共同研究，およびこの講座終了時点での自分を省察した報告書が課される。この講座の期間中，録画が3回行われ，模擬的な公開実技試験のようになっている。

レベル 7

　大学院生は，短期で行われるこの講座を取ることができる。レベル7では，60分授

業を5回，ないし30分授業を10回，受講する。この講座は，広範に渡る集中コースである。学生には，この講座が有益に進行するよう，次の授業までに，テーマに関連する文献を読むことが求められる。また，日誌とアレクサンダーに関連した本の評論を書くことが課される。

新しい講座

　大学院生向けの新しい講座が準備段階にある。この講座の目的は，学生が自分の楽器について書かれた主要文献を研究し，心身一体的な助言を探し出し，そうした助言をアレクサンダーの原則と比較し，一致することと矛盾することを探求してみることである。この講座の受講生は，そうした文献から気づいたことを論述し，アレクサンダーの観点からの自分の楽器の演奏法に関する論文を執筆することになる。こうした新しい文献が長年，蓄積されていくと，その後の王立音楽大学の学生が活用できる著作の体系となるだろう。

王立音楽大学における，課程外のアレクサンダーのレッスン

　課程外のレッスンの場は，1950年代になされたバーロウ博士の調査の後も設けられ，有益な形で実践され続けている。学生は，ありとあらゆる理由からレッスンを受けることに関心を持つものだ。身体的あるいは音楽的な問題を抱える学生の多くは，アレクサンダーのレッスンを通じて，自分のアプローチを検討できるようになっていく。また，王立音楽大学に在籍中ずっと，こうしたレッスンを取ることを選択する学生もいる。自分の演奏がよりよくなったのがわかると，このテクニークが音楽家にもたらすものの大きさがわかるからである。こうしたレッスンは，毎週，30分の枠で，個人または二人で行われている。私たちに加え，こうしたレッスンを行っているのは，才能も経験も併せ持つベサン・ピューである。

　この20年の間，学生の中には，王立音楽大学からアレクサンダー教師としての訓練に入った人たちもいる。彼らは，自分の音楽のキャリアを満たし続けるための第二のキャリアの道を開発していくことだろう。王立音楽大学のアレクサンダー・テクニークの学生は，世界を舞台にした演奏のキャリアを上手く重ねていけるよう，自らのテクニークの経験を生かしているのである。

　現在の王立音楽大学のスタッフの多くが，アレクサンダー・テクニークを経験しており，このワークを大いに支持している。以下にいくつか，彼らの証言を紹介しておこう。

王立音楽大学での新しい声楽の先生が私に最初に言ったことの一つが，できるだけ早くアレクサンダー・テクニークのレッスンを受け始めてほしい，ついてはすでにそのレッスンを手配した，ということだった！　当時，私はアレクサンダー・テクニークについて，ほぼ何も知らず，自分が持っていた断片的情報から，テクニークとは「療法のようなもの」だと思い込んでいた。そして，ほとんどの同級生たちと同様，「自分に悪いところがある」と暗に言われたようで，不満に思った。こういったわけで，アレクサンダー・テクニークのレッスンを受ける見込みになっていることを，抵抗やうさん臭さ，猜疑心の入り混じる中，捉えていた。だが，こうしたことはすべて，ジョイス・ウッドマンとの最初のセッションで一新した。何とインスピレーション溢れる人であったことか！　彼女は，演技および声楽の分野で豊富な経験があり，私は，このテクニークの経緯やアレクサンダー自身の経験，彼女自身がアルバート・コート・マンションズでアレクサンダーからどのように訓練を受けたかについて話してくれたことに魅了された。私は，初日から「はまった」。とりわけ，セッションがもたらしてくれる信じられないほどの幸福感のおかげで，毎週金曜日の早朝のセッションは，1週間の中のハイライトになった。このテクニークの考え方を吸収し，それを練習にも取り入れられるようになると，歌の演奏にも，舞台にまつわる技能にも効果があることに気づいた。まるで魔法のよう！

　もしまだアレクサンダー・テクニークを体験していないなら，できるだけ早く体験してみてください。後悔しないこと請け合いです。

デイヴィッド・ハーパム
（歌手・ロンドン王立音楽大学入試委員）

　ヴァイオリンのレッスンと同時にアレクサンダー・テクニークのレッスンを受け始めない限り，私をヴァイオリンの学生として取らないと言った恩師ノーナ・リデルに対し，非常にありがたく思う。彼女は，私をウィルフレッド・バーロウに引き合わせ，私の大混乱の旅が始まった。最初の衝撃は，ヴァイオリンを弾く時，片側の肋骨を反対側の肋骨よりも高く持ち上げていたのを発見したことだ。第二の衝撃は，自分が感じていた，心と身体の修復しようのない分裂を解決するのを助けてくれる技術があったと悟ったことだ。長年に渡り，絶えず私のアレクサンダー教師であったシェリル・ガーディナーがはっきりと言ったのは，彼女とのレッスンによって，私の人生のあらゆる面に変化があるだろうということだ。その通りだった。彼女とのワークで最も鮮

明に覚えているのは,自分の身体がスパゲッティのようにほぐれていったことだ。レッスンの最後,小切手にサインするのが大変だったほどだ。ヴァイオリンの面では,このように身体がほぐれたことにより,自分の内側に共鳴のための新しい空間が生じることになった。それは,解放であると同時に恐怖だった。シェリルもノーナも,身体に音楽的衝動が起こるのを待つことの重要性を主張していた。そうしたらあとは,ヴァイオリンを手に取ったり,「準備ができた」時に弓を弦の上に置いたりするだけだ。ヴァイオリンで,常にこうした音楽上の改革に沿って演奏できているかどうかわからないが,この発想は,音楽的表現に関する自分のあらゆる見方に影響を与え続けている。

アマンダ・グロワート教授
(ヴァイオリン奏者・ロンドン王立音楽大学カリキュラム研究課長)

 用語解説

あらゆる分野と同様に、アレクサンダー・テクニークについて語る際にも、専門的な単語や言い回しが使われる。その多くは、アレクサンダー自身によって導入されたものだが、1955年のアレクサンダーの死後、何十年もの間に発展してきたものもある。彼のテクニークを実践する人たちが、アレクサンダー・テクニークを語る方法として、現在使われている言語の中で意味が通りやすいものを見つけてきたのだ。

そこで、ここでは、アレクサンダー教師やそれを学ぶ人たちが使っている単語や言い回しを、その意味に関する簡単なヒントと共に列挙した。こうした言葉の意味するところを完全に理解するためには、多くの場合、アレクサンダーを深く学ぶ必要があるだろう。より詳しい説明は、本書の主だった章の中でなされている。

F. M. アレクサンダーの4つの著書

MSI：*Man's Supreme Inheritance*（人類最高の遺産）（第一作）
CCC：*Constructive Conscious Control*（個人の建設的意識的コントロール）（第二作）
UOS：*The Use of the Self*（自分の使い方）（第三作）
UCL：*The Universal Constant in Living*（生きることにおける普遍的定数）（第四作にして最終作。「使い方は機能に影響する」という主張について詳細に検討している）

アレクサンダー・テクニークのさまざまな概念

誤った（あてにならない、堕落した）**感覚的気づき**（Faulty [unreliable or debauched] sensory awareness）：自分が実際にしていることと異なったことをしているように感じる場合の、私たちの感覚からのフィードバックの状態。

運動感覚（Kinaesthesia）：身体における動きの感覚。動きを行っている際の加速や減速の感覚。

エンド・ゲイニング（End-gaining）：自分が達したい目的に至るための**手段とその過程**（ミーンズ・ウェアバイ）よりも、結果や目的に多くの関心を向けている状態のこと。最終目的にばかり集中し、自分がどのように行うかを選択しない場合、その人は、アレクサンダーの用語でいうと、**エンド・ゲイナー**になる。

奥行きが深くなること（Deepening）：身体の前側と後ろ側の間を広げ，より多くの空間を生み出す解放のこと。

感覚的気づき（Sensory awareness）：自分が気づきを保っている感覚からのフィードバック。

環椎後頭関節（Atlanto-occipital joint［AO関節］）：脊柱の一番上にある，頭と身体のそれ以外の部分との間にある関節。**後頭部**とは，頭蓋骨の底部の骨の部分のことであり，**環椎**とは，脊柱の最上部の一番目の椎骨のことである。

固有受容感覚（Proprioception）：自分の身体の位置や相対的な角度，バランスを感じる感覚。

下方向への引っ張り（Downward pull）：長くなることの対極にあたる。これは習慣であり，大抵，否定的な感情がもとになっている。頭を「下へ」あるいは「後ろへ下へ」あるいは「空間的に前へ下へ」引っ張るといった，不必要な労力や緊張によって生み出される。

自分（The Self）：心，身体，感情，精神のまとまりとしての人。

手段とその過程（Means-whereby）：自分の最終目的に最も上手く達するための方法や道筋。

心身は一体である（Psychophysical Unity）：心と身体は，一体で機能する全体であり，二つに分けられるものではないという概念。

狭めること（Narrowing）：広くなることの対極にあたる。往々にして自信の欠如の表れである筋肉の緊張のこと。寒さを感じている時の反応である場合もある。

使い方（Use）：自分の心と身体の使い方。

使い方は機能に影響する（Use affects functioning）：自分の心と身体の使い方は，心と身体の機能の仕方に影響を与える。これは，アレクサンダー・テクニークの中核を成す概念である。

長くなること（Lengthening）：この概念は，不必要にこわばらせた筋肉が解放されることを含み持つ。筋肉は，使われるのがより少なくて済むと，長くなる（そして，より薄くなる）。このことは，関節への圧迫を減らし，より解放された状態を生み出し，身体を長くする。伸筋が適切に機能している場合，脊柱が**長くなる**状態へと調整しているのである。

何かをすること（Doing）：エンド・ゲイニング。正しいことが自然に起こるのに**任せ**るのではなく，正しいことを**起こそう**とすること。「何かをすること」や試行錯誤す

ることは，効率もコーディネーションも劣ることになりやすい。

ノン・ドゥーイング（Non-doing）：**手段とその過程（ミーンズ・ウェアバイ）を踏まえて，自分のやり方を選択すること。自分自身の損なわれていないコーディネーションが機能するようにするものである。習慣的なやり方を「抑制（インヒビション）」すること。**

反重力反射（Anti-gravity reflex）：人に組み込まれている重力への反応を指す用語。重力が下向きに働くのに反応して脊柱が長くなる反射のこと。

広くなること（Widening）：自分の身体を狭めている筋肉を解放すると生じること。

プライマリー・コントロール（Primary Control）：頭と脊柱の関係性のこと。私たちのあらゆる活動に大きな影響を及ぼす。この関係性がきちんと働くように，私たちは，生来，組み込まれている頭の正向反射が起こるようにしていくのである。

螺旋状に動くこと（Spiralling）：長くなることを含み持つ，回転に関する概念。

アレクサンダーの原則を適用するのに使われる言い回し

頭を上へいかせよう！　上向きに思ってみよう！（Send your head up or Think up!）：「方向性」の例。脊柱が指している「方向性」に頭が動いていくことを思ってみること。こうすることで，コーディネーションが取れて脊柱が長くなるのが促される。

頭を前へ上へ（Head forward and up）：望まれる頭の動きの傾向に関わってくる二つの「方向性」。ここでの「前へ」とは，頭が脊柱の一番上でバランスを取っている場所である「環椎後頭関節（用語解説参照のこと）」で，頭が前へわずかに傾く，あるいは回転する，あるいは動くことである。これは，**頭が空間的に前へ動くよう，首を前方に曲げることではない。**「上へ」という要素の方はわかりやすい。「上へ」は，脊柱がどの「方向性」に向かっていても言えることである。

意識的コントロール（Conscious Control）：自分がしていることに対する高度な気づき。これにより，選択をすることや「抑制（インヒビション）」や「方向性」を適用することができるようになる。

活動の中で思ってみること（Thinking in activity）：アレクサンダーの原則を，何らかの活動に意識的に適用すること。

壁を使ったワーク（Wall work）：①壁を，背中のカーブしている部分に対して，垂直で平らな参照点として用いること。②壁を，自分の位置や体重の向き，「方向性」やエネルギーを変えたりする間，両手を置いておくのに，動かない平らな面として用いること。

(乗馬の）鞍を使ったワーク（Saddle work）：鞍の上に座りながら，教師と一緒に，あるいは一人で，自分の「使い方」に働きかけるワーク。この場合の馬は通常，生き物の馬ではなく，木製のものが用いられる。このワークにより，股関節と脚が上半身の体重から解放された状態を経験することができる。

建設的意識的コントロール（Constructive Conscious Control）：自分の生活の中で，変化に働きかける方法の枠組みを意識的に設定すること。例えば，習慣を認識すること，「プライマリー・コントロール」や「抑制（インヒビション）」や「方向性」の概念などを意識的に設定することができる。

自分自身への働きかけ（Work on yourself）：レッスンや本などによって理解した，アレクサンダーの原則を意識的に適用しようとする，自分で行う働きかけ。練習や本番，日々の生活において，アレクサンダーの原則を思ってみること。

習慣の認識（Recognition of habit）：これは，単なる表面のメッキのようなものについて言っている。習慣の認識とは通常，自分がこれから変えるつもりであるよくない習慣を特定することを意味する。

バランスボード（Wobble board）：より繊細なバランスを取る能力を高めるために用いられる木製の平らな台。

番（A Turn）：グループレッスンなどの際，アレクサンダー教師が少しの間，生徒にワークをする場合。したがって，レッスンよりは短時間である。

ハンズオン・ワーク（Hands-on work）：アレクサンダー・テクニークのレッスンや自分の番の際に行われる，手を置くことによる実践的なワーク。

方向性（Direction）：身体の特定の場所が，特定の行程へ動いていくための意志や願望を持つこと。「方向づける」という行為は，動きの源であるバランスを取る体系に影響を与える。この体系が，身体に期待通りの変化を生じさせやすくするのである。私たちは，自分の注意や感情，気づきといったものも，方向づけることができる。

「方向性」における対抗（Opposition in Direction）：これは，「方向性」をより大きな関係性の中に適用することに関係している。例えば，坐骨が椅子と繋がっているのと同時に，頭が上へいくことや，背中が両手から離れていくのと同時に，両手が背中から遠ざかっていくことなどである。

ボディ・マッピング（Body Mapping）：自分が機能する上での解剖学的な知識を意識的に理解すること。バーバラ・コナブルとウィリアム・コナブルが，このアプローチを考案した。

モンキー：機能的に有利な体勢（Monkey: a position of mechanical advantage）：立っている状態と座っている状態の間の状態，別の言い方をするなら，身長を十分に保ったまま行うスクワット．腰，膝，足首を解放し，両足の上で均等にバランスを取った，コーディネーションの整った状態（写真および詳しい説明は 167 ページ参照）．

抑制（インヒビション）（Inhibition）：何らかの動作に入る前，自分に選択肢があることを認識する局面の意識的な瞬間のこと．私たちは，「抑制する（インヒビション）」，言い換えれば，よくない習慣的反応や自動的な反応をやめることを選択することができる．楽器を演奏している時も，よくない習慣を回避するために，絶えず「抑制（インヒビション）」を適用することができる．つまり「抑制（インヒビション）」は，私たちの気づきの一部になるのである．

ランジ（Lunge）：両手，両腕，背中との関係性を保ったまま，足にかかる体重の移動を組み合わせていくアプローチ（168 ページ参照）．

アレクサンダーの三つの「手順（プロシージャ）」

「椅子の背に手を置く」「椅子に手を置く」：アレクサンダーの 2 作目の著書 "Constructive Conscious Control" で説明されている手順．これは，呼吸を改善し，両手を背中と繋がりを持たせるためのダイナミックな練習で，あらゆる種類の活動への準備に適している．この手順は，立った状態でも座った状態でも行うことができる．自分の前にこの手順に適した椅子を置き，その上に両手を置く（143 ページの写真参照）．

セミ・スパイン：コーディネーションの取れた「使い方」を取り戻し，活力を回復し，ニュートラルな状態を見出すために私たちが行うことを選択する体勢．アレクサンダー・テクニークにおけるセミ・スパインは，横になっている間に「方向づけ」を思っていることを暗に含んでいる．（床の上に）背中をつけて横になり，頭を本の上に乗せ，両膝を曲げ，両足を適度に自分に近づけて床につける（133 ページの写真にある，アレクサンダー・テーブルの上にセミ・スパインの体勢で横になっているところを，参照するとよい）．詳細は第 13 章「セミ・スパイン」参照．

囁く「アー」：呼吸や声帯系に関係する手順．「抑制する（インヒビション）」，「方向づける」，そしてアーという母音（最も開いた母音の音）を発音するというものである．手順の詳細は，第 10 章「呼吸」を参照．呼吸や声にまつわるコーディネーションを改善する練習として，誰もがこの手順の恩恵を受けることができる．

音楽家に起こりがちな健康上の問題

手根管症候群：これは，手首を通っている神経が圧迫されることにより，指にしびれが発生し，手の能力が減少してしまう形で顕在化する。「**使い方**」を全般的に改善するという背景のもと，手や手首，腕の使い方を改善することで，この問題を解決することができる。

脊柱弯曲症：後弯，前弯，側弯といった脊柱のさまざまな歪みを指したもの。誰もにこうした可能性があるが，音楽家の場合，楽器を演奏する際，身体の良好な「**使い方**」を損なっていると，こうした問題を発展させることになりかねない。

反復性ストレス損傷：反復的なストレスによる損傷。(ほかの職業同様)音楽家の場合も，コーディネーションの悪い「**使い方**」で，反復的な身振りを行うことが原因で起こる状態。アレクサンダーの原則を適用すると，こうした症状を軽減させることができ，また予防という面での対策にもなる。

訳者あとがき

　この本に出会ったのは偶然だった。「どうして今まで，この存在を知らなかったのだろう？」という思いで読み始めると，「この分野にこんな本があったなんて！」という嬉しい驚きがあった。まだ最後まで読み終わらないうちに，「この本を日本語に訳してみたい」という気持ちが自然に湧き起こった。翻訳を決心するまでに，まったく時間はかからなかった。

　原書で 300 ページという，決して軽やかとはいえないボリュームや，本書の内容などを考えると，今思えば我ながらよくも大胆な決断ができたものだと思うが，「これだ！」というものに出会った時というのは，案外そういうものなのかもしれない。こうしてこの本が日本語版となって，みなさまにお届けできることになり，とても嬉しい。

　アレクサンダー・テクニークは，ひとことで説明しにくいものである上，それを演奏に適用するとは，具体的に何をすることなのだろう？　という向きもあるかもしれない。本書は，そうした疑問にもお役に立つだろう。著者は，音楽家ならではの視点から，自身の経験や具体的なアドバイスを，惜しげなくシェアしてくれている。本書で紹介されているさまざまなアイディアを意識的に，あるいは思い出しては取り入れてみると，演奏の中で合点がいく瞬間があるかと思う。

　とはいえ著者も指摘している通り，書物だけでアレクサンダー・テクニークを理解することは，きわめて難しい。実際にハンズオンによるレッスンを受けられると，本書に書かれていることが，さらにきちんと理解できるだろう。拙訳ではあるが，本書を通じて，ひとりでも多くの音楽家の方が演奏を洗練させ，さらに楽しまれることを願っている。

　翻訳してみたいという私の申し出を快諾し，素敵な夕食の時間を囲んで質問に答え，このプロセスを励ましてくださったジュディットとピーターには，心から感謝している。日本語版の刊行にあたり，温かいお言葉を寄せてくださったことにも，合わせてお礼を申し上げたい。また，本書刊行のために，丁寧に話を聞いてくださった誠信書房の中澤さん，原稿を精読し，一緒に本書を作り上げてくださった小寺さん，どうもありがとうございました。

　最後に，いつも温かくサポートしてくれる家族にも，この場をお借りして，感謝の意を表したい。

2018 年 12 月　　　　　　　　　　　　　　　　　　　　　　　　　　嶋根淑子

♪著者紹介

ジュディット・クラインマン（Judith Kleinman）は，アレクサンダー教師になるためのトレーニングを，パトリック・マクドナルドとショシャナ・カマニッツから受ける。英国王立音楽大学で28年間，ジュニア王立アカデミーで20年間，教授活動を行い，またロンドンのLCATT教師養成校でも教えている。2014年にはアレクサンダー記念講演会に登壇したほか，英国，ヨーロッパ，米国にて，学校や教育者を対象にワークショップや講演会を定期的に行っている。スー・メリーと共に，このワークを教育現場に取り入れようとするアレクサンダー教師向けのトレーニング「自己開発」を創設。「教育におけるアレクサンダー・テクニーク」のコーディネーターとして，映像やホームページの制作に携わるほか，小，中，高等教育にこのテクニークを組み入れる活動を行っている。また，音楽家に太極拳とヨガを教えている。

ピーター・バコーク（Peter Buckoke）は，40年以上に渡り，小編成の室内楽アンサンブルでコントラバス奏者を務め，シューベルト・アンサンブルとして，日本，マレーシア，韓国，米国を含む30カ国以上で広く演奏活動を行ってきた。ロンドンでアレクサンダー教師としてのトレーニングをエレノア，ピーター・リヴォー夫妻から受けて1989年に教師となり，1991年以降，英国王立音楽大学でこのテクニークとコントラバスを教えている。学士，大学院を通じた大学課程内におけるアレクサンダー講座を発展させ，統率してきた。ロンドン，オックスフォードシャー，ウェールズに蜂群を持つ，熱心な養蜂家でもある。

♪訳者紹介

嶋根淑子（しまね・としこ）
東京藝術大学音楽学部卒業。イスラエルのシャイケ，リンダ・ハルメリン夫妻による教師養成校を経た後，フランスのアレクサンダー教師養成校（École Technique de FM Alexander de Paris pour les professeurs）にて，教師ディプロマを取得，その後アレクサンダー教師となる。ピアニストとしても活動，ピアノをコレット・ゼラに師事したことを契機に，音楽性と心身の使い方の深い相関関係に強い関心を持つようになり，音楽家の視点からそれを伝えるべく，レッスンを行っている。

ジュディット・クラインマン，ピーター・バコーク
音楽家のためのアレクサンダー・テクニーク
――心と身体の使い方

2019年4月20日　第1刷発行

訳　　者	嶋根　淑子	
発行者	柴田　敏樹	
印刷者	藤森　英夫	

発行所　株式会社　誠信書房

〒112-0012　東京都文京区大塚3-20-6
電話　03 (3946) 5666
http://www.seishinshobo.co.jp/

印刷・製本：亜細亜印刷㈱
検印省略
ⒸSeishin Shobo, 2019

落丁・乱丁本はお取り替えいたします
無断で本書の一部または全部の複写・複製を禁じます
Printed in Japan
ISBN 978-4-414-41474-5　C2073

音楽家ならだれでも知っておきたい「からだ」のこと
アレクサンダー・テクニークとボディ・マッピング

B. コナブル 著
片桐ユズル・小野ひとみ 訳

音楽を演奏するすべての人のために、「人のからだはどのようにできているか」「どうすれば自然にからだを使って音楽ができるか」について、全頁わたりユニークなイラストを使ってわかりやすく図解する。からだの自由と技術の獲得のための感受性を高める基本原理を説明した興味深い入門書。

目次
1　音楽訓練に確実な身体的基礎をあたえる
2　体の中芯部と、バランスの起こる場所の地図をつくる
3　腕構造のマッピング
4　呼吸
5　脚のマッピング
6　実際的応用

B5判並製　定価(本体2000円+税)

音楽家ならだれでも知っておきたい「呼吸」のこと
豊かに響き合う歌声のために

B. コナブル 著
小野ひとみ 訳

呼吸は、歌を歌う人だけではなく、音楽を演奏するすべての人にとって非常に重要な行為である。本書は、人間に本来備わっている精緻な呼吸のメカニズムを豊富な図解によって明快に解き明かしており、音楽をするすべての人が知っておくべき情報が満載されている。

主要目次
骨格上のバランス／鼻孔／口／舌／顎関節／顔の筋肉／唇／咽頭の筋肉／気管と食道／肺／後ろから見た肋骨／前から見た肋骨／肺――胴体との関係において／他

腹と骨盤の内臓／前面の腹部の壁／背面の腹部の壁／骨盤の内側と外側／骨盤低／骨盤隔膜2つの横隔膜の動きの調和／脊椎／他

首の表層の筋肉／首の深層の筋肉

B5判並製　定価(本体1500円+税)